中等职业教育“十四五”规划教材
职业教育课程改革规划创新教材

新编财务会计实务

苏　勇　陈宪光　温　杰　主　编

中国石化出版社
HTTP://WWW.SINOPEC-PRESS.COM
中国经济出版社
CHINA ECONOMIC PUBLISHING HOUSE
·北　京·

内 容 提 要

本书结合中职学生的学习特点，根据“财务会计”课程对中职学生的具体要求，遵循理实一体化的理念，将学习内容分为五大模块、十个项目，每个项目具体设置若干个学习任务，每个学习任务又分解为任务目标、重点难点、知识链接、业务核算、知识检测。条理清晰，层次分明，便于学生掌握知识与应用。

本书可作为各类职业学校财经类专业教学教材和企业会计培训教材使用。

图书在版编目（CIP）数据

新编财务会计实务 / 苏勇，陈宪光，温杰主编 .
北京：中国石化出版社，2024.6. — ISBN 978-7-5114-7516-9

Ⅰ.F234.4

中国国家版本馆 CIP 数据核字第 2024V9Y636 号

中国石化出版社出版发行
地址：北京市东城区安定门外大街 58 号
邮编：100011　电话：(010) 57512500
发行部电话：(010) 57512575
http://www.sinopec-press.com
E-mail：press@sinopec.com
宝蕾元仁浩（天津）印刷有限公司印刷
全国各地新华书店经销
*
787 毫米 ×1092 毫米 16 开本 19.75 印张 489 千字
2024 年 6 月第 1 版 2024 年 6 月第 1 次印刷
定价：62.00 元

《新编财务会计实务》

编委会

主　编：苏　勇　河北省博野县职业技术教育中心

陈宪光　河北省南宫市职业技术教育中心

温　杰　河北省怀来技师学院

副主编：周宇夏　广西梧州农业学校

王冬梅　河北省隆化县职教中心

常　虹　河北省邯郸市峰峰矿区职教中心

王　娣　湖北省十堰职业技术（集团）学校

许心安　湖北省武汉市新洲高级职业中学

编　委：蒋金枝　湖北省武汉市石牌岭高级职业中学

施文霞　重庆市巫溪县职业教育中心

姜静芳　河北省邯郸市魏县综合职业技术教育中心

王春兰　河北省邯郸市肥乡区职业技术教育中心

王　君　河北省深州市职业技术教育中心

武艳红　河北省邯郸市峰峰矿区职教中心

孙新颖　河北省承德市双滦区职业技术教育中心

史淑萍　河北省保定市高碑店职教中心

于子博　河北省邯郸市第二职业中学

李文慧　河北省沧州市青县职业技术教育中心

王　娟　河北省石家庄市栾城区职业技术教育中心

何　远　温州市瓯海职业中专集团学校

前言

本书旨在紧跟时代步伐，突出精准教学，在教材组织形式上遵循理实一体化的理念，理论知识和实务操作同步，理论知识部分简明实用，实务操作内容注重仿真性、连续性和可操作性，突出动手能力的培养。本书可作为各类职业学校财经类专业教学教材和企业会计培训教材使用。本书有如下特色。

1. 优化编写结构，精选经典案例

本书在编写中突出精准教学的内涵，结合中职学生的学习特点，根据“财务会计”这门课程对中职学生的具体要求，遵循理实一体化的理念，将学习内容分为五大模块、十个项目，每个项目具体设置若干个学习任务，每个学习任务又分解为任务目标、重点难点、知识链接、业务核算、知识检测。条理清晰，层次分明，便于学生掌握知识与应用。

落实精准教学的实质，参考多年辅导学生参加全国省市技能大赛的赛题，结合业务实际，精选经典案例，给出业务题的原始凭证，首先让学生思考反映的经济业务内容，给出文字叙述，检验学生读懂原始凭证的能力；其次是教学内容实训，同样是带有原始凭证的实训题，完全模拟企业真实业务。这样做的目的是让学生形成岗位业务处理习惯，与用人单位真实业务接轨，有利于学生毕业后顺利上岗工作。

2. 结合最新知识点瞄准课岗赛证教学，满足全方位教学需要

随着国家税率调整变化，结合财政部颁布的最新《会计准则》和国家税务总局颁布的相关税法最新条例，对涉及固定资产、无形资产、增值税、收入等内容进行了较大的修改，精选相关例题，同时编写了相关习题，有利于学生掌握最新知识。

本书的编写充分借鉴了课岗赛证的教学需要，在编写内容上下足功夫，在融合多方面教学目标的基础上，精挑细选、多方磨合，使之适合学生参加课程教学、岗位训练、比赛培训、考取资格证书的需求，力争满足学生全方位学习的需要。

3. 附有答案，提供教学平台

为便于精准教学的实施，每个学习任务后都有相关的业务题训练，并精心编写了答案，答案中对每一题都有详细的分析，便于学生学习和检验学习效果，纠正学习中出现的错误。

本书编写过程中得到厦门九九网智科技有限公司张宏艳老师提供实训教学平台。为便于精准教学的实施，需使用此平台可与编者联系（1696813084@qq.com）。

由于编者水平有限，错误在所难免，对于书中不足之处，恳请读者批评指正。

目录

模块一 资 产

模块二　负　债

模块三　所有者权益

模块四　收入、成本、费用、利润

模块一　资　产

资产是指企业过去的交易或事项形成的、由企业拥有或控制的、预期会给企业带来经济利益的资源。资产按照不同的标准可以作不同的分类。按是否具有实物形态，资产可以分为有形资产和无形资产；按其来源不同，资产可分为自有资产和租入资产；按其流动性不同，资产可分为流动资产和非流动资产，其中流动资产又可分为货币资金、以公允价值计量且其变动计入当期损益的金融资产、应收票据、应收账款、预付款项、其他应收款、存货等，非流动资产又可分为长期股权投资、持有至到期投资、固定资产、可供出售金融资产、投资性房地产、无形资产及其他资产等。

项目一　货币资金核算

货币资金是指企业生产经营过程中处于货币形态的资产，包括库存现金、银行存款和其他货币资金。

货币资金业务的办理和核算管理由财务部门负责。

货币资金业务是指为实现货币资金收、支所进行的填制单据、验证、审核、签章、单据交付等一系列事项的办理过程。按办理内容的不同，货币资金业务包括现金收、付，银行存款存取、转账，其他货币资金的转账和结算等业务。

企业设置出纳岗位，由出纳员办理货币资金业务并登记资金日记账。登记资金日记账的目的是系统登记资金的收支结存情况，监控资金的使用情况。

资金的核算和管理工作由企业会计岗位人员负责。会计负责货币资金业务原始凭证的复核、记账凭证的编制、资金总账和明细账登记，同时监管货币资金清查工作。

任务一　库存现金的核算

任务目标

1. 掌握现金使用范围，能判断一项收支是否可以使用现金。
2. 掌握现金限额的规定，知道现金限额规定的原因。
3. 全面理解并掌握现金收支的各项规定，现金业务发生时，能根据现金收支的有关规定判断该项业务处理是否正确。

4. 能够认读现金业务的原始凭证，正确编制会计分录。

5. 掌握现金清查的操作步骤、清查结果及相关会计处理。

重点难点

1. 现金管理规定。

2. 现金清查中发现的溢余和短缺、批准处理的核算。

知识链接

库存现金是指存放于企业财会部门、由出纳人员经管的货币。库存现金是企业流动性最强的资产，企业应当严格遵守国家有关现金管理制度，正确进行现金收支的核算，监督现金使用的合法性与合理性。

根据国务院发布的《现金管理暂行条例》的规定，企业现金管理制度主要包括以下内容：

1. 现金的使用范围

企业可用现金支付的款项有：

（1）职工工资、津贴；

（2）个人劳务报酬；

（3）根据国家规定颁发给个人的科学技术、文化艺术、体育等各种奖金；

（4）各种劳保、福利费用以及国家规定的对个人的其他支出；

（5）向个人收购农副产品和其他物资的价款；

（6）出差人员必须随身携带的差旅费；

（7）结算起点（1 000 元）以下的零星支出；

（8）中国人民银行确定需要支付现金的其他支出。

除上述情况可以用现金支付外，其他款项的支付应通过银行转账结算。

2. 现金的限额

现金的限额是指为了保证单位日常零星开支的需要，允许单位留存现金的最高数额。这一限额由开户银行根据单位的实际需要核定，一般按照单位 3~5 天日常零星开支所需确定。边远地区和交通不便地区开户单位的库存现金限额，可按多于 5 天，但不得超过 15 天的日常零星开支的需要确定。经核定的库存现金限额，开户单位必须严格遵守，超过部分应于当日终了前存入银行。需要增加或者减少库存现金限额的，应当向开户银行提出申请，由开户银行核定。

3. 现金收支的规定

开户单位现金收支应当依照下列规定办理。

（1）开户单位现金收入应当于当日送存开户银行。当日送存确有困难的，由开户银行确定送存时间。

（2）开户单位支付现金，可以从本单位库存现金限额中支付或从开户银行提取，不得从本单位的现金收入中直接支付（即坐支）。因特殊情况需要坐支现金的，应当事先报经开户银行审查批准，由开户银行核定坐支范围和限额。坐支单位应当定期向开户银行报送坐支金额和使用情况。

（3）开户单位从开户银行提取现金时，应当写明用途，由本单位财会部门负责人签字盖章，经开户银行审核后，予以支付现金。

（4）因采购地点不确定、交通不便、生产或市场急需、抢险救灾以及其他特殊情况必须使用现金的，开户单位应向开户银行提出申请，由本单位财会部门负责人签字盖章，经开户银行审核后，予以支付现金。

业务核算

一、现金日常收支业务的账务处理

为了反映和监督企业库存现金的收入、支出和结存情况，企业应当设置“库存现金”科目，借方登记企业库存现金的增加，贷方登记企业库存现金的减少，期末借方余额反映期末企业实际持有的库存现金的金额。企业内部各部门周转使用的备用金，可以单独设置“备用金”科目进行核算。

为了全面、连续地反映和监督库存现金的收支和结存情况，企业应当设置现金总账和现金日记账，分别进行库存现金的总分类核算和明细分类核算。

现金日记账由出纳人员根据收付款凭证，按照业务发生顺序逐笔登记。每日终了，应当在现金日记账上计算出当日的现金收入合计额、现金支出合计额和结余额，并将现金日记账的余额与实际库存现金额相核对，保证账款相符。月度终了，现金日记账的余额应当与现金总账的余额核对，做到账账相符。

企业日常使用现金的业务比较多，比如从银行提取现金、销售废品、用现金支付零星采购费用、发给个人奖金等。会计根据出纳转来的原始凭证编制记账凭证。

例题 1–1 金鑫实业有限公司 2024 年 7 月 1 日发生经济业务，原始凭证见图 1–1。

差旅费借款单

2024 年 07 月 01 日

部 门	办公室主任		借 款 人		苏海
借款原因	到北京参加会议　　现金付讫				
借款金额	人民币（大写）：肆仟元整				
单位负责人	苏锦庭	财务审核	苏瑞	出纳	张悦

图 1–1

解析：通读原始凭证，明确反映的业务内容。这是一笔现金支付业务。该笔业务反映 2024 年 7 月 1 日办公室主任苏海预借差旅费 4 000 元，到北京参加会议，有关领导已签字批示，出纳用现金支付。预借的差旅费等出差人员回来要报销，应编制分录如下：

借：其他应收款—苏海	4 000	
贷：库存现金		4 000

例题 1–2　金鑫实业有限公司 2024 年 7 月 2 日发生经济业务，原始凭证见图 1–2。

保定市工业企业统一发票

购货单位：重生收购站　　　　　　　　2024年07月02日

品名	规格	单位	数量	单价	金额							
					十	万	千	百	十	元	角	分
线材	8mm	公斤	100	10			1	0	0	0	0	0
				现金收讫								
合计金额（大写）人民币壹仟元整						¥	1	0	0	0	0	0

第二联　记账联

单位盖章：金鑫实业有限公司 财务专用章　　收款人：张悦　　制票人：郑薇

图 1–2

解析：通读原始凭证，明确反映的业务内容。这是一笔现金收取业务。该笔业务反映金鑫实业有限公司向重生收购站销售线材 100 公斤，每公斤 10 元，收到现金 1 000 元。属于含税收入，税率 13%，属于实质性交易中未开增值税发票收入，需价税分离。应编制分录如下：

借：库存现金	1 000	
贷：其他业务收入		1 000/（1+13%）=884.96
应交税费—应交增值税（销项税额）		1 000–884.96=115.04

二、现金的清查及其核算

为了保证现金的安全完整，企业应当按规定对库存现金进行定期和不定期的清查，一般采用实地盘点法，对于清查的结果应当编制“财产清查报告单（现金盘点报告单）”。如果有挪用现金、白条顶库的情况，应及时予以纠正；对于超限额留存的现金应及时送存银行。如果账款不符，发现有待查明原因的现金短缺或溢余，应先通过“待处理财产损益”科目核算，按管理权限经批准后，分别按以下情况处理。

（1）如为现金短缺，属于应由责任人赔偿或保险公司赔偿的部分，计入其他应收款；属于无法查明原因的，计入管理费用。

（2）如为现金溢余，属于应支付给有关人员或单位的，计入其他应付款；属于无法查明原因的，计入营业外收入。

例题 1–3　金鑫实业有限公司 2024 年 7 月 30 日发生经济业务，原始凭证见图 1–3。

财产清查报告单

2024 年 07 月 30 日

清查项目	单位	账存数			实存数			溢缺		盘亏原因
		数量	单价	金额	数量	单价	金额	数量	金额	
现金	元			900			930		30	待查
合计										

主管：苏瑞　　盘点：郑薇　　出纳：张悦

图 1–3

解析：通读原始凭证，明确反映的业务内容。这是一笔现金清查业务。该笔业务反映金鑫实业有限公司进行现金清查，发生溢余 30 元，原因待查。作分录如下：

借：库存现金　　30

　　贷：待处理财产损益—待处理流动资产损益　　30

例题 1–4　金鑫实业有限公司 2024 年 7 月 31 日发生经济业务，原始凭证见图 1–4。

资产清查损益申报单

兹于 2024 年07月 30 日，进行了现金清查，发现现金溢余 30 元整，经认真核查，没有查明溢余原因。特申请作为当期利得，计入营业外收入处理。

财务部

2024.07.31

金鑫实业有限公司 财务专用章

审批人意见：同意 苏锦庭

2024.07.31

图 1–4

解析：通读原始凭证，明确反映的业务内容。对现金溢余 30 元作分录如下：

借：待处理财产损益—待处理流动资产损益　　30

　　贷：营业外收入　　30

知识检测

一、单选题

1. 根据《现金管理暂行条例》规定，下列经济业务中，一般不应用现金支付的是（　）。

A. 支付职工奖金 4 000 元　　B. 支付零星办公用品购置费 900 元

C. 支付物资采购货款 9 300 元　　D. 支付职工差旅费 5 000 元

2. 某企业支付的下列款项中，可以使用库存现金进行支付的是（　　）。

A. 财务部门购买账簿 2 200 元　　B. 销售部门宣传费 1 200 元

C. 工程人员工资 30 000 元　　D. 生产车间办公费 1 500 元

3. 在企业现金清查中，经检查仍无法查明原因的现金溢余，经批准后应计入（　　）。

A. 其他业务收入　　B. 营业外收入

C. 管理费用　　D. 营业外支出

4. 在企业现金清查中，经检查仍无法查明原因的现金短缺，经批准后应计入（　　）。

A. 以前年度损益调整　　B. 管理费用

C. 其他应付款　　D. 营业外收入

二、多选题

1. 在企业现金清查中发现现金溢余，在进行账务处理时可能会涉及的会计科目有（　　）。

A. 其他应付款　　B. 管理费用　　C. 其他应收款　　D. 营业外收入

2. 在企业现金清查中发现现金短缺，在进行账务处理时可能会涉及的会计科目有（　　）。

A. 其他应付款　　B. 管理费用　　C. 其他应收款　　D. 营业外收入

三、业务题

业务 1　金鑫实业有限公司 2024 年 8 月 30 日发生经济业务，原始凭证见图 1–5。

财产清查报告单

2024 年08月 30 日

清查项目	单位	账存数			实存数			溢　缺		盘亏原因
		数量	单价	金额	数量	单价	金额	数量	金额	
现金	元			800			600		-200	待查
合　　计										

主管：苏瑞　　盘点：郑薇　　出纳：张悦

图 1–5

业务 2　金鑫实业有限公司 2024 年 8 月 31 日发生经济业务，原始凭证见图 1–6。

资产清查损益申报单

兹于 2024 年08月 30 日，进行了现金清查，发现现金短缺 200 元整，经认真核查，系多付职工 刘强 工资。 应予追回。

财务部

2024. 08. 31

金鑫实业有限公司　财务专用章

审批人意见：　同意 苏锦庭

2024. 08. 31

图 1–6

任务二　银行存款的核算

任务目标

1. 了解企业在银行开立的账户类型。
2. 了解银行转账结算的几种方式及特点。
3. 能够认读银行存款结算业务的原始凭证，掌握常见经济业务的核算。
4. 掌握银行存款对账方法，会编制银行存款余额调节表。

重点难点

1. 银行转账结算的几种方式及特点。
2. 认读银行存款结算业务的原始凭证，掌握常见经济业务的核算。
3. 掌握银行存款对账方法，编制银行存款余额调节表。

知识链接

一、开立账户的规定

按照国家有关规定，凡是独立核算的单位都必须在当地银行开设账户。运用所开设的账户，进行存款、取款以及各种收支转账业务的结算。银行存款的收付应严格执行银行结算制度的规定。

银行存款账户包括基本存款户、一般存款户、临时存款户、专用存款户。企业的基本存款户必须凭中国人民银行当地分支机构核发的开户许可证办理，并只能选择一家银行一个营业机构开立一个基本存款户。基本存款户主要用于办理日常的转账结算和现金收付，企业的工资、奖金等现金的支取只能通过基本存款户办理。

企业可在开设基本存款户以外的其他银行或营业机构，开立一个一般存款户。该账户可办理转账结算、银行借款转存和存入现金，但不能用于支取现金。企业在异地独立核算的分支机构也可以开设一般存款户。

临时存款户是企业因临时经营活动（如临时采购材料）需要开立的账户。可办理转账和按国家现金管理规定办理现金收付。

专用存款户是企业因特定用途需要开立的账户，如科研项目专项资金等。

二、转账结算

按照《支付结算办法》规定，企业在所在地银行申请开设账户后，企业的货币资金收入和支出，除了规定可使用现金收付的，其他款项都必须通过银行办理结算，即银行转账结算。银行转账结算指企业之间的款项收付不动用现金，而是由银行将资金从付款单位存款账户划转到收款单位存款账户的货币转移行为。这种货币转移行为涉及四个单位：付款单位、付款单位开户银行、收款单位、收款单位开户银行。

中国人民银行规定了可采用的银行转账结算方式，企业可以根据自身和客户的结算需求来选择使用。每种转账结算方式必须使用中国人民银行统一规定印制的票据凭证和结算凭证。付款单位要在银行开设的账户里有充足的资金，在双方交易中银行不垫款，谁的款进谁的账。

按照《支付结算办法》规定，目前可采用的银行转账结算方式有支票、银行汇票、银行本票、商业汇票、信用卡、汇兑、委托收款、托收承付、信用证等。

上面提到的货币转移行为涉及四个单位，每种转账结算方式大致流程是：第一步，付款单位购货后，向收款单位提供相应的结算票据；第二步，收款单位收到结算票据后，及时交给自己的开户银行，以便于收款；第三步，收款单位开户行向付款单位开户行传递结算票据，催讨款项；第四步，付款单位开户行及时通知付款单位付款，付款单位同意付款；第五步，付款单位开户行将款项从付款单位账户中划出，向收款单位开户行划拨款项；第六步，收款单位开户行将款项划入收款单位账户，通知收款单位。

各种转账结算方式各有特点，比如银行汇票这种结算方式具有异地交易、收付钱货两清的特点，采购员采购时票据自带，避免携带大量现金，十分便捷，而且对收款单位而言，不必担心款项不能收回的风险，因为银行汇票是由银行签发的，兑现性强。商业汇票具有极强的融资功能，在采购商品时，如果销售方同意就尽量使用商业汇票，推迟货款的支付期。支票办理手续简便，既有现金支票，可以提现；又有转账支票，可以转账；还有普通支票，既可提现，又可转账，在同城的商品交易中，大都用这种方式。总之，企业选择运用转账结算方式时，一定要兼顾交易的特点，选择双方乐于接受的结算方式。

业务核算

一、银行存款日常收支业务的账务处理

为了反映和监督企业银行存款的收入、支出和结存情况，企业应当设置“银行存款”科目，借方登记企业银行存款的增加，贷方登记企业银行存款的减少，期末借方余额反映期末企业实际持有的银行存款金额。

企业应当设置银行存款总账和银行存款日记账，分别进行银行存款的总分类核算和明细分类核算。企业可按开户银行和其他金融机构、存款种类等设置“银行存款日记账”，根据收付款凭证，按照业务的发生顺序逐笔登记。每日终了，应结出余额。

例题 1–5　金鑫实业有限公司 2024 年 7 月 3 日发生经济业务，原始凭证见图 1–7、图 1–8。

解析：对于金鑫实业有限公司而言，这是一笔典型的销售业务。收到对方交给的转账支票，交给开户行，收到银行转回的收账通知，意味着销售款项已划拨到金鑫实业有限公司账户。

中国工商银行进账单（收账通知）

2024 年 07 月 03 日

收款人	全　　称	金鑫实业有限公司	付款人	全　　称	光明工厂
	账　　号	3227676890893646693		账　　号	3701028003173735209
	开户银行	中国工商银行保定市桥东路分行		开户银行	中国工商银行邯郸市大河分行
人民币（大写）贰拾捌万贰仟伍佰元整				千百十万千百十元角分	¥ 2 8 2 5 0 0 0 0
票据种类	转账支票			收款人开户银行盖章	
票据张数	1 张				
单位主管：　会计：　复核：　记账：					

此联是银行交给收款人的回单

中国工商银行保定市桥东路分行 24.07.03 业务受理

图 1–7

电子发票（增值税专用发票）　　发票号码：24133000000000004593

开票日期：2024 年 07 月 03 日

购买方信息　名称：光明工厂 纳税人识别号：91130326968354441OO	销售方信息　名称：金鑫实业有限公司 纳税人识别号：91130562478960010OO

项目名称	规格型号	单位	数量	单价	金额	税率/征收率	税额
*泵*潜水泵		台	10	25000.00	250000.00	13%	32500.00
合　计					¥250000.00		¥32500.00
价税合计（大写）	⊗贰拾捌万贰仟伍佰元整			（小写）¥282500.00			
备注							

开票人：郑薇

图 1–8

借：银行存款　　282 500

　贷：主营业务收入—潜水泵　　250 000

　　　应交税费—应交增值税（销项税额）　　32 500

注：本题中由于金鑫实业有限公司的库存商品发出采用全月一次加权平均法，销售成本的确定只有到月末才能求出，故以下例题、练习题中涉及金鑫实业有限公司的库存商品销售业务平时只体现收入的处理，月底再结转产品销售成本，特此说明。

二、银行存款的清查

“银行存款日记账”应定期与“银行对账单”核对，至少每月核对一次。“银行对账单”反映企业在银行的实际存款数，理论上企业银行存款日记账账面余额与银行对账单余额两者应该相等，但是，在实际操作过程中，由于记账时间差异、记账差错、舞弊行为等，时常会导致两者余额不同。此时应查明原因，分情况处理。

属于记账差错、舞弊行为等原因造成的两者余额不同，属于哪方的差错由哪方更正就可以了。

属于记账时间差异造成的两者余额不同，主要是存在未达账项。所谓未达账项，是由于结算凭证在企业与银行之间或收付款银行之间传递需要时间，造成企业与银行之间入账的时间差，一方收到凭证并已入账，另一方未收到凭证因而未能入账形成的账款。发生未达账项的具体情况有四种：一是企业已收款入账，银行尚未收款入账；二是企业已付款入账，银行尚未付款入账；三是银行已收款入账，企业尚未收款入账；四是银行已付款入账，企业尚未付款入账。此时应编制“银行存款余额调节表”调节，如没有记账错误，调节后的双方余额应相等。银行存款余额调节表只是为了核对账目，不能作为调整银行存款账面余额的记账依据。

银行对账的基本过程如下。

（1）准备工作。在核对前，企业应确保银行存款结算业务都已经登记到银行存款日记账，并保证准确性。

（2）核对工作。将银行对账单上的记录与银行存款日记账逐笔核对。核对内容包括每笔业务的结算方式、票据号码、结算单位、结算金额、结算日期等。首先要勾对双方已经记录且相符的业务，核对不符的即为未达账项。然后将未达账项按上述四种情况分类，以各自的余额为基础，编制“银行存款余额调节表”，调节后的双方余额应相等。

例题 1–6　银行对账的练习

金鑫实业有限公司 2024 年 5 月最后三天的银行存款日记账和银行对账单的有关记录如下：

（1）金鑫实业有限公司银行存款日记账的记录

日　期	摘　要	金　额（元）
5 月 29 日	因销售商品收到 98# 转账支票一张	15 000
5 月 29 日	开出 78# 现金支票一张	1 000
5 月 30 日	收到 A 公司交来的 355# 转账支票一张	3 800
5 月 30 日	开出 105# 转账支票以支付货款	17 100
5 月 31 日	开出 106# 转账支票支付明年报刊订阅费	500
	月末余额	153 200

（2）银行对账单的记录（假定银行记录无误）

日　期	摘　要	金　额（元）
5 月 29 日	支付 78# 现金支票	1 000
5 月 30 日	收到 98# 转账支票	15 000
5 月 30 日	收到托收的货款	25 000
5 月 30 日	支付 105# 转账支票	17 100
5 月 31 日	结转银行结算手续费	100
	月末余额	174 800

要求：代金鑫实业有限公司完成下列错账更正后的银行存款余额调节表的编制。

解析：将银行对账单上的记录与银行存款日记账逐笔核对，勾对双方已经记录且相符的业务，核对不符的即为未达账项。发现四笔未达账项。银行已收企业未收的款项 25 000 元，银行已付企业未付的款项 100 元，企业已收银行未收的款项 3 800 元，企业已付银行未付的款项 500 元。编制银行存款余额调节表见图 1–9。

银行存款余额调节表

编制单位：金鑫实业有限公司　　2024 年 05 月 31 日　　单位：元

项　目	金　额	项　目	金　额
企业银行存款日记账余额	153 200	银行对账单余额	174 800
加：银行已收企业未收的款项合计	25 000	加：企业已收银行未收的款项合计	3 800
减：银行已付企业未付的款项合计	100	减：企业已付银行未付的款项合计	500
调节后余额	178 100	调节后余额	178 100

图 1–9

知识检测

一、判断题

1. 企业开立的一般存款户可以支取现金。(　　)

2. 企业开立的基本存款户可选择当地若干个金融机构开设若干个。(　　)

3. 为了方便企业，对于企业款项的收付形式，不受约束，既可使用现金，也可使用银行转账结算。(　　)

4. 银行存款余额调节表不能作为企业做账的依据。(　　)

二、业务题

业务 1　金鑫实业有限公司 2024 年 8 月 3 日发生经济业务，原始凭证见图 1–10、图 1–11。

电子发票（增值税专用发票）

发票号码：24133000000000005000

开票日期：2024 年 08 月 03 日

购买方信息	销售方信息
名称：金鑫实业有限公司	名称：宏大修理有限公司
纳税人识别号：9113056247896001000	纳税人识别号：9113062478960010000

项目名称：	规格型号	单位	数量	单价	金额	税率/征收率	税额
*劳务*修理					9000.00	13%	1170.00
合　计					¥9000.00		¥1170.00

价税合计（大写）　⊗壹万零壹佰柒拾元整　（小写）¥10170.00

备注

开票人：李梅

图 1–10

中国工商银行 转账支票存根	
支票号码	VI II 24080301
科　　目	
对方科目	
出票日期	2024 年08月03日
收款人	宏大修理有限公司
金　额	¥10 170.00
用　途	机床修理费
备　注	

单位主管：苏瑞　　会计：郑薇

图 1–11

业务 2　金鑫实业有限公司 2024 年 8 月 4 日发生经济业务，原始凭证见图 1–12。

中国工商银行进账单（收账通知）

2024 年 08 月 04 日第 14 号

收款人	全称	金鑫实业有限公司	付款人	全称	启迪股份有限公司
	账号	3227676890893646693		账号	4447676890895645209
	开户银行	中国工商银行保定市桥东路分行		开户银行	中国工商银行上海市江宁路分行

人民币（大写）伍仟元整	千	百	十	万	千	百	十	元	角	分
				¥	5	0	0	0	0	0

票据种类	转账支票	中国工商银行保定市桥东路分行 24.08.04 业务受理 收款人开户银行盖章
票据张数	1 张	
单位主管：　会计：　复核：　记账：		

此联是银行交给收款人的回单

图 1–12

业务 3　金鑫实业有限公司 2024 年 8 月 4 日发生经济业务，原始凭证见图 1–13。

中国工商银行 转账支票存根	
支票号码	VI II 24080401
科　　目	
对方科目	
出票日期	2024 年 08 月 04 日
收款人	中保保定市分公司
金　额	¥3 000.00
用　途	预付 8—10 月保险费
备　注	

单位主管：苏瑞　　会计：郑薇

图 1–13

任务三　其他货币资金的核算

任务目标

1. 说出其他货币资金种类。

2. 根据有关原始凭证按步骤编制各类其他货币资金的核算分录。

重点难点

外埠存款、银行汇票存款、存出投资款的核算。

知识链接

其他货币资金是指企业除现金、银行存款以外的其他各种货币资金，主要包括银行汇票存款、银行本票存款、信用卡存款、信用证保证金存款、存出投资款和外埠存款等。

（1）银行汇票存款。银行汇票是指由出票银行签发的，由其在见票时按照实际结算金额无条件支付给收款人或者持票人的票据。银行汇票的出票银行为银行汇票的付款人。单位和个人各种款项的结算，均可使用银行汇票。银行汇票可以用于转账，填明“现金”字样的银行汇票也可以用于支取现金。

（2）银行本票存款。银行本票是指由银行签发的，承诺自己在见票时无条件支付确定的金额给收款人或持票人的票据。单位和个人在同一票据交换区域需要支付的各种款项，均可使用银行本票。银行本票可以用于转账，注明“现金”字样的银行本票可以用于支取现金。

（3）信用卡存款。信用卡存款是指企业为取得信用卡而存入银行信用卡专户的款项。信用卡是银行卡的一种。

（4）信用证保证金存款。信用证保证金存款是指采用信用证结算方式的企业为开具信用证而存入银行信用证保证金专户的款项。企业向银行申请开立信用证，应按规定向银行提交开证申请书、信用证申请人承诺书和购销合同。

（5）存出投资款。存出投资款是指企业为购买股票、债券、基金等根据有关规定存在证券公司指定银行开立的投资款专户的款项。

（6）外埠存款。外埠存款是指企业为了到外地进行临时或零星采购，而汇往采购地银行开立采购专户的款项。

业务核算

为了反映和监督其他货币资金的收支和结存情况，企业应当设置“其他货币资金”科目，其借方登记其他货币资金的增加数，贷方登记其他货币资金的减少数，期末余额在借方，反映企业实际持有的其他货币资金。该科目应按其他货币资金的种类设置明细科目。

总体而言，“其他货币资金”的核算大致分为三步。

第一步：取得“其他货币资金”。即通过银行，取得“其他货币资金”相关内容的票据时，企业要将一定的银行存款金额转成取得的“其他货币资金”相关内容的票据票面金额，此时企业“其他货币资金”票据票面金额增加，银行存款减少。账务处理如下：

借：其他货币资金—银行汇票存款等
　　贷：银行存款

第二步：使用“其他货币资金”。企业将“其他货币资金”票据交给客户，用于采购、投资等交易，此时，“其他货币资金”票据票面金额减少，交易引起采购中存货、投资增加。

借：原材料、库存商品、交易性金融资产等
　　应交税费—应交增值税（进项税额）
　　贷：其他货币资金—银行汇票存款等

第三步：交易完毕，“其他货币资金”票据票面金额有剩余，由收款单位开户行将余款划回付款单位开户行，付款单位收到开户行的收账通知，此时，“其他货币资金”票据票面金额减少，银行存款增加。

借：银行存款
　　贷：其他货币资金—银行汇票存款等

例题 1–7　金鑫实业有限公司 2024 年 7 月 4 日发生经济业务，原始凭证见图 1–14。

中国工商银行**银行汇票**委托书（存根）1 No.070401

委托日期 2024 年 07 月 04 日

汇款人	金鑫实业有限公司			收款人	湖北省武汉钢铁厂
账　号 或住址	3227676890893646693 保定市桥东路 8 号 0312-8652348			账　号 或住址	1805431125311289900 武汉市体育路 8 号 0277-4593489
兑付地点	河北省保定市	兑付 银行	中国工商银行保定市桥东路分行	汇款用途	用于采购
汇　款 金　额	（大写）人民币**壹拾贰万元整**　（小写）¥120000.00				
备注：				科目： 对方科目： 主管：　复核：　经办：	

中国工商银行保定市桥东路分行
24.07.04
业务受理

图 1–14

解析：金鑫实业有限公司 2024 年 7 月 4 日申请开户行开出面值 120 000 元的银行汇票，持往湖北省武汉钢铁厂进行采购，银行审查同意，向其开出相应面值的银行汇票。此时，金鑫实业有限公司需将相应的银行存款转成相应面值的银行汇票。

借：其他货币资金—银行汇票存款	120 000
贷：银行存款	120 000

例题 1–8　紧接上题，金鑫实业有限公司 2024 年 7 月 5 日发生经济业务，原始凭证见图 1–15~ 图 1–17。

电子发票（增值税专用发票）

（印章：全国统一发票监制章 国家税务总局 湖北省税务局）

发票号码：24423000000000045941

开票日期：2024 年 07 月 05 日

购买方信息	名称：金鑫实业有限公司 纳税人识别号：9113056247896001000	销售方信息	名称：湖北省武汉钢铁厂 纳税人识别号：9142565214235540000

项目名称	规格型号	单位	数量	单价	金额	税率/征收率	税额
*黑色金属*熟铁		吨	9	10000.00	90000.00	13%	11700.00
合　计					¥90000.00		¥11700.00
价税合计（大写）	⊗壹拾万零壹仟柒佰元整			（小写）¥101700.00			
备注							

开票人：王明

图 1–15

武汉市联运公司发票联　No. 09295

单位名称：金鑫实业有限公司　　2024 年 07 月 05 日　　托运单编号：1209

货物名称	计费重量	费用项目	单价	万	千	百	十	元	角	分
熟铁	9 吨	商品运输费	现金付讫		1	1	9	0	0	0
合计				¥	1	1	9	0	0	0
	（大写）⊗万壹仟壹佰玖拾元零角零分　武汉市联运公司财务专用章									

复核：　　制单：张娟　　盖章：

图 1–16

中国工商银行

IIIXI 00448988

付款期限
壹 个 月

银行汇票（付款通知）2

出票日期（大写）	贰零贰肆年柒月零肆日	代理付款行：工行保定市桥东路分行	
收款人：湖北省武汉钢铁厂		账号：1805431125311289900	
出票金额	人民币（大写） 壹拾贰万元整		
实际结算金额	人民币（大写） 壹拾万零壹仟柒佰元整	千 百 十 万 千 百 十 元 角 分	¥ 1 0 1 7 0 0 0 0

申请人：金鑫实业有限公司　账号或住址：3227676890893646693　保定市桥东路 8 号

出票行：工行保定市桥东路分行

备　注：货　款

凭票付款

出票行签章

（印章：工行保定市桥东路分行 汇票专用章 210）

多余金额										科目（借）
千	百	十	万	千	百	十	元	角	分	对方科目（贷）
		¥	1	8	3	0	0	0	0	兑付日期：2024 年 07 月 05 日　复核　记账

图 1–17

这题是例题 1–7 的业务顺延。金鑫实业有限公司 2024 年 7 月 5 日用银行汇票向湖北省武汉钢铁厂采购熟铁，价款 90 000 元，税金 11 700 元，总计 101 700 元，同时用现金支付运费 1 190 元，材料尚未入库。此外，运费发票需有相应增值税专用发票才计算进项税额，此处运费不是增值税专用发票，不能计算抵扣进项税额，所以运费要计入材料采购成本。

借：在途物资—熟铁	91 190	
应交税费—应交增值税（进项税额）	11 700	
贷：其他货币资金—银行汇票存款		101 700
库存现金		1 190

例题 1–9　紧接上题，金鑫实业有限公司 2024 年 7 月 5 日发生经济业务，原始凭证见图 1–18。

中国工商银行

IIIXI 00448988

付款期限
壹 个 月

银行汇票（解讫通知）3

出票日期（大写）	贰零贰肆年柒月零肆日	代理付款行：工行保定市桥东路分行	
收款人：湖北省武汉钢铁厂		账号：1805431125311289900	
出票金额	人民币（大写） 壹拾贰万元整		
实际结算金额	人民币（大写） 壹拾万零壹仟柒佰元整	千 百 十 万 千 百 十 元 角 分	¥ 1 0 1 7 0 0 0 0

申请人：金鑫实业有限公司　账号或住址：608975-36

出票行：工行保定市桥东路分行

备　注：货　款

凭票付款

出票行签章

（印章：工行保定市桥东路分行 汇票专用章 210）

多余金额										科目（借）
千	百	十	万	千	百	十	元	角	分	对方科目（贷）
		¥	1	8	3	0	0	0	0	兑付日期：2024 年 07 月 05 日　复核　记账

图 1–18

解析：这题是例题 1–8 的业务顺延。金鑫实业有限公司 2024 年 7 月 5 日用银行汇票向湖北省武汉钢铁厂采购完毕，银行汇票票据金额还剩 18 300 元，收到银行转来的多余款解讫通知时，意味着多余款已收回，分录如下：

借：银行存款　　18 300
　贷：其他货币资金—银行汇票存款　　18 300

例题 1–10　金鑫实业有限公司 2024 年 7 月 10 日发生经济业务，原始凭证见图 1–19。

保定市天河证券营业部(银行转存)凭证

2024 年 07 月 10 日

收款人	全　称	金鑫实业有限公司	付款人	全　称	金鑫实业有限公司
	账号或地址	3227676890893687797		账号或地址	3227676890893646693
	开户银行	中国工商银行保定市天河证券公司办事处		开户银行	中国工商银行保定市桥东路分行

人民币（大写）：贰拾万元整	千	百	十	万	千	百	十	元	角	分
		¥	2	0	0	0	0	0	0	0

票据种类	转账支票	收款人开户银行盖章：（中国工商银行保定市天河证券公司办事处 转讫 2024.07.10）
票据张数	1	
单位主管：　会计：　复核：　记账：		

图 1–19

解析：本题金鑫实业有限公司 2024 年 7 月 10 日将 200 000 元银行存款交给证券公司，准备投资买股票。此时企业其他货币资金中存出投资款增加。分录如下：

借：其他货币资金—存出投资款　　200 000
　贷：银行存款　　200 000

知识检测

业务 1　金鑫实业有限公司 2024 年 8 月 5 日发生下列业务，原始凭证见图 1–20~图 1–22。

中国工商银行信汇凭证(回单) 1　冀 00903405

□普通　□加急　　委托日期 2024 年 08 月 05 日

汇款人	全　称	金鑫实业有限公司	收款人	全　称	金鑫实业有限公司
	账　号	3227676890893646693		账　号	608975-36 采购专户
	汇出地点	保定市桥东路 8 号		汇入地点	湖南省常德市体育路 8 号
汇出行名称		中国工商银行保定市桥东路分行	汇入行名称		中国工商银行常德市德山分行

金额	(大写)人民币叁万元整	千	百	十	万	千	百	十	元	角	分
				¥	3	0	0	0	0	0	0

汇出行签章（中国工商银行保定市桥东路分行 24.08.05 业务受理）	支付密码
	附加信息及用途开立湖南省常德德山采购专户
	复核：林飞　　记账：谢丽

图 1–20

电子发票（增值税专用发票）

发票号码：24433000000000045942

开票日期：2024 年 08 月 06 日

购买方信息	名称：金鑫实业有限公司 纳税人识别号：9113056247896001000	销售方信息	名称：长辰有限责任公司 纳税人识别号：9143010852142355400

项目名称：	规格型号	单位	数量	单价	金额	税率/征收率	税额
*黑色金属*生铁		吨	3	8000.00	24000.00	13%	3120.00
合　计					¥24000.00		¥3120.00
价税合计（大写）	⊗贰万柒仟壹佰贰拾元整			（小写）¥27120.00			
备注							

开票人：王明亮

图 1–21

工商银行德山分行转账凭证

（回单）

2024 年 08 月 06 日 3

支款人	全　称	金鑫实业有限公司									
	账　号	608975-36 采购专户									
	开户银行	中国工商银行常德市德山分行									
人民币		千	百	十	万	千	百	十	元	角	分
				¥	2	7	1	2	0	0	0
收款人	全　称	长辰有限责任公司									
	账　号	6790351604852132276									
	开户银行	中国工商银行常德市德山分行									
款项用途		**从采购专户取款用于支付采购款**									

图 1–22

业务 2　紧接业务 1，金鑫实业有限公司 2024 年 8 月 7 日发生下列业务，原始凭证见图 1–23。

银行进账单

（收账通知）

2024 年 08 月 07 日 3

付款人	全　称	金鑫实业有限公司									
	账　号	608975-36 采购专户									
	开户银行	中国工商银行常德市德山分行									
人民币		千	百	十	万	千	百	十	元	角	分
					¥	2	8	8	0	0	0
收款人	全　称	金鑫实业有限公司									
	账　号	3227676890893646693									
	开户银行	中国工商银行保定市桥东路分行									
款项用途		**结清采购专户款**									

图 1–23

任务四　交易性金融资产

任务目标

1. 掌握交易性金融资产包括的内容。
2. 交易性金融资产取得、持有、出售的核算。

重点难点

交易性金融资产取得、持有、出售的核算。

知识链接

交易性金融资产主要是指企业为了近期内出售而持有的以公允价值计量且其变动计入当期损益的金融资产，如企业以赚取差价为目的从二级市场购入的股票、债券、基金等。公允价值是指市场参与者在计量日发生的有序交易中，出售一项资产所能收到或者转移一项负债所需支付的价格。金融资产的公允价值，应当以市场交易价格为基础加以确定。

为了反映和监督交易性金融资产的取得、收取现金股利或利息、出售等情况，企业应当设置“交易性金融资产”“公允价值变动损益”“投资收益”等科目进行核算。

“交易性金融资产”科目核算企业为交易目的所持有的债券投资、股票投资、基金投资等交易性金融资产的公允价值。企业持有的直接指定为以公允价值计量且其变动计入当期损益的金融资产也在“交易性金融资产”科目核算。“交易性金融资产”科目的借方登记交易性金融资产的取得成本、资产负债表日其公允价值高于账面余额的差额等；贷方登记资产负债表日其公允价值低于账面余额的差额，以及企业出售交易性金融资产时结转的成本和公允价值变动。企业应当按照交易性金融资产的类别和品种，分别设置“成本”“公允价值变动”等明细科目进行核算。

“公允价值变动损益”科目核算企业交易性金融资产等的公允价值变动形成的应计入当期损益的利得或损失。“公允价值变动损益”科目的借方登记资产负债表日企业持有的交易性金融资产等的公允价值低于账面余额的差额；贷方登记资产负债表日企业持有的交易性金融资产等的公允价值高于账面余额的差额。

“投资收益”科目核算企业持有交易性金融资产等的期间内取得的投资收益以及出售交易性金融资产等实现的投资收益或投资损失，借方登记企业的金融资产时支付的交易费用、出售交易性金融资产等发生的投资损失，贷方登记企业持有交易性金融资产等的期间内取得的投资收益以及出售交易性金融资产等实现的投资收益。

业务核算

一、交易性金融资产的取得

企业取得交易性金融资产时，应当按照该金融资产取得时的公允价值作为其初始入账金额。

企业取得交易性金融资产所支付价款中包含了已宣告但尚未发放的现金股利或已到付息期但尚未领取的债券利息，应当单独确认为应收项目，不构成交易性金融资产的初始入账金额。企业取得交易性金融资产所发生的相关交易费用应当在发生时作为投资收益进行会计处理。交易费用是指可直接归属于购买、发行或处置金融工具新增的外部费用，包括支付给代理机构、咨询公司、券商等的手续费和佣金及其他必要支出。不包括债券溢价、折价、融资费用、内部管理成本和持有成本等与交易不直接相关的费用。

企业取得交易性金融资产，应当按照该金融资产取得时的公允价值，借记“交易性金融资产—成本”科目，按照发生的交易费用，借记“投资收益”科目，发生交易费用取得增值税专用发票的，按照其注明的增值税进项税额，借记“应交税费—应交增值税（进项税额）”科目，已到付息期但尚未领取的利息或已宣告但尚未发放的现金股利，借记“应收利息”或“应收股利”科目，按照实际支付的金额，贷记“其他货币资金”等科目。

例题 1–11　金鑫实业有限公司 2024 年 7 月 10 日发生经济业务，原始凭证见图 1–24。支付佣金取得增值税专用发票，注明增值税进项税额 9.6 元，从存出投资款账户支付。该增值税专用发票此处略去。

中国工商银行保定市天河证券公司登记结算单

10/07/2024	成交过户交割凭单		买
股东编号：	A 225033668	成交证券：	梅林股份
电脑编号：	576447	成交数量：	10 000（股）
公司名称：	金鑫实业有限公司	成交价格：	8.00（其中含有已宣告发放但尚未支付的股利 0.5 元，准备于本月 13 日发放）
申请编号：	126	成交金额：	80 000.00
申报时间：	11:12:42	标准佣金：	160.00
成交时间：	11:28:28	过户费用：	0.00
上次余额：	0（股）	印花税：	0.00
本次成交：	10 000（股）	应付金额：	80 160.00
本次余额：	10 000（股）	附加费用：	0.00
本次库存：	10 000（股）	实付金额：	80 160.00

② 通知联

金鑫实业有限公司 财务专用章

经办单位：中国工商银行保定市天河证券公司　　　　客户签章：张悦

图 1–24

解析： 金鑫实业有限公司2024年7月10日购买梅林股份普通股股票10 000股，每股8元（其中含有已宣告发放但尚未支付的股利0.5元，准备于本月13日发放），随时准备变现，另付相关佣金160元。其中含有已宣告发放但尚未支付的股利0.5×10 000=5 000元通过“应收股利”科目核算，（8–0.5）×10 000=75 000元通过“交易性金融资产—成本”科目核算，佣金160元通过“投资收益”科目核算，用存在证券公司的专用款支付交易款项。整个分录编制如下：

借：交易性金融资产—成本	75 000	
应收股利	5 000	
投资收益	160	
应交税费—应交增值税（进项税额）	9.6	
贷：其他货币资金—存出投资款		80 169.6

二、交易性金融资产的持有

（1）收到在购买时其中含有已宣告发放但尚未支付的股利、利息时，借记“银行存款”科目，贷记“应收股利”或“应收利息”科目。

例题 1–12 紧接上题，金鑫实业有限公司2024年7月13日发生经济业务，原始凭证见图1–25。

银行进账单

（收账通知）

2024年07月13日 3

<table>
<tr><td rowspan="3">付款人</td><td>全　　称</td><td colspan="10">梅林股份有限公司</td></tr>
<tr><td>账　　号</td><td colspan="10">6089753608453706814</td></tr>
<tr><td>开户银行</td><td colspan="10">中国工商银行北京市石景山分行</td></tr>
<tr><td colspan="2" rowspan="2">人民币</td><td>千</td><td>百</td><td>十</td><td>万</td><td>千</td><td>百</td><td>十</td><td>元</td><td>角</td><td>分</td></tr>
<tr><td></td><td></td><td></td><td>¥</td><td>5</td><td>0</td><td>0</td><td>0</td><td>0</td><td>0</td></tr>
<tr><td rowspan="3">收款人</td><td>全　　称</td><td colspan="10">金鑫实业有限公司</td></tr>
<tr><td>账　　号</td><td colspan="10">3227676890893687797</td></tr>
<tr><td>开户银行</td><td colspan="10">中国工商银行保定市天河证券公司办事处</td></tr>
<tr><td colspan="2">款项用途</td><td colspan="10">**收到股利**</td></tr>
</table>

中国工商银行保定市天河证券公司办事处
转讫
2024.07.13

图 1–25

解析： 本题收到的股利属于在购买时被投资单位宣告发放但尚未支付的股利，此时分录如下：

借：其他货币资金—存出投资款	5 000	
贷：应收股利		5 000

（2）企业在持有交易性金融资产期间，对于被投资单位宣告发放的现金股利，或在

资产负债表日按分期付息、一次还本债券投资的票面利率计算的利息收入，借记“应收股利”或“应收利息”科目，贷记“投资收益”科目。

例题 1–13 紧接上题，金鑫实业有限公司 2024 年 7 月 20 日发生经济业务，原始凭证见图 1–26。

应收股利通知单

梅林股份有限公司定于 2024 年08月 13 日发放股利，每股0.2元，特此通知。

2024 年07月 20 日

图 1–26

解析：此为持有交易性金融资产期间被投资单位宣告发放的现金股利。分录如下：

借：应收股利	2 000	
贷：投资收益		2 000

2024 年 8 月 13 日收到股利时，分录如下：

借：其他货币资金—存出投资款	2 000	
贷：应收股利		2 000

（3）资产负债表日，交易性金融资产应当按照公允价值计量，公允价值与账面余额之间的差额计入当期损益。企业应当在资产负债表日按照交易性金融资产公允价值高于其账面余额的差额，借记“交易性金融资产—公允价值变动”科目，贷记“公允价值变动损益”科目；公允价值低于其账面余额的差额作相反的会计分录。

例题 1–14 紧接上题，金鑫实业有限公司 2024 年 7 月 30 日发生经济业务，原始凭证见图 1–27。

中国工商银行保定市天河证券公司证券价格变动通知单

2024 年 07 月 30 日　　　　单位：元

股票名称	股数（1）	每股成本（2）	公允价值变动余额（3）	期末市场价格（4）	当期公允价值变动（5）（5）=（4）－（1）×（2）－（3）	当期公允价值变动余额（6）（6）=（3）+（5）
梅林股份	10 000	7.50	0	90 000.00	15 000.00	15 000.00

经办单位：中国工商银行保定市天河证券公司　　　　客户签章：张悦

图 1–27

解析： 2024 年 7 月 30 日，金鑫实业有限公司持有的梅林股份期末市场价格为 90 000 元，由原来的 75 000 元上升了 15 000 元，属于公允价值上升。分录如下：

借：交易性金融资产—公允价值变动　　15 000
　　贷：公允价值变动损益　　15 000

例题 1–15　紧接上题，金鑫实业有限公司 2024 年 8 月 30 日发生经济业务，原始凭证见图 1–28。

中国工商银行保定市天河证券公司证券价格变动通知单

2024 年 08 月 30 日　　单位：元

股票名称	股数（1）	每股成本（2）	公允价值变动余额（3）	期末市场价格（4）	当期公允价值变动（5）（5）=（4）－（1）×（2）－（3）	当期公允价值变动余额（6）（6）=（3）+（5）
梅林股份	10 000	7.50	15 000.00	85 000.00	-5 000.00	10 000.00

经办单位：中国工商银行保定市天河证券公司　　客户签章：张悦

图 1–28

解析： 2024 年 8 月 30 日，金鑫实业有限公司持有的梅林股份期末市场价格为 85 000 元，通过计算，可看出，当日公允价值下降 5 000 元。分录如下：

借：公允价值变动损益　　5 000
　　贷：交易性金融资产—公允价值变动　　5 000

三、交易性金融资产的出售

企业出售交易性金融资产时，应当将该金融资产出售时的公允价值与其账面余额之间的差额作为投资损益进行会计处理，企业出售交易性金融资产，应当按照实际收到的金额，借记“其他货币资金”等科目，按照该金融资产的账面余额，贷记“交易性金融资产—成本”“交易性金融资产—公允价值变动”科目，按照其差额，贷记或借记“投资收益”科目。同时还要计算转让证券应交增值税。

例题 1–16　紧接上题，金鑫实业有限公司 2024 年 8 月 31 日发生经济业务，原始凭证见图 1–29。

中国工商银行保定市天河证券公司登记结算单

31/08/2024	成交过户交割凭单		卖
股东编号：	A 225033668	成交证券：	梅林股份
电脑编号：	576447	成交数量：	10 000（股）
公司名称：	金鑫实业有限公司	成交价格：	10.00
申请编号：	3256	成交金额：	100 000.00
申报时间：	10:15:42	标准佣金：	200.00
成交时间：	11:27:20	过户费用：	0.00
上次余额：	10 000 （股）	印花税：	100.00
本次成交：	10 000 （股）	应收金额：	99 700.00
本次余额：	0（股）	附加费用：	0.00
本次库存：	0（股）	实收金额：	99 700.00

②通知联

金鑫实业有限公司 财务专用章

经办单位：中国工商银行保定市天河证券公司　　　　客户签章：张悦

图 1–29

解析：金鑫实业有限公司 2024 年 8 月 31 日出售梅林股份，售价每股 10 元，总价款 100 000 元，除去佣金和印花税，实收 99 700 元。要将“交易性金融资产”科目下所属明细账期末余额中有关梅林股份的数据全部结转，求出投资收益；同时还要计算转让证券应交增值税。分录如下：

首先计算转让损益：

借：其他货币资金—存出投资款　　99 700
　　贷：交易性金融资产—成本　　75 000
　　　　交易性金融资产—公允价值变动　　10 000
　　　　投资收益　　14 700

然后计算结转转让证券应交增值税。因为证券属于金融资产，按照规定，要计算转让金融资产（证券）应交增值税。将卖出价（不包括交易费用和佣金）扣除买入价（不需要扣除已宣告发放但尚未支付的股利或已到付息期未领取的利息）的余额作为销售额计算增值税，即转让金融商品盈亏相抵后的余额作为销售额。若相抵后出现负差，可结转下一纳税期与下一期转让金融商品销售额互抵，但是年末出现负差的，不允许结转下年。

转让金融资产当月月末出现收益，按照计算应纳税额，借记“投资收益”科目，贷记“应交税费—转让金融商品应交增值税”，如果出现损失，不必计算应纳税额，可结转至下月继续抵扣，此时借记“应交税费—转让金融商品应交增值税”科目，贷记“投资收益”科目。

本题中转让证券的损益 = 卖出价（不包括交易费用和佣金）扣除买入价（不需要扣除已宣告发放但尚未支付的股利或已到付息期未领取的利息）=100 000–80 000=20 000；

转让金融商品的增值税税率为 6%，转让证券应交增值税 =20 000 ÷（1+6%）× 6%= 1 132.08。分录如下：

借：投资收益　　　　　　　　　　　　　　　　　　1 132.08
　　贷：应交税费—转让金融商品应交增值税　　　　　　　1 132.08

知识检测

业务 1　金鑫实业有限公司 2024 年 8 月 5 日发生经济业务，原始凭证见图 1–30。支付佣金取得增值税专用发票，注明增值税进项税额 12 元，从存出投资款账户支付。该增值税专用发票此处略去。

中国工商银行保定市天河证券公司登记结算单

05/08/2024	成交过户交割凭单	买	
股东编号：	A 325066938	成交证券：	工行股份
电脑编号：	635247	成交数量：	20 000（股）
公司名称：	金鑫实业有限公司	成交价格：	5.00（其中含有已宣告发放但尚未支付的股利 0.2 元，准备于本月 8 日发放）
申请编号：	826	成交金额：	100 000.00
申报时间：	11:12:42	标准佣金：	200.00
成交时间：	11:28:28	过户费用：	0.00
上次余额：	0（股）	印花税：	0.00
本次成交：	20 000（股）	应付金额：	100 200.00
本次余额：	20 000（股）	附加费用：	0.00
本次库存：	20 000（股）	实付金额：	100 200.00

②通知联

经办单位：中国工商银行保定市天河证券公司　　　　客户签章：张悦

（印章：金鑫实业有限公司 财务专用章）

图 1–30

业务 2　紧接上题，金鑫实业有限公司 2024 年 8 月 8 日发生经济业务，原始凭证见图 1–31。

银行进账单

（收账通知）

2024 年 08 月 08 日 3

付款人	全　称	中国工商银行股份有限公司										
	账　号	6987253608453895634										
	开户银行	中国工商银行北京市长安路分行										
人民币			亿	千	百	十	万	千	百	十	元	角	分
							¥	4	0	0	0	0	0
收款人	全　称	金鑫实业有限公司										
	账　号	3227676890893687797										
	开户银行	中国工商银行保定市天河证券公司办事处										
款项用途		收到股利										

（印章：中国工商银行保定市天河证券公司办事处 转讫 2024.08.08）

图 1–31

业务 3　紧接上题，金鑫实业有限公司 2024 年 8 月 30 日发生经济业务，原始凭证见图 1–32。

中国工商银行保定市天河证券公司证券价格变动通知单

2024 年 08 月 30 日　　　　　　单位：元

股票名称	股　数（1）	每股成本（2）	公允价值变动余额（3）	期末市场价格（4）	当期公允价值变动（5）（5）=（4）-（1）×（2）-（3）	当期公允价值变动余额（6）（6）=（3）+（5）
工行股份	20 000	4.80	0	90 000.00	-6 000.00	-6 000.00

经办单位：中国工商银行保定市天河证券公司　　客户签章：张悦

（印章：金鑫实业有限公司 财务专用章）

图 1–32

业务 4　紧接上题，金鑫实业有限公司 2024 年 8 月 30 日发生经济业务，原始凭证见图 1–33。

应收股利通知单

中国工商银行股份有限公司定于 2024 年09月 10 日发放股利，每股 0.1 元，特此通知。

2024 年08月 30 日

（印章：中国工商银行股份有限公司证券发行办事处 2024.08.30）

图 1–33

业务 5　紧接上题，金鑫实业有限公司 2024 年 9 月 10 日收到上述股利。原始凭证见图 1–34。

银行进账单

（收账通知）

2024 年 09 月 10 日 3

<table>
<tr><td rowspan="3">付款人</td><td>全　称</td><td colspan="11">中国工商银行股份有限公司</td></tr>
<tr><td>账　号</td><td colspan="11">6987253608453895634</td></tr>
<tr><td>开户银行</td><td colspan="11">中国工商银行北京市长安路分行</td></tr>
<tr><td colspan="2" rowspan="2">人民币</td><td>亿</td><td>千</td><td>百</td><td>十</td><td>万</td><td>千</td><td>百</td><td>十</td><td>元</td><td>角</td><td>分</td></tr>
<tr><td></td><td></td><td></td><td></td><td>¥</td><td>2</td><td>0</td><td>0</td><td>0</td><td>0</td><td>0</td></tr>
<tr><td rowspan="3">收款人</td><td>全　称</td><td colspan="11">金鑫实业有限公司</td></tr>
<tr><td>账　号</td><td colspan="11">3227676890893687797</td></tr>
<tr><td>开户银行</td><td colspan="11">中国工商银行保定市天河证券公司办事处</td></tr>
<tr><td colspan="2">款项用途</td><td colspan="11">**收到股利**</td></tr>
</table>

（印章：中国工商银行保定市天河证券公司办事处 转讫 2024.09.10）

图 1–34

业务 6　紧接上题，金鑫实业有限公司 2024 年 9 月 30 日发生经济业务，原始凭证见图 1–35。

中国工商银行保定市天河证券公司证券价格变动通知单

2024年09月30日　　　　单位：元

股票名称	股　数（1）	每股成本（2）	公允价值变动余额（3）	期末市场价格（4）	当期公允价值变动（5）（5）=（4）-（1）×（2）-（3）	当期公允价值变动余额（6）（6）=（3）+（5）
工行股份	20 000	4.80	-6 000.00	99 000.00	9 000.00	3 000.00

经办单位：中国工商银行保定市天河证券公司　　　　客户签章：张悦

图 1–35

业务 7　紧接上题，金鑫实业有限公司 2024 年 9 月 30 日发生经济业务，原始凭证见图 1–36。

中国工商银行保定市天河证券公司登记结算单

30/09/2024	成交过户交割凭单		卖
股东编号：	A 325066938	成交证券：	工行股份
电脑编号：	635247	成交数量：	20 000（股）
公司名称：	金鑫实业有限公司	成交价格：	6.00
申请编号：	3656	成交金额：	120 000.00
申报时间：	10:15:42	标准佣金：	240.00
成交时间：	11:27:20	过户费用：	0.00
上次余额：	20 000（股）	印花税：	120.00
本次成交：	20 000（股）	应收金额：	119 640.00
本次余额：	0（股）	附加费用：	0.00
本次库存：	0（股）	实收金额：	119 640.00

②通知联

经办单位：中国工商银行保定市天河证券公司　　　　客户签章：张悦

图 1–36

项目二　应收及预付款项的核算

企业生产中，由于各种原因经常会产生应收及预付款项。应收及预付款项是指企业日常生产经营过程中发生的各项债权，包括应收款项和预付款项。应收款项包括应收账款、应收票据、其他应收款。预付款项是指企业按照合同规定预付的款项，包括预付账款。

任务一　应收账款的核算

任务目标

1. 掌握应收账款的入账价值。
2. 掌握现金折扣的处理。
3. 掌握应收账款发生坏账损失的处理。

重点难点

商业折扣、现金折扣的概念及核算。

知识链接

应收账款是指企业在正常的生产经营过程中，由于销售商品、产品或提供劳务而形成的债权。具体来说应收账款产生的主要原因一是赊销，二是款项结算过程中采用了委托收款和托收承付结算方式。主要包括企业因销售商品、产品或提供劳务按填制的发票应向有关债权人收取的价款及代垫的运杂费、包装费等。

存在“商业折扣”方式的销售时，应收账款入账价值要将折扣后的价款及代垫运杂费等作为入账价值。“商业折扣”在促销时发生，购买者买的产品数量越多，给予的价格越优惠，使商品的价格降低。所以要将折扣后的价款及代垫运杂费等作为入账价值。

另外，存在“现金折扣”方式的销售时，应收账款入账价值要按填制的发票将向有关债权人收取的价款及代垫的运杂费等作为入账价值。“现金折扣”指存在应收账款的情况下，为尽早收回货款，给予购买者的价格优惠，偿还得越早，优惠越大。由于应收账款发生在前，所以其入账价值不受现金折扣的影响。“现金折扣”在合同中或者发票中用分数表示。分母表示信用天数，分子表示折扣率。比如“2/10、1/20、n/30”，表示信用天数为 30 天，若在 10 天内付款，给予对方 2% 的折扣；11~20 天内付款，给予 1% 的折扣；超过 20 天付款，不再给予折扣，全额收款。

业务核算

企业应设置“应收账款”科目，不单独设置“预收账款”科目的企业，预收的账款也在“应收账款”科目核算。“应收账款”科目的借方登记应收账款的增加，贷方登记应收账款的收回及确认的坏账损失，期末余额一般在借方，反映企业尚未收回的应收账款；如果期末余额在贷方，一般则反映企业预收的账款。按照往来单位设置明细账。

企业在销售产品形成应收账款时，按发票列明的金额和代垫运费单据，借记“应收账款”科目，按发票列明的价款和税金贷记“主营业务收入”和“应交税费—应交增值税（销项税额）”科目，按代垫运费单据列明的价款，贷记“银行存款”等科目。收回款项时，借记“银行存款”科目，贷记“应收账款”科目。

存在“商业折扣”方式的销售形成应收账款时，按发票列明的折扣后金额和代垫运费单据，借记“应收账款”账户，按发票列明折扣后的价款和税金，贷记“主营业务收入”和“应交税费—应交增值税（销项税额）”科目，按代垫运费单据列明的价款，贷记“银行存款”等科目。收回款项时，借记“银行存款”科目，贷记“应收账款”科目。

另外，存在“现金折扣”方式的销售收回款项时，借记“银行存款”科目，按给予对方折扣，借记“财务费用”科目，两者冲减应收账款，贷记“应收账款”科目。

例题 2–1 金鑫实业有限公司 2024 年 7 月 8 日发生经济业务，原始凭证见图 2–1~图 2–3。

电子发票（增值税专用发票）

发票号码：24133000000000004595

开票日期：2024 年 07 月 08 日

购买方信息	名称：北京长虹有限公司 纳税人识别号：9111011270449534500	销售方信息	名称：金鑫实业有限公司 纳税人识别号：9113056247896001000

项目名称	规格型号	单位	数量	单价	金额	税率/征收率	税额
*泵*潜水泵		台	2	20000.00	40000.00	13%	5200.00
合　计					¥40000.00		¥5200.00
价税合计（大写）	⊗肆万伍仟贰佰元整				（小写）¥45200.00		
备注	折扣条件为 2/10，1/20，n/30。折扣按价款不含税计算						

开票人：郑薇

图 2–1

中国工商银行 转账支票存根	
支票号码	VI II24070801
科　　目	
对方科目	
出票日期	2024 年 07 月 08 日
收款人	保定联运公司
金额	¥4 000.00
用途	代垫运费
备注	

单位主管：苏瑞　　会计：郑薇

金鑫实业 财务专

图 2–2

中国工商银行托收承付款凭证(回单)　1　第 24070801 号

委托日期 2024 年 07 月 08 日

付款人	全　称	北京长虹有限公司	收款人	全　称	金鑫实业有限公司
	账　号	1001345109207852021		账　号	3227676890893646693
	开户银行	中国工商银行北京市长安路支行		开户银行	中国工商银行保定市桥东路分行

托收金额	人民币(大写)肆万玖仟贰佰元整	千	百	十	万	千	百	十	元	角	分
				¥	4	9	2	0	0	0	0

附件	商品发运情况	合同名称号码	
附寄单证张数或册数：6	已发运	(№0468)	中国工商银行保定市桥东路分行 2024.07.08 业务受理（02）
备注：		款项收妥日期 年　月　日	收款人开户行（银行盖章）

单位主管：　　会计：　　复核：　　记账：

图 2–3

解析： 金鑫实业有限公司 2024 年 7 月 8 日根据合同向北京长虹公司销售潜水泵 2 台，价款 40 000 元，税金 5 200 元，运费 4 000 元由金鑫实业有限公司代垫，总款项 49 200 元，采用异地托收承付方式结算，已通过银行办好异地托收手续。

借：应收账款—北京长虹有限公司	49 200	
贷：主营业务收入		40 000
应交税费—应交增值税（销项税额）		5 200
银行存款		4 000

例题 2–2　紧接上题，金鑫实业有限公司 2024 年 7 月 10 日发生业务如下，原始凭证见图 2–4。

中国工商银行托收承付款凭证(收账通知) 4 第 24070801 号

委托日期 2024 年 07 月 08 日

付款人	全称	北京长虹有限公司	收款人	全称	金鑫实业有限公司
	账号	1001345109207852021		账号	3227676890893646693
	开户银行	中国工商银行北京市长安路支行		开户银行	中国工商银行保定市桥东路分行
托收金额	人民币(大写)**肆万捌仟肆佰元整**			千百十万千百十元角分	¥ 4 8 4 0 0 0 0
附件	商品发运情况	合同名称号码			㊣中国工商银行保定市桥东路分行 ★ 2024.07.10 ★ 业务清讫（02）
附寄单证张数或册数：6	已发运	(№0468)			
备注：		款项收妥日期 2024 年 07 月 10 日			收款人开户行（银行盖章）

单位主管：　　　　会计：　　　　复核：　　　　记账：

图 2–4

解析：本题和上题紧密联系，金鑫实业有限公司 2024 年 7 月 10 日收到北京长虹有限公司支付的货款，从 2024 年 7 月 8 日到 2024 年 7 月 10 日，共 2 天，按照合同，应给予北京长虹有限公司 2% 的现金折扣，而且计算现金折扣不考虑增值税和代垫运杂费，因此应给予北京长虹有限公司现金折扣为 40 000 × 2%=800，所以收回的货款为 49 200–800=48 400。

借：银行存款	48 400	
财务费用	800	
贷：应收账款—北京长虹有限公司		49 200

知识检测

一、单选题

1. 某企业应收账款余额 100 000 元，现金折扣条件为 2/10、1/20、n/30，客户在第 18 天付款，该企业财务费用的发生额为（　）。

A. 1 000 元　　B. 2 000 元　　C. 600 元　　D. 300 元

2. 甲企业销售采用商业折扣，销售甲产品时如果购买 100 件给予 1% 的优惠；购买 300 件，给予 2% 的优惠；购买 500 件，给予 5% 的优惠；购买 500 件以上，给予 8% 的优惠；甲产品每件 100 元，税率 13%。异地乙企业当场决定购买 500 件，货款暂欠。由甲企业负责运往异地，运费由乙企业负担，甲企业代垫，发生运费 300 元。甲企业的应收账款入账金额为（　）。

A. 56 800 元　　B. 53 975 元　　C. 53 960 元　　D. 53 675 元

二、判断题

1. 当企业采用现金折扣销售方式销售时，应收账款应按扣除折扣后的金额入账。（　）

2. 商品销售中发生的商业折扣在应收账款中不予反映。（　）

3. 企业销售过程中应由购买方负担的运费要计入销售企业的销售费用中。（　）

三、业务题

业务 1 金鑫实业有限公司 2024 年 8 月 8 日发生下列业务，原始凭证见图 2–5、图 2–6。

折扣申请表

编制单位：金鑫实业有限公司　　2024 年 08 月 08 日　　单位：元

客户名称	货物名称	购买数量	单价	金额	折扣类型	折扣率	折扣后金额
启迪股份有限公司	排水泵	10台	18 000.00	180 000.00	商业折扣	10%	162 000.00
合计		10台		180 000.00			162 000.00
审核意见：同意							
销售经理：马忠　2024年08月08日				经办人：王虎　2024年08月08日			

图 2–5

电子发票（增值税专用发票）

发票号码：24133000000000045943
开票日期：2024 年 08 月 08 日

购买方信息	销售方信息
名称：启迪股份有限公司	名称：金鑫实业有限公司
纳税人识别号：91131011270449534９0	纳税人识别号：9113056247896001000

项目名称	规格型号	单位	数量	单价	金额	税率/征收率	税额
*泵*排水泵		台	10	18000.00	180000.00	13%	23400.00
折扣后价格					162000.00	13%	21060.00
合　计					¥162000.00		¥21060.00

价税合计（大写）	⊗壹拾捌万叁仟零陆拾元整　（小写）¥183060.00
备注	

开票人：郑薇

图 2–6

业务 2 紧接上题，金鑫实业有限公司 2024 年 8 月 9 日发生下列业务，原始凭证见图 2–7。

中国工商银行**进账单**（收账通知）

填制日期 2024 年 08 月 09日 **3**

付款人	全　称	启迪股份有限公司	收款人	全　称	金鑫实业有限公司
	账　号	4447676890895645209		账　号	3227676890893646693
	开户银行	中国工商银行上海市江宁路分行		开户银行	中国工商银行保定市桥东路分行

人民币（大写）	壹拾捌万叁仟零陆拾元整	千	百	十	万	千	百	十	元	角	分
			¥	1	8	3	0	6	0	0	0
票据种类	转账支票	此联不作收款用　中国工商银行保定市桥东路分行　24.08.09　受理银行盖章　转讫									
票据张数	1张										
单位主管：　会计：　复核：　记账：											

此联是收款人开户行交给收款人的收账通知

图 2–7

业务 3　金鑫实业有限公司 2024 年 8 月 9 日发生下列业务，原始凭证见图 2-8。

电子发票（增值税专用发票）

发票号码：24133000000000045944

开票日期：2024 年 08 月 09 日

购买方信息	名称：三源股份有限公司 纳税人识别号：9113440102345678910	销售方信息	名称：金鑫实业有限公司 纳税人识别号：9113056247896001000

项目名称	规格型号	单位	数量	单价	金额	税率/征收率	税额
*泵*潜水泵		台	5	30000.00	150000.00	13%	19500.00
合　计					¥150000.00		¥19500.00
价税合计（大写）	⊗壹拾陆万玖仟伍佰元整				（小写）¥169500.00		
备注	折扣条件为 2/10，1/20，n/30。折扣按价款不含税计算						

开票人：郑薇

图 2-8

业务 4　紧接上题，金鑫实业有限公司 2024 年 8 月 25 日发生下列业务，原始凭证见图 2-9。

中国工商银行**进账单**（收账通知）

填制日期 2024年08月25日 **3**

付款人	全　称	三源股份有限公司	收款人	全　称	金鑫实业有限公司
	账　号	6223676890890564529		账　号	3227676890893646693
	开户银行	中国工商银行广州市中山路分行		开户银行	中国工商银行保定市桥东路分行

人民币（大写）	壹拾陆万捌仟元整	千	百	十	万	千	百	十	元	角	分
			¥	1	6	8	0	0	0	0	0

票据种类	转账支票	此联不作收款用　受理银行盖章 中国工商银行保定市桥东路分行 24.08.25 转讫
票据张数	1 张	
单位主管：　会计：　复核：　记账：		

此联是收款人开户行交给收款人的收账通知

图 2-9

任务二　应收票据的核算

任务目标

1. 了解应收票据的产生和相应的结算方式。
2. 掌握应收票据的取得、兑现、背书转让、贴现的账务处理。

重点难点

掌握应收票据的取得、兑现、背书转让、贴现的账务处理。

知识链接

应收票据是指企业因销售商品、提供劳务等收到的商业汇票。商业汇票是一种由出票人签发的，委托付款人在指定日期无条件支付确定金额给收款人或者持票人的票据。

商业汇票的付款期限最长不得超过六个月。定日付款的汇票付款期限自出票日起计算，并在汇票上记载具体到期日；出票后定期付款的汇票付款期限自出票日起按月计算，并在汇票上记载；见票后定期付款的汇票付款期限自承兑或拒绝承兑日起按月计算，并在汇票上记载。

商业汇票的提示付款期限，自汇票到期日起 10 日。

符合条件的商业汇票的持票人，可以持未到期的商业汇票连同贴现凭证向银行申请贴现。

根据承兑人不同，商业汇票分为商业承兑汇票和银行承兑汇票。

商业承兑汇票是指由付款人签发并承兑，或由收款人签发交由付款人承兑的汇票。商业承兑汇票的付款人收到开户银行的付款通知，应在当日通知银行付款。付款人在接到通知日的次日起三日内（遇法定休假日顺延）未通知银行付款的，视同付款人承诺付款。银行将于付款人接到通知日的次日起第四日（遇法定休假日顺延），将票款划给持票人。付款人提前收到由其承兑的商业汇票，应通知银行于汇票到期日付款。银行在办理划款时，付款人存款账户不足支付的，银行应填制付款人未付票款通知书，连同商业承兑汇票邮寄持票人开户银行转交持票人。

银行承兑汇票是指由在承兑银行开立存款账户的存款人（这里也是出票人）签发，由承兑银行承兑的票据。企业申请使用银行承兑汇票时，应向其承兑银行按票面金额的万分之五交纳手续费。银行承兑汇票的出票人应于汇票到期前将票款足额交存其开户银行，承兑银行应在汇票到期日或到期日后的见票当日支付票款。银行承兑汇票的出票人于汇票到期前未能足额交存票款时，承兑银行除凭票向持票人无条件付款外，对出票人尚未支付的汇票金额按照每天万分之五计收利息。

业务核算

为了反映和监督应收票据取得、票款收回等情况，企业应当设置“应收票据”科目，借方登记取得的应收票据的面值，贷方登记到期收回票款或到期前向银行贴现的应收票据的票面余额，期末余额在借方，反映企业持有的商业汇票的票面余额。“应收票据”科目可按照开出、承兑商业汇票的单位进行明细核算。

一、取得应收票据和收回到期票款

应收票据取得的原因不同，其账务处理亦有所区别。因债务人抵偿前欠货款而取得的应收票据，借记“应收票据”科目，贷记“应收账款”科目；因企业销售商品、提供劳务等收到开出、承兑的商业汇票，借记“应收票据”科目，贷记“主营业务收人”“应交税费—应交增值税（销项税额）”等科目。商业汇票到期收回款项时，应按实际收到的金额，借记“银行存款”科目，贷记“应收票据”科目。

二、应收票据的转让

实务中，企业可以将自己持有的商业汇票背书转让。背书是指在票据背面或者粘单上记载有关事项并签章的票据行为。背书转让的，背书人应当承担票据责任。通常情况下，企业将持有的商业汇票背书转让以取得所需物资时，按应计入取得物资成本的金额，借记“材料采购”或“原材料”“库存商品”等科目，按照增值税专用发票上注明的可抵扣的增值税税额，应借记“应交税费—应交增值税（进项税额）”科目，按商业汇票的票面金额，贷记“应收票据”科目，如有差额，借记或贷记“银行存款”等科目。

三、票据贴现

票据贴现，指持票人因急需资金，将未到期的商业汇票背书后抵押、转让给银行，银行（贴现银行）受理后，从票面金额中扣除按银行贴现利率计算确定的贴现利息后，将余额支付给持票人（申请贴现的企业）的业务活动。

如果银行对这笔款有追索权，即付款人到期无法付款时，贴现银行要向申请贴现的企业追回已贴现的款项。申请贴现的企业申请贴现时通常应按实际收到的金额，借记“银行存款”科目，按贴现息部分，借记“财务费用”科目，按应收票据的票面金额，贷记“短期借款”科目。

如果银行对这笔款无追索权，即付款人到期无法付款时，贴现银行不能向申请贴现的企业追回已贴现的款项。申请贴现的企业申请贴现时通常应按实际收到的金额，借记“银行存款”科目，按贴现息部分，借记“财务费用”科目，按应收票据的票面金额，贷记“应收票据”科目。

例题 2–3 金鑫实业有限公司 2024 年 7 月 10 日发生下列业务，原始凭证见图 2–10、图 2–11。

电子发票（增值税专用发票）

发票号码：24133000000000004596

开票日期：2024 年 07 月 10 日

购买方信息	名称：北京长虹有限公司 纳税人识别号：9111011270449534500	销售方信息	名称：金鑫实业有限公司 纳税人识别号：9113056247896001000

项目名称	规格型号	单位	数量	单价	金额	税率/征收率	税额
*泵*排水泵		台	5	20000.00	100000.00	13%	13000.00
合　计					¥100000.00		¥13000.00
价税合计（大写）	⊗壹拾壹万叁仟元整			（小写）¥113000.00			
备注							

开票人：郑薇

图 2–10

商业承兑汇票

汇款号码
第 24071001 号

签发日期贰零贰肆年柒月零壹拾日

收款人	全　称	金鑫实业有限公司	付款人	全　称	北京长虹有限公司
	账　号	3227676890893646693		账　号	1001345109207852021
	开户银行	中国工商银行保定市桥东路分行		开户银行	中国工商银行北京市长安路支行

汇票金额	人民币(大写) 壹拾壹万叁仟元整	千	百	十	万	千	百	十	元	角	分
			¥	1	1	3	0	0	0	0	0
汇票到期日	2024 年 09 月 10 日	交易合同号码	№ 14895								

本汇票已经本单位承兑，到日期无条件支付票款。	付购货款 汇票签发人盖章： 负责：王慧　经办：刘林山

图 2–11

解析：金鑫实业有限公司 2024 年 7 月 10 日向北京长虹有限公司销售排水泵 5 台，价款 100 000 元，税费 17 000 元。于当日收到一张由北京长虹有限公司签发同意到期兑现的商业承兑汇票。

借：应收票据—北京长虹有限公司	113 000
贷：主营业务收入	100 000
应交税费—应交增值税（销项税额）	13 000

例题 2–4　紧接上题，金鑫实业有限公司 2024 年 7 月 11 日发生下列业务，原始凭证见图 2–12~图 2–14。

电子发票（增值税专用发票）

发票号码：24423000000000045946
开票日期：2024 年 07 月 11 日

购买方信息 名称：金鑫实业有限公司 纳税人识别号：9113056247896001000	销售方信息 名称：湖北省武汉钢铁厂 纳税人识别号：9142565214235540000

项目名称	规格型号	单位	数量	单价	金额	税率/征收率	税额
*黑色金属*熟铁		吨	8	15000.00	120000.00	13%	15600.00
合　计					¥120000.00		¥15600.00
价税合计（大写）	⊗壹拾叁万伍仟陆佰元整			（小写）¥135600.00			
备注							

开票人：王明

图 2–12

商业承兑汇票背面

注意事项 一、付款人于汇票到期日前须将票款足额交存开户行，如账户存款余额不足时，银行比照空头支票处以罚款。 二、本汇票经背书可以转让。		
被背书人：湖北省武汉钢铁厂	被背书人：	被背书人：
背书：金鑫实业有限公司 2024 年 07 月 11 日	背书： 年 月 日	背书： 年 月 日

注：将于2024年07月10日收到的由北京长虹有限公司签发同意到期兑现的商业承兑汇票背书转让给湖北省武汉钢铁厂。

图 2–13

中国工商银行 转账支票存根	
支票号码	Ⅵ Ⅱ 240701101
科　　目	
对方科目	
出票日期	2024年07月11日
收款人	湖北省武汉钢铁厂
金额	¥22 600.00
用途	购买圆钢
备注	

单位主管：苏瑞　　会计：郑薇

图 2–14

解析：金鑫实业有限公司 2024 年 7 月 11 日，向湖北省武汉钢铁厂采购熟铁 8 吨，单价 15 000 元，价款 120 000 元，税金 15 600 元，金鑫实业有限公司将于 2024 年 7 月 10 日收到的由北京长虹有限公司签发同意到期兑现的商业承兑汇票背书转让给湖北省武汉钢铁厂，余款签发一张转账支票支付。

借：在途物资—熟铁	12 0000	
应交税费—应交增值税（进项税额）		15 600
贷：应收票据—北京长虹有限公司		113 000
银行存款		22 600

例题 2–5　接例题 2–3，假定金鑫实业有限公司 2024 年 7 月 20 日发生下列业务，因为急需资金，故将于 2024 年 7 月 10 日收到的由北京长虹有限公司签发同意到期兑现的商业承兑汇票向开户行申请贴现。请把原始凭证空白应填处填制完善。原始凭证见图 2–15。

中国工商银行 贴现凭证（收账通知）4

申请日期 2024年07月20日　　　　No 24072001

持票人	名称	金鑫实业有限公司	贴现汇票	种类	商业承兑汇票	号码 第24071001号
	账号	3227676890893646693		起始日	2024年7月10日	
	开户银行	中国工商银行保定市桥东路分行		到期日	2024年9月10日	
汇票承兑人（或银行）	名称	北京长虹有限公司	账号	1001345109207852021	开户银行	中国工商银行北京市长安路支行

		千	百	十	万	千	百	十	元	角	分
汇票金额（即贴现金额）	人民币（大写）：壹拾壹万叁仟元整		¥	1	1	3	0	0	0	0	0
贴现率 每月 5‰	贴现利息				¥	1	0	3	5	8	3
实付贴现额			¥	1	1	1	9	6	4	1	7

上述款项已入你单位账户 此致 银行盖章 2024年07月20日

（印章：中国工商银行保定市桥东路分行 24.07.20 业务讫 清章）

备注：本行对该票据不附有追索权

此联是银行给贴现申请人的收账通知

图 2–15

解析：贴现利息和贴现所得的计算公式：

贴现所得 = 票据到期值 – 贴现利息

贴现利息 = 票据到期值 × 贴现率 × 贴现期

贴现期 = 申请贴现日至票据到期日前一天

本题中的商业承兑汇票是不带息票据，因此，票据到期值就是票据面值，即为113 000元。

申请贴现日至到期日，即从2024年7月20日至2024年9月10日，按照“算头不算尾”的原则，计算期间实际天数，同时对异地的商业汇票进行贴现，贴现日期要加3天。假定采用“算头不算尾”原则来算，7月20日至7月31日 =12天，8月1日至8月31日 =31天，9月1日至9月10日 =10天，异地的商业汇票进行贴现日期要加3天，总计56天。

贴现利息 = 票据到期值 × 贴现率 × 贴现期 =113 000 × 5‰ ÷ 30 × 56 ≈ 1 054.67

贴现所得 = 票据到期值 – 贴现利息 =113 000–1 054.67=111 945.33

分录如下：

借：银行存款　　111 945.33

借：财务费用—贴现息　　1 054.67

　　贷：应收票据—北京长虹有限公司　　113 000

知识检测

一、单选题

1. 应收票据的产生相对应的结算方式是（　　）。

A. 支票　　B. 银行汇票　　C. 汇兑　　D. 商业汇票

2. 商业汇票的付款期限最长是（　　）。

A. 3 个月　　B. 6 个月　　C. 9 个月　　D. 1 个月

3. 银行承兑汇票的出票人于汇票到期前未能足额交存票款时，承兑银行除凭票向持票人无条件付款外，对出票人尚未支付的汇票金额按照每天（　　）收利息。

A. 万分之二　　B. 万分之五　　C. 万分之一　　D. 万分之三

二、业务题

业务 1　金鑫实业有限公司 2024 年 8 月 10 日发生下列经济业务，原始凭证见图 2-16、图 2-17。

电子发票（增值税专用发票）

发票号码：24133000000000045947

开票日期：2024 年 08 月 10 日

购买方信息 名称：恒源技术有限公司 纳税人识别号：9113101127044953480	销售方信息 名称：金鑫实业有限公司 纳税人识别号：9113056247896001000

项目名称	规格型号	单位	数量	单价	金额	税率/征收率	税额
*泵*潜水泵		台	5	30000.00	150000.00	13%	19500.00
合　计					¥150000.00		¥19500.00
价税合计（大写）	⊗壹拾陆万玖仟伍佰元整			（小写）¥169500.00			
备注							

开票人：郑薇

图 2-16

银行承兑汇票 2　　汇票号码 第24081001号

出票日期（大写）贰零贰肆年捌月零壹拾日

出票人全称	恒源技术有限公司	收款人	全　称	金鑫实业有限公司
出票人账号	1638656109207852021		账　号	3227676890893646693
付款行全称	中国工商银行上海市浦东路分行		开户银行	中国工商银行保定市桥东路分行
汇票金额	人民币（大写）壹拾陆万玖仟伍佰元整		千 百 十 万 千 百 十 元 角 分	¥ 1 6 9 5 0 0 0 0
汇票到期日	2024 年 10 月 10 日	本汇票已经承兑，到期日由本行付款。承兑日期　年　月　日	承兑协议编号	086
请你行承兑，到期无条件付款。出票人签章（恒源技术有限公司 财务专用章）（张恒江印）	2024 年 08 月 10 日	（上海市浦东路分行 汇票专用章）	科目（借） 对方科目（贷） 转账　年　月　日 复核　记账	

图 2-17

业务 2　紧接上题，金鑫实业有限公司 2024 年 8 月 20 日发生经济业务，完善原始凭证空白处。原始凭证见图 2-18。

中国工商银行　贴现凭证（收账通知）4

申请日期 2024 年08月 20 日　　　　No.32068

持票人	名称	金鑫实业有限公司	贴现汇票	种类	银行承兑汇票	号码	第24081001号
	账号	3227676890893646693		发票日	2024年08月10日		
	开户银行	中国工商银行保定市桥东路分行		到期日	2024年10月10日		
汇票承兑人（或银行）	名称	恒源技术有限公司	账号	1638656109207852021	开户银行	中国工商银行上海市浦东路分行	
汇票金额（即贴现金额）	人民币（大写）壹拾陆万玖仟伍佰元整				千百十万千百十元角分	¥16950000	
贴现率每月	5‰	贴现利息	千百十万千百十元角分		实付贴现额	千百十万千百十元角分	
上述款项已入你单位账户 此致 银行盖章 2024 年08月 20日				备注：本行对该票据不附有追索权			

此联是银行给贴现申请人的收账通知

中国工商银行保定市桥东路分行 24.08.20 业务讫 清章

注：须自行计算贴现息和贴现金额。

图 2-18

任务三　预付账款及补付款的核算

任务目标

1. 了解预付账款的产生。
2. 掌握预付账款的产生、冲销、补付款的核算。

重点难点

预付账款的产生、冲销、补付款的核算。

知识链接

预付账款是指企业按照合同规定预付的款项。一般认为是企业采购紧缺商品的前奏，采购受到销售方的制约，只好在合同中同意按对方要求预付货款（定金）。

业务核算

为了反映和监督预付账款的增减变动及其结存情况，企业应当设置“预付账款”科目。

“预付账款”科目的借方登记预付的款项及补付的款项，贷方登记收到所购物资时根据有关发票账单计入“原材料”等科目的金额及收回多付款项的金额，期末余额在借方反映企业实际预付的款项；期末余额在贷方，则反映企业应付或应补付的款项。预付款项情况不多的企业，可以不设置“预付账款”科目，而将预付的款项通过“应付账款”科目核算。

企业根据购货合同的规定向供应单位预付款项时，借记“预付账款”科目，贷记“银行存款”科目。

企业收到所购物资，按应计入购入物资成本的金额，借记“材料采购”或“原材料”“库存商品”科目，按相应的增值税进项税额，借记“应交税费—应交增值税（进项税额）”等科目，贷记“预付账款”科目。当预付价款小于采购货物所需支付的款项时，应将不足部分补付，借记“预付账款”科目，贷记“银行存款”科目；当预付价款大于采购货物所需支付的款项时，应将预付的多余款项收回，借记“银行存款”科目，贷记“预付账款”科目。

例题 2–6 金鑫实业有限公司 2024 年 7 月 12 日发生下列业务，原始凭证见图 2–19~图 2–21。

收料单

材料类别：材料类　　验收日期 2024 年 07 月 12 日　　收字第 24071201 号

发票号码	名称	规格	单位	购进			验收		
				数量	单价	金额	数量	单价	金额
№ 24071201	生铁		吨	7.5	8 000.00	60 000.00	7.5	8 000.00	60 000.00
进货单位	湖北省武汉钢铁厂				运杂费		采购员姓名		李宏
备注					合计	60 000.00	附单据		4 张

第二联 记账

供销科长：郑虎　仓库会计：郑薇　保管员：张明　复核：郑薇　制单：张明

图 2–19

电子发票（增值税专用发票）

发票号码：24423000000000045947

开票日期：2024 年 07 月 12 日

购买方信息　名称：金鑫实业有限公司　纳税人识别号：91130562478960010000

销售方信息　名称：湖北省武汉钢铁厂　纳税人识别号：91425652142355400000

项目名称	规格型号	单位	数量	单价	金额	税率/征收率	税额
*黑色金属*生铁		吨	7.5	8000.00	60000.00	13%	7800.00
合　计					¥60000.00		¥7800.00
价税合计（大写）	⊗陆万柒仟捌佰元整			（小写）¥67800.00			
备注	已预付汇款 30000 元						

开票人：王明

图 2–20

中国工商银行 转账支票存根	
支票号码	VI II 24071201
科　　目	
对方科目	
出票日期	2024 年 07 月12日
收款人	湖北省武汉钢铁厂
金　额	¥37 800.00
用　途	补付生铁采购款
备　注	已预付30 000元货款

单位主管：苏瑞　　会计：郑薇

图 2–21

解析：本题表述经济业务是金鑫实业有限公司 2024 年 7 月 12 日从湖北省武汉钢铁厂采购生铁 7.5 吨，每吨 8 000 元，价款 60 000 元，税费 7 800 元，验收入库。由于已经预付 30 000 元货款，所以补付余款 37 800 元。

借：原材料—生铁	60 000
应交税费—应交增值税（进项税额）	7 800
贷：预付账款—湖北省武汉钢铁厂	67 800
同时借：预付账款—湖北省武汉钢铁厂	37 800
贷：银行存款	37 800

知识检测

一、判断题

1. 预付款项情况不多的企业，可以不设置“预付账款”科目，而将预付的款项通过“应付账款”科目核算。(　)

2. 期末余额在贷方，反映企业实际预付的款项。(　)

3. 期末余额在借方，则反映企业应付或应补付的款项。(　)

二、业务题

金鑫实业有限公司 2024 年 8 月 11 日发生业务如下，原始凭证见图 2–22、图 2–23。

电子发票（增值税专用发票）

发票号码：24433000000000045949

开票日期：2024 年 08 月 11 日

购买方信息	名称：金鑫实业有限公司 纳税人识别号：911305624789600100	销售方信息	名称：长辰有限责任公司 纳税人识别号：914301085214235540

项目名称	规格型号	单位	数量	单价	金额	税率/征收率	税额
*黑色金属*熟铁		吨	3	10000.00	30000.00	13%	3900.00
合　计					¥30000.00		¥3900.00
价税合计（大写）	⊗叁万叁仟玖佰元整			（小写）¥33900.00			
备注	已预付汇款 40000 元						

开票人：王明亮

图 2–22

中国工商银行**进账单**（收账通知）3

填制日期 2024 年08月 11 日

<table>
<tr><td rowspan="3">付款人</td><td>全　称</td><td>长辰有限责任公司</td><td rowspan="3">收款人</td><td>全　称</td><td colspan="10">金鑫实业有限公司</td></tr>
<tr><td>账　号</td><td>6790351604852132276</td><td>账　号</td><td colspan="10">3227676890893646693</td></tr>
<tr><td>开户银行</td><td>中国工商银行常德市德山分行</td><td>开户银行</td><td colspan="10">中国工商银行保定市桥东路分行</td></tr>
<tr><td colspan="2" rowspan="2">人民币
（大写）</td><td colspan="3" rowspan="2">陆仟壹佰元整</td><td>千</td><td>百</td><td>十</td><td>万</td><td>千</td><td>百</td><td>十</td><td>元</td><td>角</td><td>分</td></tr>
<tr><td></td><td></td><td></td><td>¥</td><td>6</td><td>1</td><td>0</td><td>0</td><td>0</td><td>0</td></tr>
<tr><td colspan="2">票据种类</td><td colspan="3">转账支票</td><td colspan="10" rowspan="4">此联不作收款用
中国工商银行保定市桥东路分行
2024.08.11
转讫
受理银行盖章</td></tr>
<tr><td colspan="2">票据张数</td><td colspan="3">1 张</td></tr>
<tr><td colspan="2">款项用途</td><td colspan="3">收到退回的预付款</td></tr>
<tr><td colspan="5">单位主管：　会计：　复核：　记账：</td></tr>
</table>

此联是收款人开户行交给收款人的收账通知

注：上述凭证为收回预先多付款部分。

图 2-23

任务四　其他应收款的核算

任务目标

1. 了解其他应收款的核算内容。
2. 掌握其他应收款各核算内容的账务处理。

重点难点

掌握其他应收款各核算内容的账务处理。

业务认知

其他应收款是指企业除应收票据、应收账款、预付账款等以外的其他各种应收及暂付款项。其主要内容包括：应收的各种赔款、罚款，如因企业财产等遭受意外损失而应向有关保险公司收取的赔款；应收的出租包装物租金；应向职工收取的各种垫付款项，如为职工垫付的水电费、应由职工负担的医药费、房租等；存出保证金，如租入包装物支付的押金；其他各种应收、暂付款项。

业务核算

为了反映和监督其他应收账款的增减变动及其结存情况，企业应当设置“其他应收款”科目进行核算。“其他应收款”科目的借方登记其他应收款的增加，贷方登记其他应收款的收回，期末余额一般在借方，反映企业尚未收回的其他应收款项。

例题 2–7　金鑫实业有限公司 2024 年 7 月 12 日发生下列业务，原始凭证见图 2-24。

中国工商银行
转账支票存根

支票号码VI II 24071202

科　　目

对方科目

出票日期 2024年07月12日

收款人	保定市民政局
金　额	¥3 000.00
用　途	付租房押金
备　注	

单位主管：苏瑞　会计：郑薇

图 2-24

解析：本题表述经济业务是金鑫实业有限公司2024年7月12日用转账支票向保定市民政局支付租房押金3 000元。押金的性质是存出保证金，租入方如期履约，要向出租人追回已付的押金。

借：其他应收款—保定市民政局　　3 000

　　贷：银行存款　　3 000

知识检测

一、多选题

1. “其他应收款”核算的内容包括（　　）。

A. 存出保证金　　B. 应收赔款、罚款

C. 为职工垫付的各种款项　　D. 备用金

2. 下列项目中应通过“其他应收款”核算的有（　　）。

A. 租入包装物支付的押金　　B. 应收的各种赔款

C. 应收的出租包装物租金　　D. 收取的各种押金

二、业务题

金鑫实业有限公司2024年8月12日发生下列业务，住宿费为增值税普通发票，此处略去火车票、住宿费的原始凭证。原始凭证见图2-25。计算结果保留两位小数。

差旅费报销单

部门名称：采购处　　填报日期：2024年08月12日　　单位：元

姓名	刘强	职级	副处长			出差事由	开会	出差时间	计划5天 实际5天		备注
日期		起止地点		飞机、车、船票		其他费用					
月	日	起	止	类别	金额	项目		标准	计算天数	核报金额	
8	12	保定	上海	火车	260.00	住宿费	发生报销		4	800.00	
8	16	上海	保定	火车	248.00		限额报销	250.00	4	1 000.00	
						伙食补助费		100.00	5	500.00	
						车、船补助费				236.00	
小计					508.00	小计				1 536.00	
总计金额	⊗贰仟零肆拾肆元整					预支 1 200.00 核销 2 044.00 补 844.00					

现金付讫

主管：苏瑞　部门：林龙　审核：郑薇　填报人：刘强

图 2-25

任务五　应收账款的减值的核算

任务目标

1. 了解应收账款减值的原因。

2. 掌握减值核算中“备抵法”的核算步骤及情况。

重点难点

减值核算中“备抵法”的核算步骤及情况。

知识链接

企业的各项应收款项，可能会因购货人拒付、破产、死亡等而无法收回。这类无法收回的应收款项就是坏账。企业因坏账而遭受的损失为坏账损失或减值损失。

一般情况下企业应收款项符合下列条件之一的，应确认为坏账：

（1）债务人死亡，以其遗产清偿后仍然无法收回的；

（2）债务人破产，以其破产财产清偿后仍然无法收回的；

（3）债务人较长时间内未履行其债务义务，并有足够的证据表明无法收回或收回的可能性极小（如债务单位已经撤销、破产、资不抵债、现金流量严重不足、发生严重的自然灾害等导致破产而在短期内无法偿付债务等，以及在3年以上的应收账款）。

企业应当在资产负债表日对应收款项的账面价值进行检查，有客观证据表明应收款项发生减值的，应当将该应收款项的账面价值减记至预计未来现金流量现值，减记的金额确认为减值损失，同时计提坏账准备。

确定应收款项减值有两种方法，即直接转销法和备抵法，我国企业会计准则规定确定应收款项的减值只能采用备抵法，不得采用直接转销法。

备抵法是采用一定的方法按期估计坏账损失，计入当期损益，同时建立坏账准备金，待坏账实际发生时，冲销已提的坏账准备和相应的应收款项。采用这种方法，在报表上列示应收款项的净额，使报表使用者能了解企业应收款项的可收回金额。

在备抵法下，企业应当根据实际情况合理估计当期坏账损失金额。由于企业发生坏账损失带有很大的不确定性，所以只能以过去的经验为基础，参照当前的信用政策、市场环境和行业惯例，准确地估计每期应收款收回可能性的大小，采取谨慎性原则，防患于未然。

业务核算

在备抵法下，企业应当设置“坏账准备”科目，核算应收款项的坏账准备计提、转销等情况。

企业当期计提的坏账准备应当计入资产减值损失。“坏账准备”科目的贷方登记当期计提的坏账准备金额，借方登记实际发生的坏账损失金额和冲减的坏账准备金额，期末余额一般在贷方，反映企业已计提但尚未转销的坏账准备。

坏账准备可按以下公式计算：

当期应计提的坏账准备 = 当期按应收款期末余额 × 坏账准备金提取比例 -（或 +）“坏账准备”科目的贷方（或借方）余额

企业计提坏账准备时，按应减记的金额，借记“信用减值损失—计提的坏账准备”科目，贷记“坏账准备”科目。冲减多计提的坏账准备时，借记“坏账准备”科目，贷记“信用减值损失—计提的坏账准备”科目。

企业确实无法收回的应收款项按管理权限报经批准后作为坏账转销时，借记“坏账准备”科目，贷记“应收账款”“其他应收款”等科目。

例题 2–8　金鑫实业有限公司 2024 年 7 月 12 日发生下列业务，原始凭证见图 2–26。

坏账损失确认通知

2024 年07月 12 日

由于大通股份有限公司破产，应收大通股份有限公司 10 000 元无法收回，向公司领导报批，经批准予以注销。

财务部

2024 年07月 12 日

审批意见：同意　　总经理：苏庭锦印

2024 年07月 12 日

金鑫实业有限公司 财务专用章

图 2–26

解析：由于大通股份有限公司破产，应收大通股份有限公司 10 000 元无法收回，形成坏账，领导批准注销。

借：坏账准备　　10 000

　　贷：应收账款—大通股份有限公司　　10 000

例题 2–9　金鑫实业有限公司 2024 年 7 月 31 日发生下列业务，原始凭证见图 2–27。

坏账准备计提表

2024 年07月 31 日　　单位：元

计提对象余额		计提率（4‰）	应提准备金	“坏账准备”账面贷方余额	应补提（冲减）数
项目	余额				
应收账款	20 000.00	4‰	80.00	60.00	20.00

会计主管：苏瑞　　审核：郑薇　　制表：郑薇

注：根据金鑫实业有限公司 2024 年07月发生相关业务填制。

图 2–27

解析： 金鑫实业有限公司 2024 年 7 月 31 日发生计提坏账准备金的业务，按照公式应补提坏账准备金 20 元。

借：信用减值损失　　20
　　贷：坏账准备　　20

知识拓展

已确认并转销的应收款项以后又收回的，应当按照实际收到的金额增加坏账准备的账面余额。已确认并转销的应收款项以后又收回时，借记“应收账款”“其他应收款”等科目，贷记“坏账准备”科目；同时，借记“银行存款”科目，贷记“应收账款”“其他应收款”等科目。

另外，预付账款如果不符合预付的性质，应将其转入“其他应收款”科目，减值损失的计算及账务处理与应收款项减值损失的计算及账务处理一致。

知识补充

按照《小企业会计准则》规定确认应收账款发生的坏账损失，应借记“营业外支出—坏账损失”科目，贷记“应收账款”科目；已确认并转销的应收款项以后又收回的，应借记“银行存款”科目，贷记“营业外收入—坏账收回”科目。

知识检测

一、判断题

1. 在备抵法下，企业应当根据实际情况合理估计当期坏账损失金额，这体现会计核算中的谨慎性原则。(　)

2. “预付账款”不会减值，因此不用计提坏账准备。(　)

3. “坏账准备”科目的贷方登记当期计提的坏账准备金额，借方登记实际发生的坏账损失金额和冲减的坏账准备金额，期末余额一般在贷方，反映企业已计提但尚未转销的坏账准备。(　)

4. 在资产负债表中，“应收账款”在报表上列示应收款项的净额。(　)

5.《小企业会计准则》规定确认应收账款发生的坏账损失，因为金额较小，不太重要，为简化核算手续，不做账务核算。(　)

二、业务题

业务 1　金鑫实业有限公司 2024 年 8 月 13 日发生下列业务，原始凭证见图 2–28。

中国工商银行**进账单**（收账通知）

填制日期 2024 年 08 月 13 日 **3**

付款人	全　称	长辰有限责任公司	收款人	全　称	金鑫实业有限公司
	账　号	6790351604852132276		账　号	3227676890893646693
	开户银行	中国工商银行常德市德山分行		开户银行	中国工商银行保定市桥东路分行

人民币（大写）	贰仟伍佰元整	千	百	十	万	千	百	十	元	角	分
					¥	2	5	0	0	0	0

票据种类	转账支票(收回坏账)	此联不作收款用 中国工商银行保定市桥东路分行 2024.08.13 转讫 受理银行盖章
票据张数	1 张	
单位主管：　会计：　复核：　记账：		

此联是收款人开户行交给收款人的收账通知

图 2–28

业务 2　紧接上题，金鑫实业有限公司 2024 年 8 月 31 日发生下列业务，原始凭证见图 2–29。

坏账准备计提表

2024 年 08 月 31 日　　　　单位：元

计提对象余额		计提率（4‰）	应提准备金	“坏账准备”账面贷方余额	应补提（冲减）数
项目	余额				
应收账款	15 000.00	4‰	60.00	2 580.00	−2 520.00

会计主管：苏瑞　　审核：苏瑞　　制表：郑薇

图 2–29

项目三　存货的核算

任务一　存货概述

任务目标

1. 掌握存货的概念、性质、范围及存货确认。
2. 掌握存货入账价值的计算，能确定存货的入账价值。

重点难点

掌握存货入账价值的计算，能确定存货的入账价值。

知识链接

一、存货的内容

存货是指企业在日常活动中持有以备出售的产品或商品、处在生产过程中的在产品、在生产过程或提供劳务过程中耗用的材料或物料等，包括各类材料、在产品、半成品、产成品、商品以及包装物、低值易耗品、委托代销商品等。

二、存货成本的确定

存货的来源不同，其成本的构成内容也不同。原材料、商品、低值易耗品等通过购买而取得的存货的成本由采购成本构成；产成品、在产品、半成品等自制或需委托外单位加工完成的存货的成本由采购成本、加工成本以及使存货达到目前场所和状态所发生的其他支出构成。实务中具体按以下原则确定。

（1）购入的存货，其成本包括：购买价、运杂费（包括运输费、装卸费、保险费、包装费、仓储费等）、运输途中的合理损耗、入库前的挑选整理费用（包括挑选整理中发生的工费支出和挑选整理过程中所发生的数量损耗，并扣除回收的下脚废料价值）以及按规定应计入成本的税费和其他费用。

（2）自制的存货，包括自制原材料、自制包装物、自制低值易耗品、自制半成品及库存商品等，其成本包括直接材料、直接人工和制造费用等各项实际支出。

（3）委托外单位加工完成的存货，包括加工后的原材料、包装物、低值易耗品、半成品、产成品等，其成本包括实际耗用的原材料或者半成品、加工费、装卸费、保险费、委托加工的往返运输费等费用以及按规定应计入成本的税费。

但是，下列费用不应计入存货成本，而应在其发生时计入当期损益。

（1）非正常消耗的直接材料、直接人工和制造费用，应在发生时计入当期损益，不应计入存货成本。如由于自然灾害而发生的直接材料、直接人工和制造费用，由于这些费用的发生无助于使该存货达到目前场所和状态，不应计入存货成本，而应确认为当期损益。

（2）仓储费用指企业在存货采购入库后发生的储存费用，应在发生时计入当期损益。但是，在生产过程中为达到下一个生产阶段所必需的仓储费用应计入存货成本。如某种酒类产品生产企业为使生产的酒达到规定的产品质量标准而必须发生的仓储费用，应计入酒的成本，而不应计入当期损益。

（3）不能归属于使存货达到目前场所和状态的其他支出，应在发生时计入当期损益，不得计入存货成本。

例题 3–1　某工业企业为增值税一般纳税人，2024 年 7 月 9 日购入材料一批，取得的增值税专用发票上注明的价款为 21 200 元，增值税额为 2 756 元。材料入库前的挑选整理费为 200 元，材料已验收入库。则该企业取得的材料的入账价值应为（　　）元。

A. 20 200　　B. 21 400　　C. 23 804　　D. 25 004

解析：该企业取得的该材料的入账价值为 21 200+200=21 400 元，答案是 B。

知识检测

多选题

1. 存货通常包括的内容有（　　）。

A. 半成品　　B. 包装物

C. 低值易耗品　　D. 商品

E. 工程材料

2. 企业外购存货的成本包括（　　）。

A. 购买价　　B. 运输费

C. 进口关税　　D. 消费税

E. 增值税

3. 下列项目可以作为外购存货采购成本的有（　　）。

A. 运输途中的合理损耗　　B. 入库前的挑选整理费用

C. 自然灾害损失的金额　　D. 从外单位收回短缺物资款项

E. 仓储及保管费用

4. 计入存货采购成本的税金有（　　）。

A. 增值税　　B. 关税

C. 消费税　　D. 资源税

任务二　实际成本计价存货收发的核算

采用实际成本核算时，材料的收发及结存，无论总分类核算还是明细分类核算，均按照实际成本计价。我们以原材料为例讲述实际成本计价存货收发的核算。

任务目标

1. 掌握原材料按实际成本计价核算购入业务的账务处理。
2. 掌握原材料按实际成本计价核算发出存货的计价方法。
3. 掌握原材料按实际成本计价核算发出业务的账务处理。

重点难点

1. 原材料按实际成本计价核算购入时几种情况的业务核算。
2. 原材料按实际成本计价核算发出存货的三种计价方法的计算。
3. 原材料按实际成本计价核算发出业务的账务处理。

知识链接

原材料是指企业在生产过程中经过加工改变其形态或性质并构成产品主要实体的各种原料、主要材料和外购半成品，以及不构成产品实体但有助于产品形成的辅助材料。原材料具体包括原料及主要材料、辅助材料、外购半成品（外购件）、修理用备件（备品备件）、包装材料、燃料等。

原材料核算应设置的会计科目：

原材料采用实际成本核算时，材料的收发及结存，无论总分类核算还是明细分类核算，均按照实际成本计价。使用的会计科目有“原材料”“在途物资”等。

“原材料”科目用于核算库存各种材料的收发与结存情况。在原材料按实际成本核算时，本科目的借方登记入库材料的实际成本，贷方登记发出材料的实际成本，期末余额在借方，反映企业库存材料的实际成本。

“在途物资”科目用于核算企业采用实际成本（进价）进行材料、商品等物资的日常核算，价款已付尚未验收入库的各种物资（即在途物资）的采购成本，本科目应当按照供应单位和物资品种进行明细核算。“在途物资”科目的借方登记企业购入的在途物资的实际成本，贷方登记验收入库的在途物资的实际成本，期末余额在借方，反映企业在途物资的采购成本。

业务核算

一、材料入库的核算

材料入库的核算，按照材料取得途径不同，包括购入、接受投资、自制等多种情况，下面我们一一介绍。

（一）购入原材料的核算

由于支付方式不同，原材料入库的时间与付款的时间可能一致，也可能不一致，在账务处理上也有所不同。

（1）发票已收，货款明确，已经支付或开出、承兑商业汇票，同时材料已验收入库。此时账务处理如下：

借：原材料—某材料
　　应交税费—应交增值税（进项税额）
　　贷：银行存款（应付账款、应付票据、预付账款）

（2）发票已收，货款明确，已经支付或开出、承兑商业汇票，材料尚未到达或尚未验收入库。此时形成在途物资，账务处理如下：

借：在途物资—某材料
　　应交税费—应交增值税（进项税额）
　　贷：银行存款（应付账款、应付票据、预付账款）

以后入库时，账务处理如下：

借：原材料—某材料

　　贷：在途物资—某材料

（3）货款尚未支付，材料已经验收入库。

在这种情况下，发票账单未到也无法确定实际成本，暂不作分录。如果期末仍未收到发票账单，应按照暂估价值或计划成本先入账，但在下月初作相反的会计分录予以冲回，等收到发票账单后再按照第（1）种情况作分录。

例题 3–2 金鑫实业有限公司 2024 年 7 月 13 日发生经济业务，采用实际成本计价。原始凭证见图 3–1~图 3–4。

收料单

材料类别:材料类　　　　验收日期2024年07月13日　　　　收字第24071301号

发票号码	名称	规格	单位	购进			验收		
				数量	单价	金额	数量	单价	金额
24613000000000045950	熟铁		吨	5	10 000.00	50 000.00	5	10 600.00	53 000.00
进货单位	陕西宝鸡华丰公司				运杂费	3 000.00	采购员姓名		李宏
备注					合计	53 000.00	附单据		6

第二联 记账

供销科长：郑虎　　仓库会计：郑薇　　保管员：张明　　复核：郑薇　　制单：张明

图 3–1

电子发票（增值税专用发票）

发票号码：24613000000000045950

开票日期：2024 年 07 月 13 日

购买方信息　名称：金鑫实业有限公司　纳税人识别号：911305624789600100

销售方信息　名称：陕西宝鸡华丰公司　纳税人识别号：916103957106176320

项目名称	规格型号	单位	数量	单价	金额	税率/征收率	税额
*黑色金属*熟铁		吨	5	10000.00	50000.00	13%	6500.00
合　计					¥50000.00		¥6500.00

价税合计（大写）　⊗伍万陆仟伍佰元整　　（小写）¥56500.00

备注

开票人：马锋

图 3–2

货物运输服务　**电子发票（增值税专用发票）**

发票号码：24613000000000005951
开票日期：2024年07月13日

购买方信息	名称：金鑫实业有限公司 纳税人识别号：9113056247896001000	销售方信息	名称：陕西华通运输公司 纳税人识别号：9161039556985642300

项目名称	单位	数量	单价	金额	税率/征收率	税额
*运输服务*陆路运输				3000.00	9%	270.00
合　计				¥3000.00		¥270.00

运输工具种类	运输工具牌号	起运地	到达地	运输货物名称
公路运输	陕 D62392	陕西	保定	矿产品

价税合计（大写）	⊗叁仟贰佰柒拾元整　（小写）¥3270.00
备注	

开票人：寇会

图 3–3

中国工商银行**电汇**凭证(回　单) 1

委托日期：2024年07月13日　　第 24071301 号

付款人	全　称	金鑫实业有限公司		收款人	全　称	陕西宝鸡华丰公司		
	账　号或住址	3227676890893646693 中国工商银行保定市桥东路分行			账　号或住址	2603010208453706814 中国工商银行宝鸡市城南分理处		
	汇　出地　点	保定市	汇出行名称：中国工商银行保定市桥东路分行		汇　入地　点	陕西宝鸡市	汇入行名称	中国工商银行宝鸡市城南分理处

人民币(大写)	伍万陆仟伍佰元整	十	万	千	百	十	元	角	分
		¥	5	6	5	0	0	0	0

汇款用途：付购料款

上列款项已根据委托办理，如需查询，请持此回单来行面洽

单位主管：　会计：　复核：　记账：

中国工商银行保定市桥东路分行 2024.07.13 转讫（汇出行盖章）

2024年07月13日

图 3–4

解析：金鑫实业有限公司2024年7月13日从陕西宝鸡华丰公司采购熟铁5吨，单价10 000元，价款50 000元，税金6 500元。发生运费3 000，税金270元，由陕西华通运输公司承运。材料当日已验收入库，当日以电汇方式向陕西宝鸡华丰公司付款，陕西华通运输公司运费暂欠。

借：原材料—熟铁	53 000	
应交税费—应交增值税（进项税额）	6 770	
贷：应付账款—陕西华通运输公司		3 270
银行存款		56 500

例题 3–3 假定例题 3–2 中 7 月 13 日原始凭证没有图 3–1，只有图 3–2~图 3–4，7 月 15 日才验收入库，填好收料单。

解析：金鑫实业有限公司 2024 年 7 月 13 日从陕西宝鸡华丰公司采购熟铁 5 吨，单价 10 000 元，价款 50 000 元，税金 6 500 元。发生运费 3 000 元，税金 270 元，由陕西华通运输公司承运。当日以电汇方式向陕西宝鸡华丰公司付款，陕西华通运输公司运费暂欠。此时形成在途物资。

2024 年 7 月 13 日作分录如下：

借：在途物资—熟铁	53 000	
应交税费—应交增值税（进项税额）	6 770	
贷：应付账款—陕西华通运输公司		3 270
银行存款		56 500

2024 年 7 月 15 日作分录如下：

借：原材料—熟铁	53 000	
贷：在途物资—熟铁		53 000

例题 3–4 假定直到 7 月 31 日原始凭证只有例题 3–2 中 7 月 13 日的图 3–1，暂估价按照每吨 10 000 元计算。

解析：在这种情况下，一般发票账单未到也无法确定实际成本，暂不作分录；但是如果期末仍未收到发票账单，应按照暂估价值或计划成本先入账，但在下月初作相反的会计分录予以冲回，等收到发票账单后再按照第（1）种情况作分录。步骤如下。

（1）期末仍未收到结算凭证，应于期末按材料的暂估价值先入账，此时分录如下：

借：原材料—熟铁	50 000	
贷：应付账款—暂估应付款		50 000

（2）下月初作相反的会计分录予以冲回。

（3）假定下月收到结算凭证，付款或开出、承兑商业汇票后，按照第（1）种情况作分录。

（二）购进发生短缺溢余的核算

材料购进中的异常业务，是指在商品购进中，发生短缺、溢余、进货退出等情况的经济业务。

1. 材料购进中发生溢余的账务处理基本原则

（1）属于自然升溢，冲减“管理费用”。

（2）属于供货方多发，应及时联系、协商，作出处理决定。具体账务处理方法如下。

①购货方同意补作购进。根据多发商品的价款金额，贷记“应付账款”科目，待补付货款并收到供货方补开发票后，据以冲减“应付账款”。

②购货方同意退回多发商品。应将多发商品作为代管物资，并登记备查簿备查。

2. 材料购进中发生短缺的账务处理的基本原则

（1）材料直接入库，没有形成在途物资且货款承付之前，按短缺数量和发票，计算出应拒付金额，向银行办理拒付手续，然后按实际入库数量计算实际支付的款项进行账务处理。

借：原材料
　　应交税费—应交增值税（进项税额）
　　贷：银行存款

（2）如果已经计入“在途物资”科目，当材料运到企业验收入库时发生了短缺，此时分录如下：

借：原材料（按照实收数量计算）
　　待处理财产损益—待处理流动资产损益
　　贷：在途物资（按照原购进数量计算）

对于发生短缺的原因，要及时处理。

①供货方同意补发商品。

经联系，收到补发商品时：

借：原材料
　　贷：待处理财产损益—待处理流动资产损益

②供货方同意退款。

经联系，收到退款时，供货方应退回短缺材料款及相应的进项税额，购货方同时要将相应的进项税额转出。也就是说材料既然少买了，相应的进项税额也要转销。

借：银行存款
　　贷：待处理财产损益—待处理流动资产损益
　　　　应交税费—应交增值税（进项税额转出）

③属于非正常损失（因管理不善造成货物被盗、丢失、霉烂变质，以及因违反法律法规造成货物或者不动产被依法没收、销毁、拆除的情形）。应及时联系、协商，分清责任，并根据责任情况作出赔偿决定。具体规定如下。

a. 属于运输部门、保险公司赔偿的部分，计入“其他应收款”，待收到赔偿款后，冲减“其他应收款”。

b. 属于运输部门、保险公司赔偿后的净损失，计入“营业外支出”。

c. 非正常损失商品的进项税额，应从“应交税费—应交增值税（进项税额）”中转出，计入“应交税费—应交增值税（进项税额转出）”账户。

批准处理时，按照发生原因，账务处理如下：

借：其他应收款（运输部门、保险公司赔偿的部分）
　　营业外支出（运输部门、保险公司赔偿后的净损失）
　　贷：待处理财产损益—待处理流动资产损益
　　　　应交税费—应交增值税（进项税额转出）

商品溢余或短缺在查明原因之前，可以先作为“待处理财产损益”处理，待查明原因后再根据实际情况处理；自然灾害的损失不再规定为非正常损失，非正常损失指管理不善造成的损失，对应的进项税额不允许抵扣，要从中转出；自然损耗、合理损耗的进项税额允许抵扣。

例题 3-5　假定例题 3-2 中 2024 年 7 月 15 日收到 2024 年 7 月 13 日购买的熟铁收料单见图 3-5。

收料单

材料类别：材料类　　验收日期2024年07月15日　　收字第 24071501号

发票号码	名称	规格	单位	购进			验收		
				数量	单价	金额	数量	单价	金额
24613000000000045950	熟铁		吨	5	10 000.00	50 000.00	4.5	10 600.00	47 700.00
进货单位	陕西宝鸡华丰公司			运杂费		3 000.00	采购员姓名		李宏
备注	备注：短缺 0.5 吨系供货单位少发			合计		53 000.00	附单据		6

第二联　记账

供销科长：郑虎　仓库会计：郑薇　保管员：张明　复核：郑薇　制单：张明

图 3-5

解析： 金鑫实业有限公司 2024 年 7 月 15 日收到 2024 年 7 月 13 日购买的 A 材料，应收 5 吨熟铁，实收 4.5 吨，而且款项在 2024 年 7 月 13 日已经支付，此时分录如下：

借：原材料—熟铁（按照实收数量计算）　　$10\,600 \times 4.5 = 47\,700$
　　待处理财产损益—待处理流动资产损益　　5 300
　　贷：在途物资—熟铁（按照原购进数量计算）　　53 000

接着分析，假定经协商，对方同意发货，收到发来材料时，作分录如下：

借：原材料—熟铁　　5 300
　　贷：待处理财产损益—待处理流动资产损益　　5 300

如果对方同意退款，待收到供货方退款和红字增值税专用发票后，根据退款凭证和红字增值税专用发票以及对方应退回短缺材料价税款，要将相应的进项税额转销。作分录如下：

借：银行存款　　　　　　　　　　　　　　　　　　5 977
　　贷：待处理财产损益—待处理流动资产损益　　　　　　5 300
　　　　应交税费—应交增值税（进项税额转出）　　　　　　677

（三）自制材料入库的核算

自制材料验收入库时，应填制“材料入库单”，按照自制过程中发生的费用借记“原材料”，贷记“生产成本”。

（四）接受投资材料入库的核算

取得投资者投入的原材料，应当按照评估价值，借记“原材料”，贷记“实收资本”；如果有发票账单，应按发票账单中所列金额借记“原材料”“应交税费—应交增值税（进项税额）”，贷记“实收资本”。

二、发出材料

（一）发出材料计价

企业应当根据各类存货的实物流转方式、企业管理的要求、存货的性质等实际情况，合理地确定发出存货成本的计算方法，以及当期发出存货的实际成本。对于性质和用途相同的存货，应当采用相同的成本计算方法确定发出存货的成本。在实际成本核算方式下，企业可以采用的发出存货成本的计价方法包括先进先出法、月末一次加权平均法和移动加权平均法等。

1. 先进先出法

先进先出法是指以先购入的存货应先发出（销售或耗用）这样一种存货实物流动假设为前提，对发出存货进行计价的一种方法。采用这种方法，先购入的存货成本在后购入存货成本之前转出，据此确定发出存货和期末存货的成本。

具体方法：收入存货时，逐笔登记收入存货的数量、单价和金额；发出存货时，按照先进先出的原则逐笔登记存货的发出成本和结存金额。

例题 3-6　金鑫实业有限公司 2024 年 4 月生铁收入、发出及购进单位成本见图 3-6，要求采用先进先出法计算发出材料、结存材料成本。

原材料明细账

材料类别：生铁　　　　　　　　　　　　　　　　计量单位：吨

日期		摘要	收入			发出			结存		
月	日		数量	单价	金额	数量	单价	金额	数量	单价	金额
4	1	期初余额							1.5	8 000.00	12 000.00
	2	产品领用				1					
	12	购入	2	8 500.00	17 000.00						
	18	车间领用				1.5					
	22	购入	3	8 800.00	26 400.00						
	25	管理耗用				3					
	30	本月合计	5		43 400.00	5.5					

图 3-6

解析： 按照先进先出法计算原则，即先购进的先发出，按照从先到后的顺序，发完前一批，再发下一批，发出材料、结存材料成本的计算见图 3–7。

原材料明细账

材料类别：生铁　　　　　　　　　　　　　　　　　　　　　计量单位：吨

日期		摘要	收入			发出			结存		
月	日		数量	单价	金额	数量	单价	金额	数量	单价	金额
4	1	期初余额							1.5	8 000.00	12 000.00
	2	排水泵领用				1	8 000.00	8 000.00	0.5	8 000.00	4 000.00
	12	购入	2	8 500.00	17 000.00				0.5 2	8 000.00 8 500.00	4 000.00 17 000.00
	18	车间领用				0.5 1	8 000.00 8 500.00	4 000.00 8 500.00	1	8 500.00	8 500.00
	22	购入	3	8 800.00	26 400.00				1 3	8 500.00 8 800.00	8 500.00 26 400.00
	25	管理耗用				1 2	8 500.00 8 800.00	8 500.00 17 600.00	1	8 800.00	8 800.00
	30	本月合计	5		43 400.00	5.5		46 600.00	1	8 800.00	8 800.00

图 3–7

从上图可以看出，先进先出法可以随时结转存货发出成本，但较烦琐。如果存货收发业务较多且存货单价不稳定时，其工作量较大。另外，在物价持续上升时，期末存货成本接近市价，而发出成本偏低，会高估企业当期利润和存货价值；反之，会低估企业存货价值和当期利润。

2. 月末一次加权平均法

月末一次加权平均法是指将本月全部进货数量加上月初存货数量作为权数，去除本月全部进货成本加上月初存货成本，计算出存货的加权平均单位成本，以此为基础计算本月发出存货的成本和期末存货成本的一种方法。计算公式如下：

平均单位成本 =（期初存货结存金额 + 本期购入存货金额）÷（期初存货结存数量 + 本期购入存货数量）

本月发出存货的成本 = 本月发出存货的数量 × 存货单位成本

本月月末库存存货成本 = 月末库存存货的数量 × 存货单位成本

或：本月月末库存存货成本 = 月初库存存货的实际成本 + 本月收入存货的实际成本 – 本月发出存货的实际成本（平均单位成本四舍五入取得时用此公式）

例题 3–7　以例题 3–6 数据为例，要求采用月末一次加权平均法计算发出材料、结存材料成本。

解析： 平均单位成本 =（期初存货结存金额 + 本期购入存货金额）÷（期初存货结存数量 + 本期购入存货数量）=（12 000+43 400）÷（1.5+5）=8 523.08 元

本月发出存货的成本 = 本月发出存货的数量 × 存货单位成本 =8 523.08 × 5.5=46 876.94 元

本月月末库存存货成本 = 月初库存存货的实际成本 + 本月收入存货的实际成本 – 本月发出存货的实际成本 =12 000+43 400–46 876.94=8 523.06 元

采用月末一次加权平均法只在月末一次计算加权平均单价，有利于简化成本计算工作。但由于平时无法从账上提供发出和结存存货的单价及金额，不利于存货成本的日常管理与控制。月末一次加权平均法明细账登记样式见图 3-8。

原材料明细账

材料类别：生铁　　　　　　　　　　　　　　　　　　　　　　　　计量单位：吨

日期		摘要	收入			发出			结存		
月	日		数量	单价	金额	数量	单价	金额	数量	单价	金额
4	1	期初余额							1.5	8 000.00	12 000.00
	2	产品领用				1			0.5		
	12	购入	2	8 500.00	17 000.00				2.5		
	18	车间领用				1.5			1		
	22	购入	3	8 800.00	26 400.00				4		
	25	管理耗用				3			1		
	30	本月合计	5		43 400.00	5.5	8 523.08	46 876.94	1	8 523.06	8 523.06

图 3-8

3. 移动加权平均法

移动加权平均法是指以每次进货的成本加上原有库存存货的成本的合计额，除以每次进货数量加上原有库存存货的数量的合计数，据以计算加权平均单位成本，作为在下次进货前计算各次发出存货成本依据的一种方法，即每次发出存货的成本，以前一次购进成本为基础算出平均单价为据。计算公式如下：

本次购进平均单位成本 =（上次存货结存金额 + 本次购入存货金额）÷（上次存货结存数量 + 本次购入存货数量）

下次进货前计算各次发出存货 = 下次进货前计算各次发出存货数量 × 本次购进平均单位成本

例题 3-8　以例题 3-6 数据为例，要求采用移动加权平均法计算发出材料、结存材料成本。

解析：4 月 2 日排水泵领用 =1 × 8 000=8 000 元

4 月 12 日购入存货后的平均单位成本 =（上次存货结存金额 + 本次购入存货金额）÷（上次存货结存数量 + 本次购入存货数量）=（4 000+17 000）÷（0.5+2）=8 400 元

4 月 18 日车间领用 1.5 吨存货成本 =8 400 × 1.5=12 600 元

4 月 18 日结存 1 吨存货的成本 = 上次库存存货的实际成本 + 本次收入存货的实际成本 − 本次发出存货的实际成本 =4 000+17 000−12 600=8 400 元

4 月 22 日购入存货后的平均单位成本 =（上次存货结存金额 + 本次购入存货金额）÷（上次存货结存数量 + 本次购入存货数量）=（8 400+26 400）÷（1+3）=8 700 元

4 月 25 日管理耗用 3 吨存货成本 =8 700 × 3=26 100 元

4 月 25 日结存 1 吨存货的成本 = 上次库存存货的实际成本 + 本次收入存货的实际成本 – 本次发出存货的实际成本 =8 400+26 400–26 100=8 700 元

本月合计发出材料的成本 =8 000+12 600+26 100=46 700 元

本月结存材料的成本 =8 700 元

采用移动加权平均法能够使企业管理层及时了解存货的结存情况，计算的平均单位成本以及发出和结存的存货成本比较客观。但由于每次收货都要计算一次平均单位成本，计算工作量较大，对收、发货较频繁的企业不适用。移动加权平均法明细账登记样式见图 3–9。

原材料明细账

材料类别：生铁　　　　计量单位：吨

日期		摘要	收入			发出			结存		
月	日		数量	单价	金额	数量	单价	金额	数量	单价	金额
4	1	期初余额							1.5	8 000.00	12 000.00
	2	产品领用				1	8 000.00	8 000.00	0.5	8 000.00	4 000.00
	12	购入	2	8 500.00	17 000.00				2.5	8 400.00	2 1000.00
	18	车间领用				1.5	8 400.00	12 600.00	1	8 400.00	8 400.00
	22	购入	3	8 800.00	26 400.00				4	8 700.00	34 800.00
	25	管理耗用				3	8 700.00	26 100.00	1	8 700.00	8 700.00
	30	本月合计	5		43 400.00	5.5		46 700.00	1	8 700.00	8 700.00

图 3–9

（二）发出材料的账务处理

企业各生产单位及有关部门领用的材料具有种类多、业务频繁等特点。为了简化核算，可以在月末根据“领料单”或“限额领料单”中有关领料的单位、部门等加以归类，编制“发料凭证汇总表”，据以编制记账凭证、登记入账。发出材料实际成本的确定，可以由企业从上述个别计价法、先进先出法、月末一次加权平均法、移动加权平均法等方法中选择。计价方法一经确定，不得随意变更。如需变更，应在附注中予以说明。

发出材料时，按材料的成本计入相关费用。生产车间产品领用材料，借记“生产成本”；生产车间一般性耗用领用材料，借记“制造费用”；管理部门领用材料，借记“管理费用”；销售部门领用材料，借记“销售费用”；出租业务领用材料，借记“其他业务成本”；研究开发新技术领用材料，借记“研发支出”；同时按领用材料的成本贷记“原材料”。

综上所述，以上就是原材料按实际成本计价的核算，以此类推，其他存货按实际成本计价的核算也是这样的，只不过具体到实务中，随机变换存货科目就可以了。

按实际成本核算的特点：从存货的收发凭证到明细分类账和总分类账全部按实际成本计价。这种核算方法适用于规模较小、存货品种简单、采购业务不多的企业。

知识检测

一、选择题

1. 当物价上涨时，下列存货发出方法会高估企业当期利润和库存存货成本的是（　）。

A. 移动加权平均法　B. 先进先出法　C. 个别计价法　D. 月末一次加权平均法

2. 企业在材料收入的核算中，需在月末暂估入账并于下月初红字冲回的是（　）。

A. 月末购货发票账单未到，但已入库的材料

B. 月末购货发票账单已到，货款已付但未入库的材料

C. 月末购货发票账单已到，货款已付且已入库的材料

D. 月末购货发票账单已到，货款未付但已入库的材料

二、业务题

金鑫实业有限公司 2024 年 8 月 1 日至 12 日生铁期初收入、发出及购进情况见图 3-10。

原材料明细账

材料类别：生铁　　　　计量单位：吨

日期		摘要	收入			发出			结存		
月	日		数量	单价	金额	数量	单价	金额	数量	单价	金额
8	1	期初余额							1.5	10 000.00	15 000.00
	2	潜水泵领用				1					
	12	购入	2	12 000.00	24 000.00						

图 3-10

业务 1　金鑫实业有限公司 2024 年 8 月 13 日发生下列经济业务，采用实际成本计价，原始凭证见图 3-11、图 3-12。

电子发票（增值税专用发票）

发票号码：24433000000000045952

开票日期：2024 年 08 月 13 日

购买方信息		销售方信息	
名称：金鑫实业有限公司		名称：长辰有限责任公司	
纳税人识别号：91130562478960010000		纳税人识别号：91430108521423554000	

项目名称	规格型号	单位	数量	单价	金额	税率/征收率	税额
*黑色金属*生铁		吨	5	8000.00	40000.00	13%	5200.00
合　计					¥40000.00		¥5200.00

价税合计（大写）	⊗肆万伍仟贰佰元整	（小写）¥45200.00
备注		

开票人：王明亮

图 3-11

货物运输服务

电子发票（增值税专用发票）

发票号码：24433000000000006792

开票日期：2024 年 08 月 13 日

购买方信息	销售方信息
名称：金鑫实业有限公司	名称：湖南顺通运输公司
纳税人识别号：9113056247896001000	纳税人识别号：9143013265569874800

项目名称	单位	数量	单价	金额	税率/征收率	税额
*运输服务*陆路运输				10000.00	9%	900.00
合　计				¥10000.00		¥900.00

运输工具种类	运输工具牌号	起运地	到达地	运输货物名称
公路运输	湘 A62375	常德	保定	矿产品

价税合计（大写）	⊗壹万零玖佰元整　（小写）¥10900.00
备注	

开票人：马明

图 3–12

业务 2　紧接上题，金鑫实业有限公司 2024 年 8 月 14 日发生经济业务，原始凭证见图 3–13。

收料单

材料类别：材料类　　验收日期 2024 年 08 月 14 日　　收字第 24081401 号

发票号码	名称	规格	单位	购进			验收		
				数量	单价	金额	数量	单价	金额
№24433000000000045952	生铁		吨	5	8 000.00	40 000.00	4	10 000.00	40 000.00
进货单位	长辰有限责任公司				运杂费	10 000.00	采购员姓名		李奋
备注	短缺 1 吨原因待查				合计	50 000.00	附单据		4

第二联 记账

供销科长：郑虎　仓库会计：郑薇　保管员：张明　复核：郑薇　制单：张明

图 3–13

业务 3　紧接上题，金鑫实业有限公司 2024 年 8 月 15 日发生经济业务，原始凭证见图 3–14。

短缺材料处理意见

我公司 2024 年08月 14 日收到长辰有限责任公司发来生铁，应收 5 吨，实收 4 吨。经查短缺 1 吨系本企业货物押运人管理不善被盗造成，已责成押运人孙虎赔偿，孙虎已同意赔偿。

金鑫实业有限公司

2024 年08月15 日

图 3–14

业务 4 除 8 月 2 日生产潜水泵领用 1 吨外，8 月 18 日管理部门耗用 1.5 吨生铁，要求分别采用先进先出法、月末一次加权平均法、移动加权平均法计算发出材料、结存材料成本，并对发出材料的成本进行账务处理。

任务三　计划成本计价存货收发的核算

仍以原材料为例，来讲述计划成本计价下存货收发核算。

任务目标

1. 掌握原材料按计划成本计价核算购入业务的账务处理。
2. 掌握原材料按计划成本计价核算发出存货的计价。
3. 掌握原材料按计划成本计价核算发出业务的账务处理。

重点难点

1. 原材料按计划成本计价核算购入业务的核算。
2. 原材料按计划成本计价核算发出存货的差异的结转。
3. 原材料按计划成本计价核算发出业务的核算。

业务认知

材料采用计划成本核算时，材料的收发及结存，无论总分类核算还是明细分类核算，均按照计划成本计价。计划成本法适用于计划成本做得好、一定时期内价格不会大幅升降、实际成本相对比较稳定的原材料。

设置的核算科目：

设置的会计科目有“原材料”“材料采购”“材料成本差异”等。材料实际成本与计划成本的差异，通过“材料成本差异”科目核算。月末，计算本月发出材料应负担的成本差异并进行分摊，根据领用材料的用途计入相关资产的成本或者当期损益，从而将发出材料的计划成本调整为实际成本。

“原材料”科目用于核算库存各种材料的收发与结存情况。在材料采用计划成本核算时，本科目的借方登记入库材料的计划成本，贷方登记发出材料的计划成本，期末余额在借方，反映企业库存材料的计划成本。

“材料采购”科目既核算采购成本，也核算入库的成本差异的结转。当核算采购成本时，借方登记采购材料的实际成本，贷方登记入库材料的计划成本。当核算入库的成本差异的结转时，实际成本大于计划成本表示超支，计入“材料采购”科目贷方；实际成本小于计划成本表示节约，计入“材料采购”科目借方。期末为借方余额，反映企业在途材料的采购成本。

“材料成本差异”科目既反映企业已入库各种材料的实际成本与计划成本的差异，也反映企业已出库发出各种材料的实际成本与计划成本的差异。当核算企业已入库各种材料的实际成本与计划成本的差异时，借方登记超支差异，贷方登记节约差异；当核算企业已出库发出各种材料的实际成本与计划成本的差异时，借方登记发出材料应负担的节约差异，贷方登记发出材料应负担的超支差异。期末如为借方余额，反映企业库存材料的实际成本大于计划成本的差异（即超支差异）；如为贷方余额，反映企业库存材料实际成本小于计划成本的差异（即节约差异）。

业务核算

一、计划成本计价原材料入库的核算

由于支付方式不同，原材料入库的时间与付款的时间可能一致，也可能不一致，在账务处理上也有所不同。

（一）购入材料入库的核算

（1）发票已收，货款明确，已经支付或开出、承兑商业汇票，同时材料已验收入库。此时账务处理如下所示。

首先：写采购的分录—反映实际成本。

借：材料采购（实际成本）
　　应交税费—应交增值税（进项税额）
　　贷：银行存款、应付票据、应付账款

其次：验收入库的分录—反映计划成本。

借：原材料（计划成本）
　　贷：材料采购（计划成本）

最后：核算采购入库差异。由于通过材料采购、材料成本差异两个账户都能核算入库各种材料的实际成本与计划成本的差异，因此需要两个账户结合核算采购入库差异。

实际成本－计划成本 >0，此时为超支差异，结合两个账户核算采购差异的情况，分录如下：

借：材料成本差异
　　贷：材料采购

实际成本－计划成本 <0，此时为节约差异，结合两个账户核算采购差异的情况，分录如下：

借：材料采购

　　贷：材料成本差异

（2）发票已收，货款明确，已经支付或开出、承兑商业汇票，材料尚未到达或尚未验收入库。

此时形成在途物资，只反映采购实际成本，账务处理如下：

借：材料采购（实际成本）

　　应交税费—应交增值税（进项税额）

　　贷：银行存款、应付票据、应付账款

以后等到验收入库时，再反映入库计划成本、结转采购入库差异，账务处理如下：

反映计划成本入库：

借：原材料（计划成本）

　　贷：材料采购（计划成本）

同时结转采购入库差异，超支差异：

借：材料成本差异

　　贷：材料采购

　　节约差异时，和上面的分录相反。

（3）货款尚未支付，材料已经验收入库。

在这种情况下，发票账单未到也无法确定实际成本，暂不作分录。如果期末仍未收到发票账单，应按照暂估价值或计划成本先入账，但在下月初作相反的会计分录予以冲回，等收到发票账单后再按照第（1）种情况作采购、验收入库、结转差异的分录。

例题 3-9　三源胶带制造有限责任公司 2024 年 8 月 20 日发生下列采购业务，采用计划成本计价，原始凭证见图 3-15~ 图 3-17。

收料单　　收字第082001号

供货单位：北京普特技术有限责任公司

发票号码：24082030500000045955　2024 年 08 月 20 日　收货仓库：材料库　单位：元

材料类别	名称及规格	计量单位	数量		实际成本		计划成本		成本差异	
			应收	实收	单价	金额	单价	金额		记账联
原材料	B材料	公斤	2 000	2 000	6.9	13 800	6	12 000	1 800	
备注：										

质量检验：李的　　收料：张左　　制单：严格

图 3-15

货物运输服务

电子发票（增值税专用发票）

发票号码：24113000000000045955

开票日期：2024 年 08 月 20 日

购买方信息	销售方信息
名称：三源胶带制造有限责任公司 纳税人识别号：9119010275053465700	名称：北京普特技术有限责任公司 纳税人识别号：9111010571062063200

项目名称	规格型号	单位	数量	单价	金额	税率/征收率	税额
*货物*B 材料		公斤	2000	4.40	8800.00	13%	1144.00
合　计					¥8800.00		¥1144.00

价税合计（大写）	⊗玖仟玖佰肆拾肆元整　　（小写）¥9944.00
备注	

开票人：马飞

图 3–16

电子发票（增值税专用发票）

发票号码：24113000000003006793

开票日期：2024 年 08 月 20 日

购买方信息	销售方信息
名称：三源胶带制造有限责任公司 纳税人识别号：9119010275053465700	名称：北京顺丰运输公司 纳税人识别号：9111891265569882342

项目名称	单位	数量	单价	金额	税率/征收率	税额
*运输服务*陆路运输				5000.00	9%	450.00
合　计				¥5000.00		¥450.00

运输工具种类	运输工具牌号	起运地	到达地	运输货物名称
公路运输	京 A85716	北京	保定	货物

价税合计（大写）	⊗伍仟肆佰伍拾元整　　（小写）¥5450.00
备注	

开票人：秦飞

图 3–17

解析：三源胶带制造有限责任公司 2024 年 8 月 20 日发生采购业务，价款 8 800 元，增值税 1 144 元，发生运费 5 000 元，增值税 450 元，材料验收入库，货款未付。由于采用计划成本核算。因此按核算步骤，首先用实际成本反映采购时情况，即采购时反映核算存货的实际成本：

借：材料采购—B 材料	13 800	
应交税费—应交增值税（进项税额）	1 594	
贷：应付账款—北京普特技术有限责任公司		9 944
应付账款—北京顺丰运输公司		5 450

然后用计划成本反映入库时情况，即入库时核算存货的计划成本：

借：原材料—B 材料　　12 000
　　贷：材料采购—B 材料　　1 2000

最后结转入库时的成本差异：成本差异 = 实际成本 – 计划成本 =13 800–12 000=1 800 元，为超支额。

借：材料成本差异　　1 800
　　贷：材料采购　　1 800

例题 3–10　假定例题 3–9 中 2024 年 8 月 20 日发生业务的原始凭证只有图 3–16 和图 3–17，8 月 25 日才收到原始凭证图 3–15。

解析：三源胶带制造有限责任公司 2024 年 8 月 20 日反映采购情况，为在途物资，只反映实际成本，因而分录如下：

借：材料采购—B 材料　　13 800
　　应交税费—应交增值税（进项税额）　　1 594
　　贷：应付账款—北京普特技术有限责任公司　　9 944
　　　　应付账款—北京顺丰运输公司　　5 450

8 月 25 日才收到原始凭证图 3–15，即在途物资验收入库时，要按计划成本组织入库，同时结转差异。因而分录如下：

反映计划成本组织入库：

借：原材料—B 材料　　12 000
　　贷：材料采购—B 材料　　12 000

同时结转入库时的成本差异：成本差异 = 实际成本 – 计划成本 =13 800–12 000=1 800 元，为超支额。

借：材料成本差异　　1 800
　　贷：材料采购　　1 800

例题 3–11　假定直到 2024 年 8 月 31 日原始凭证只有例题 3–9 中的图 3–15，没有其他原始凭证。

在这种情况下，发票账单未到也无法确定实际成本，暂不作分录；但是如果期末仍未收到发票账单，应按计划成本先入账，但在下月初作相反的会计分录予以冲回，等收到发票账单后再按照例题 3–9 作采购、验收入库、结转差异的分录。

（二）计划成本核算采购中发生溢余短缺的核算

材料购进中的异常业务，是指在商品购进中，发生短缺、溢余等情况的经济业务。

1. 材料购进中发生溢余的账务处理基本原则

（1）属于自然升溢，冲减“管理费用”。

（2）属于供货方多发，应及时联系、协商，作出处理决定。具体账务处理方法如下所示。

①购货方同意补作购进。根据多发商品的价款金额贷记“应付账款”，待补付货款并收到供货方补开发票后，据以冲减“应付账款”。

②购货方同意退回多发材料。应将多发商品作为代管物资，并登记备查簿备查。

2. 材料购进中发生短缺的账务处理的基本原则

首先按照实收数量的计划成本入库。

借：原材料（实收数量 × 计划成本）
　　贷：材料采购（实收数量 × 计划成本）

其次按照实收数量结转差异。需计算出实收数量的实际成本，然后计算差异。

为超支差异时：

借：材料成本差异
　　贷：材料采购

为节约差异时，和上面的分录相反。

对于短缺商品计算出实际成本。

借：待处理财产损益—待处理流动财产损益
　　贷：材料采购

最后对于短缺存货情况的处理。

（1）属于自然升溢，计入“管理费用”。

（2）属于供方少发，分录如下。

①供货方同意补发材料。

账务处理如下：

经联系，收到补发商品，为超支额时：

借：原材料（短缺数量的计划成本）
　　材料成本差异
　　贷：待处理财产损益—待处理流动财产损益（短缺数量的实际成本）

经联系，收到补发商品，为节约额时：

借：原材料（短缺数量的计划成本）
　　贷：待处理财产损益—待处理流动财产损益（短缺数量的实际成本）
　　　　材料成本差异

②供货方同意退款。

经联系，收到退款时，对方应退回短缺材料款及相应的进项税额，同时要将相应的进项税额转销，即材料既然少发了，相应的进项税额转销。

借：银行存款
　　贷：待处理财产损益—待处理流动财产损益
　　　　应交税费—应交增值税（进项税额转出）

③属于非正常损失（因管理不善造成货物被盗、丢失、霉烂变质，以及因违反法律法规造成货物或者不动产被依法没收、销毁、拆除的情形）。应及时联系、协商，分清责任，并根据责任情况作出赔偿决定。具体规定如下。

a. 属于运输部门、保险公司赔偿的部分，计入“其他应收款”，待收到赔偿款后，冲减“其他应收款”。

b. 属于运输部门、保险公司赔偿后的净损失，计入“营业外支出”。

c. 非正常损失商品的进项税额，应从“应交税费—应交增值税（进项税额）”中转出，计入“应交税费—应交增值税（进项税额转出）”账户。

具体账务处理如下所示。

批准处理时，按照发生原因：

借：其他应收款（运输部门、保险公司赔偿的部分）
　　营业外支出（运输部门、保险公司赔偿后的净损失）
　　贷：待处理财产损益—待处理流动资产损益
　　　　应交税费—应交增值税（进项税额转出）

特别说明：材料溢余或短缺在查明原因之前，可以先作为“待处理财产损益”处理，待查明原因后再根据实际情况处理；自然灾害的损失不再规定为非正常损失；合理损耗的进项税额允许抵扣。

例题 3–12　三源胶带制造有限责任公司 2024 年 8 月 26 日发生下列采购业务，采用计划成本计价，原始凭证见图 3–18~图 3–20。

电子发票（增值税专用发票）

发票号码：24113000000000045959

开票日期：2024 年 08 月 26 日

购买方信息		销售方信息	
名称：三源胶带制造有限责任公司		名称：北京普特技术有限责任公司	
纳税人识别号：9119010275053465700		纳税人识别号：9111010571062063200	

项目名称	规格型号	单位	数量	单价	金额	税率/征收率	税额
*货物*C 材料		公斤	2000	4.00	8000.00	13%	1040.00
合　计					¥8000.00		¥1040.00

价税合计（大写）	⊗玖仟零肆拾元整　　（小写）¥9040.00
备注	

开票人：马飞

图 3–18

货物运输服务

电子发票（增值税专用发票）

发票号码：24113000000000006800

开票日期：2024 年 08 月 26 日

购买方信息	销售方信息
名称：三源胶带制造有限责任公司	名称：北京顺丰运输公司
纳税人识别号：9119010275053465700	纳税人识别号：9111891265569882342

项目名称	单位	数量	单价	金额	税率/征收率	税额
*运输服务*陆路运输				5000.00	9%	450.00
合　计				¥5000.00		¥450.00

运输工具种类	运输工具牌号	起运地	到达地	运输货物名称
公路运输	京 A85716	北京	保定	货物

价税合计（大写）	⊗伍仟肆佰伍拾元整　　（小写）¥5450.00
备注	

开票人：秦飞

图 3–19

收料单　　收字第 082601 号

供货单位：北京普特技术有限责任公司

发票号码：24113000000000045959　　2024 年 08 月 26 日　　收货仓库：材料库　　单位：元

材料类别	名称及规格	计量单位	数量		实际成本		计划成本		成本差异	
			应收	实收	单价	金额	单价	金额		记账联
原材料	C 材料	公斤	2 000	1 980	6.5	12 870	6	11 880	990	
备注：短缺 20 公斤，系运输部门造成，已责令其赔偿，对方已同意										

质量检验：李的　　收料：张左　　制单：严格

图 3–20

解析：首先，三源胶带制造有限责任公司 2024 年 8 月 26 日反映采购实际成本，分录如下：

借：材料采购—C 材料	13 000	
应交税费—应交增值税（进项税额）	1 490	
贷：应付账款—北京普特技术有限责任公司		9 040
应付账款—北京顺丰运输公司		5 450

其次，三源胶带制造有限责任公司 2024 年 8 月 26 日按照实收数量的计划成本组织入库，分录如下：

借：原材料—C 材料	1 980 × 6=11 880	
贷：材料采购—C 材料		11 880

同时结转差异：实收数量 1 980 公斤的实际成本 =13 000 ÷ 2 000 × 1 980=12 870 元

成本差异 = 实际成本 − 计划成本 =12 870−11 880=990 元为超支额。分录如下：

借：材料成本差异	990	
贷：材料采购		990

最后，发生短缺材料的处理。由于短缺的原因验收入库时就明确由运输部门造成，已责令其赔偿，对方已同意，直接计入“其他应收款”科目，短缺 20 公斤的实际成本为 13 000−12 870=130 元，同时将短缺材料相应的进项税额转出。分录如下：

借：其他应收款—北京顺丰运输公司	144.9	
贷：材料采购—C 材料		130
应交税费—应交增值税（进项税额转出）		1 490 ÷ 2 000 × 20=14.9

需要说明的是短缺的原因如果验收入库时不明，根据需要先通过“待处理资产损益”科目核算，待原因明了后再根据短缺原因转入其他科目。

（三）自制材料的入库的核算

企业收到自制材料，应按计划成本借记“原材料”，按其实际成本贷记“生产成本”，按两者差额借记或贷记“材料成本差异”。

二、计划成本计价原材料出库（发料）的核算

（一）发出材料应负担的成本差异的计算

要计算发出材料的实际成本，应当计算发出材料应负担的成本差异。发出材料应负担的成本差异一般通过成本差异率进行计算。月末根据材料成本差异明细账提供的资料计算出材料的成本差异率。计算公式为：

材料成本差异 = 期初结存材料的成本差异 + 本期验收入库材料的成本差异

材料成本差异率 =（期初结存材料的成本差异 + 本期验收入库材料的成本差异）÷（期初结存材料的计划成本 + 本期验收入库材料的计划成本）

发出材料应负担的成本差异 = 发出材料的计划成本 × 本期材料成本差异率

发出材料的实际成本 = 发出材料的计划成本 +（–）发出材料应负担的成本差异

（二）发出原材料的账务处理

为简化日常核算工作，企业可于月末编制"发料凭证汇总表"进行发出材料的核算，在材料按计划成本核算方式下，发出材料的核算包括两项内容：一要按计划成本结转发出材料的成本，根据所发出的用途，分别计入"生产成本""制造费用""销售费用""管理费用"等账户；二要结转发出材料应负担的成本差异，按照材料发出的用途，分别调整"生产成本""制造费用""销售费用""管理费用"等账户，如果成本差异为超支额，借记"生产成本""制造费用""销售费用""管理费用"等账户，贷记"材料成本差异"；如果成本差异为节约额，和成本差异为超支额的分录相反。

例题 3–13 某企业对原材料采用计划成本计价。月初原材料结存的计划成本为 124 000 元，材料成本差异月初结存差异额为贷方 3 000 元。本月收入材料的情况见图 3–21，本月发出材料的情况见图 3–22。为简化核算手续，该企业计算本月材料成本综合差异率，不按照材料种类分别计算本月材料成本差异率。

请计算本月材料成本综合差异率、本月发出材料应负担的差异额及发出材料的实际成本，并进行相关账务处理。

收料凭证汇总表

2024 年 08 月 31日　　　　单位：元

材料名称	对方账户	实际成本	计划成本	成本差异
甲材料	材料采购	89 950	90 000	-50
乙材料	材料采购	76 030	75 000	1 030
丙材料	应付账款—暂估款		5 000	
合　计		165 980	170 000	980

图 3–21

发料凭证汇总表

2024 年08月 31 日　　　　单位：元

领料用途	对应科目	材料名称	计划成本	差异率	实际成本
生产 A 产品领用	生产成本—A 产品	甲材料	50 000		
生产 B 产品领用	生产成本—B 产品	甲材料	50 000		
生产车间一般耗用	制造费用	甲材料	3 000		
管理部门领用	管理费用	乙材料	3 000		
销售部门领用	销售费用	丙材料	2 000		
合　计			108 000		

图 3–22

解析：首先计算材料综合成本差异率。

月初结存材料成本差异贷方表示节约 3 000 元，用 –3 000 表示。入库时，材料成本差异在借方表示超支 980 元。本月材料综合成本差异率 =（期初材料成本差异 + 本期增加的材料成本差异）/（期初计划成本 + 本期入库计划成本）=（–3 000+980）/（124 000+165 000）≈ –0.7%（节约）。

注意：丙材料按照计划成本暂估入账，不参与本月材料综合成本差异率的计算。

然后计算各项发出材料负担的成本差异，见图 3–23。

发料凭证汇总表

单位：元

领料用途	对应科目	材料名称	计划成本	差异率	实际成本
生产 A 产品领用	生产成本—A 产品	甲材料	50 000	−0.7%	−350
生产 B 产品	生产成本—B 产品	甲材料	50 000	−0.7%	−350
生产车间一般耗用	制造费用	甲材料	3 000	−0.7%	−21
管理部门领用	管理费用	乙材料	3 000	−0.7%	−21
销售部门领用	销售费用	丙材料	2 000	−0.7%	−14
合 计			108 000		−756

图 3–23

发出材料应负担的差异额 =108 000 ×（–0.7%）= –756（元）（节约）

发出材料实际成本 = 发出材料计划成本 +（–）材料成本差异 =108 000–756=107 244（元）

最后对发料情况进行账务处理：

（1）先按计划成本发出：

借：生产成本—A 产品	50 000
生产成本—B 产品	50 000
制造费用	3 000
管理费用	3 000
销售费用	2 000
贷：原材料—甲材料	103 000
—乙材料	3 000
—丙材料	2 000

（2）结转差异，为节约额：

借：材料成本差异	756
贷：生产成本—A 产品	350

生产成本—B 产品　　350
制造费用　　21
管理费用　　21
销售费用　　14

当然，也可以把两个分录合成一个分录。

知识补充

材料采购明细账的登记方法。

当企业对原材料采用计划成本核算时，“材料采购”科目是必须设置的。“材料采购”科目既核算采购成本，也核算入库的成本差异的结转。当核算采购成本时，借方登记采购材料的实际成本，贷方登记入库材料的计划成本。当核算入库的成本差异的结转时，实际成本大于计划成本表示超支，计入“材料采购”科目贷方，实际成本小于计划成本表示节约，计入“材料采购”科目借方；期末为借方余额，反映企业在途材料的采购成本。

材料采购明细账采用横线登记法进行登记，即同一批外购材料的付款和收料业务在同一行中登记，这样可以一目了然地看到某一项外购材料业务从发生到结束的有关内容，清楚地反映一项经济业务的来龙去脉，对应关系清楚明了。借方按照经济业务发生的顺序，逐笔登记外购材料的实际采购成本，贷方按照借方记录的顺序根据收料单登记验收入库的各批外购材料的计划成本和成本差异，月份终了，将已在借方栏和贷方栏登记的材料成本差异结转到“材料成本差异”科目。对于月末账内只有借方金额而无贷方金额的款项即为在途物资，应逐笔转入下月“材料采购”明细账内，以便材料验收入库时进行账务处理。下面以某公司 2024 年 8 月材料采购明细账为例，明细账格式见图 3–24。

材料采购明细账

明细账户：原材料
供应单位：大唐股份有限公司　　2024 年 08 月 31 日　　单位：元

2024年		凭证编号	摘要	借方			2024 年		凭证号数	收料号数	摘要	贷方		
月	日			买价	采购费用	合计	月	日				计划成本	成本差异	合计
8	5	记-3	采购	10 000	3 000	13 000	8	10	记-10	收-1	采购入库	12 500	500	13 000
	10	记-11	采购	9 000	1 000	10 000		15	记-15	收 2	采购入库	10 200	-200	10 000
	25	记-25	采购	9 500		9 500								
合计				28 500		32 500						22 700	300	23 000

图 3–24

从图 3–24 中可看出，2024 年 8 月 5 日采购的原材料在 8 月 10 日验收入库，8 月 5 日登记外购材料的实际采购成本，贷方根据收料单登记验收入库的该批外购材料的计划成本和成本差异额，两者为同一批材料的采购和验收入库，要在同一行中反映，即为

“横线登记法”；同理，2024 年 8 月 10 日采购的原材料在 8 月 15 日验收入库，8 月 10 日登记外购材料的实际采购成本，8 月 15 日贷方根据收料单登记验收入库的该批外购材料的计划成本和成本差异额，两者为同一批材料的采购和验收入库，要在同一行中反映；而 8 月 25 日一行里只有借方，登记外购材料的实际采购成本，贷方没有数据，说明该批材料尚未验收入库，形成在途物资。

知识检测

一、多选题

1. 材料按计划成本核算，应设置的账户有（　）。

A. 原材料　　B. 在途物资　　C. 材料采购　　D. 材料成本差异

2. “材料成本差异”科目贷方余额可以记载的项目有（　）。

A. 原材料入库实际成本大于计划成本的差额

B. 原材料入库实际成本小于计划成本的差额

C. 原材料入库实际成本等于计划成本的差额

D. 月末分配发出材料超支的差异

E. 月末分配发出材料节约的差异

3. 关于“材料采购”下列说法正确的是（　）。

A.“材料采购”科目既核算采购成本，也核算入库的成本差异的结转

B. 当核算采购成本时，借方登记采购材料的实际成本，贷方登记入库材料的计划成本

C. 当核算入库的成本差异的结转时，实际成本大于贷方表示超支，计入“材料采购”科目借方；实际成本小于贷方表示节约，计入“材料采购”科目贷方

D. 期末为借方余额，反映企业在途材料的采购成本

二、业务题

业务 1　奔腾有限责任公司 2024 年 8 月 26 日发生材料购入，采用计划成本计价，原始凭证情况见图 3-25、图 3-26，按照所学知识进行账务处理。

电子发票（增值税专用发票）

发票号码：24113000000000045960

开票日期：2024 年 08 月 26 日

购买方信息　名称：奔腾有限责任公司 纳税人识别号：9119141475687237400	销售方信息　名称：北京普特技术有限责任公司 纳税人识别号：9111010571062063200

项目名称	规格型号	单位	数量	单价	金额	税率/征收率	税额
*货物*C 材料		公斤	2000	5.00	10000.00	13%	1300.00
合　计					¥10000.00		¥1300.00
价税合计（大写）	⊗壹万壹仟叁佰元整				（小写）¥11300.00		
备注							

开票人：马飞

图 3-25

货物运输服务

电子发票（增值税专用发票）

发票号码：24113000000000006801

开票日期：2024 年 08 月 26 日

购买方信息	名称：奔腾有限责任公司 纳税人识别号：9119141475687237400	销售方信息	名称：北京顺丰运输公司 纳税人识别号：9111891265569882342

项目名称	单位	数量	单价	金额	税率/征收率	税额
*运输服务*陆路运输				6000.00	9%	540.00
合　计				¥6000.00		¥540.00

运输工具种类	运输工具牌号	起运地	到达地	运输货物名称
公路运输	京 A85794	北京	保定	货物

价税合计（大写）	⊗陆仟伍佰肆拾元整　　（小写）¥6540.00
备注	

开票人：马练

图 3–26

业务 2　紧接上题，奔腾有限责任公司 2024 年 8 月 27 日收到采购材料，验收入库，原始凭证见图 3–27。

收料单　　收字第008027号

供货单位：北京普特技术有限责任公司

发票号码：24113000000000045960　　2024 年 08 月 27 日　收货仓库：材料库　单位：元

材料类别	名称及规格	计量单位	数量		实际成本		计划成本		成本差异	记账联
			应收	实收	单价	金额	单价	金额		
原材料	C 材料	公斤	2 000	1 900	8.00	15 200.00	7.50	14 250.00	950.00	
备注：短缺 100 公斤，系运输部门造成，已责令其赔偿，对方已同意										

质量检验：李虎　　收料：张玉　　制单：马忠

图 3–27

业务 3　紧接上题，奔腾有限责任公司 2024 年 8 月 31 日，假设企业期初原材料计划成本为 10 000 元，“材料成本差异”贷方差异 200 元。假定该公司只有业务 2 即 2024 年 8 月 27 日一笔原材料入库业务，且公司计算材料成本差异不分材料种类，统一计算所有材料成本差异率，小数点后保留两位。

业务 4　紧接上题，奔腾有限责任公司 2024 年 8 月 31 日编制发料凭证汇总表，原始凭证见图 3–28。要求计算并结转发出材料成本差异，计算发出材料的实际成本。

发料凭证汇总表

2024 年08月 31 日

单位：元

领料用途	对应科目	材料名称	计划成本	差异率	成本差异	实际成本
生产 A 产品领用	生产成本—A 产品	C材料	5 000			
生产 B 产品领用	生产成本—B 产品	B材料	5 000			
生产车间一般耗用	制造费用	A材料	300			
管理部门领用	管理费用	B材料	300			
销售部门领用	销售费用	C材料	200			
合 计			10 800			

图 3–28

任务四　周转材料的核算

任务目标

1. 说出周转材料的种类，列举包装物、低值易耗品的常见内容。
2. 掌握周转材料的摊销方法，根据周转材料业务类型确定应使用的摊销方法。
3. 按摊销方法要求的步骤编制周转材料业务各事项核算的分录。

重点难点

1. 分期摊销法的核算。
2. 包装物出租租金、押金的核算。

知识链接

企业在日常生产经营过程中，所使用的周转材料一般包括包装物和低值易耗品。企业的周转材料符合存货定义和确认条件，按照使用期分期计入成本费用，这叫分期摊销法。金额较小的，可在领用时一次计入成本费用，以简化核算，这叫一次摊销法，但为加强实物管理，应当在备查簿上进行登记。

业务核算

一、实际成本计价下包装物的核算

（一）包装物的内容

包装物，是指为了包装本企业商品而储备的各种包装容器，如桶、箱、瓶、坛、袋等。其核算内容包括：

（1）生产过程中用于包装产品作为产品组成部分的包装物；

（2）随同商品出售而不单独计价的包装物；

（3）随同商品出售单独计价的包装物；

（4）出租或出借给购买单位使用的包装物。

（二）包装物的账务处理

为了反映和监督包装物的增减变动及其价值损耗、结存等情况，企业应当设置“周转材料—包装物”科目进行核算，借方登记包装物的增加，贷方登记包装物的减少，期末余额在借方，通常反映企业期末结存包装物的金额。

（1）收入包装物时，和原材料收入情况一样，只不过把“原材料”账户换成“周转材料—包装物”即可。

（2）发出包装物时，按照领用用途分情况处理。

采用实际成本计价时，可用先进先出法、月末一次加权平均法、移动加权平均法确定发出包装物的成本。

①包装物成本一旦确定，金额较小的，可在领用时一次计入成本费用，以简化核算，这叫一次摊销法。采用一次摊销法，对于生产领用包装物，应根据领用包装物的实际成本，借记“生产成本”科目，贷记“周转材料—包装物”科目；随同商品出售而不单独计价的包装物，应于包装物发出时，按其实际成本计入销售费用；随同商品出售而单独计价的包装物，一方面应反映其销售收入，计入其他业务收入，另一方面应反映其销售的包装物成本，计入其他业务成本。

②对于价值较大，可分期或多次使用的包装物，应当根据使用期限分期（次数）进行摊销。按照使用期限分期计入成本费用，这叫分期摊销法。如果采用分期摊销法，应在“周转材料—包装物”下设“在用”“在库”“摊销”三个明细账。领用包装物时，借记“周转材料—包装物—在用”，贷记“周转材料—包装物—在库”；分期（分次）摊销时，借记“相关成本费用”科目，贷记“周转材料—包装物—摊销”；最后交回时，摊销完毕，结转摊销费用，借记“周转材料—包装物—摊销”，贷记“周转材料—包装物—在用”，同时废料入库冲减相关费用，借记“原材料”，贷记“相关成本费用”。

例题 3–14 金鑫实业有限公司 2024 年 7 月 16 日发生经济业务。原始凭证见图 3–29、图 3–30。

解析：金鑫实业有限公司 2024 年 7 月 16 日领用包装箱，用于包装排水泵，随产品一同销售且单独计价。一方面应反映其销售收入，计入其他业务收入；另一方面应反映其实际销售成本，计入其他业务成本。

借：应收账款—北京长虹有限公司	11 300	
贷：其他业务收入		10 000
应交税费—应交增值税（销项税额）		1 300

电子发票（增值税专用发票）

发票号码：24133000000000004599

开票日期：2024 年 07 月 16 日

购买方信息	名称：北京长虹有限公司 纳税人识别号：9111011270449534500	销售方信息	名称：金鑫实业有限公司 纳税人识别号：9113056247896001000

项目名称	规格型号	单位	数量	单价	金额	税率/征收率	税额
*货物*包装箱		个	10	1000	10000.00	13%	1300.00
合　计					¥10000.00		¥1300.00

价税合计（大写）	⊗壹万壹仟叁佰元整	（小写）¥11300.00
备注		

开票人：苏瑞

图 3–29

出库通知单　　出字第24071601号

2024 年07月 16 日　　　　材料库

编号	名称	规格	单位	应发数量	实发数量	单位成本	总价								附注
							十	万	千	百	十	元	角	分	
	包装箱		个	10	10	800.00		¥	8	0	0	0	0	0	采用先进先出法核算发出成本
	合　计							¥	8	0	0	0	0	0	
备注：发出包装箱，用于包装产品随同产品单独计价销售															

附单据1张

审核：苏瑞　　仓库主管：李飞　　保管：李梦　　经手：李梦　　制单：郑薇

图 3–30

同时：

借：其他业务成本　　8 000

　　贷：周转材料—包装物　　8 000

（三）包装物出租出借的核算

1. 包装物出租

出租包装物是指以出租方式有偿提供给购货单位短期使用的包装物。出租包装物要向使用单位收取租金、押金。收取的租金作为“其他业务收入”，收取的押金作为“其他应付款”，出租包装物的价值损耗及其他有关支出作为“其他业务成本”。按照税法规定，出租包装物收取的租金和没收逾期未退的押金应缴纳增值税。出租包装物的价值一般采用“一次摊销法”和“分期摊销法”。

出租包装物的价值采用“分期摊销法”，“周转材料—包装物”账户下应设置“在用”“在库”“出租”“摊销”三个明细账户。

出租包装物的价值采用“分期摊销法”，可分以下几步处理。

（1）首先确定出租包装物的成本，此时借记“周转材料—包装物—在用”，贷记“周转材料—包装物—在库”，同时借记“周转材料—包装物—出租”，贷记“周转材料—包装物—在用”。

（2）确定租期内每月的摊销成本，借记“其他业务成本”，贷记“周转材料—包装物—摊销”。

（3）租期满对方退回时，要将包装物摊销的成本结转，收回的借记“周转材料—包装物—摊销”，贷记“周转材料—包装物—出租”。未收回的借记“其他业务成本”，贷记“周转材料—包装物—出租”。

（4）收取押金时，借记“银行存款”，贷记“其他应付款”。

（5）收取租金时，借记“银行存款”，贷记“其他业务收入”，贷记“应交税费—应交增值税（销项税额）”。

（6）对方违约未按期交回包装物，没收押金时，借记“其他应付款”，贷记“其他业务收入”，贷记“应交税费—应交增值税（销项税额）”。

例题 3–15 金鑫实业有限公司 2024 年 7 月 16 日领用塑料桶，原始凭证见图 3–31~图 3–34。

出库通知单 出字第 24071602 号

2024 年 07月 16 日 材料库

编号	名称	规格	单位	应发数量	实发数量	单位成本	总价 十	万	千	百	十	元	角	分	附注
	塑料桶		个	100	100	60.00		¥	6	0	0	0	0	0	按先进先出法核算发出成本
	合计							¥	6	0	0	0	0	0	
备注：出租给大德有限责任公司，租期四个月															

附单据 1 张

审核：苏瑞 仓库主管：李飞 保管：李梦 经手：李梦 制单：郑薇

图 3–31

银行进账单

（收账通知）

2024 年 07月 16 日 **3**

支款人	全称	大德有限责任公司									
	账号	3227675362450612704									
	开户银行	中国工商银行保定市五四路分行									
人民币		千	百	十	万	千	百	十	元	角	分
					¥	9	0	4	0	0	0
收款人	全称	金鑫实业有限公司									
	账号	3227676890893646693									
	开户银行	中国工商银行保定市桥东路分行									
款项用途		当月租金收入									

中国工商银行保定市桥东路分行 24.07.16 业务清讫章

图 3–32

电子发票（增值税专用发票）

发票号码：24133000000000004600

开票日期：2024 年 07 月 16 日

购买方信息	名称：大德有限责任公司 纳税人识别号：9113021270449526700	销售方信息	名称：金鑫实业有限公司 纳税人识别号：9113056247896001000

项目名称	规格型号	单位	数量	单价	金额	税率/征收率	税额
*经营租赁*租金					8000.00	13%	1040.00
合　计					¥8000.00		¥1040.00
价税合计（大写）	⊗玖仟零肆拾元整			（小写）¥9040.00			
备注							

开票人：苏瑞

图 3–33

银行进账单

（收账通知）

2024 年 07 月 16 日 3

支款人	全　　称	大德有限责任公司
	账　　号	3227675362450612704
	开户银行	中国工商银行保定市五四路分行

人民币	千	百	十	万	千	百	十	元	角	分
				¥	6	0	0	0	0	0

收款人	全　　称	金鑫实业有限公司
	账　　号	3227676890893646693
	开户银行	中国工商银行保定市桥东路分行
款项用途		押金收入

中国工商银行保定市桥东路分行 24.07.16 业务清讫章

图 3–34

解析：金鑫实业有限公司 2024 年 7 月 16 日领用塑料桶，从出库单中可看出用于出租，租期 4 个月，同日收到当月租金 9 040 元，押金 6 000 元。分录如下：

（1）首先确定出租包装物的成本：

借：周转材料—包装物—在用　　6 000

　　贷：周转材料—包装物—在库　　6 000

同时：

借：周转材料—包装物—出租　　6 000

　　贷：周转材料—包装物—在用　　6 000

（2）确定租期内每月的摊销成本：

借：其他业务成本	6 000 ÷ 4=1 500	
贷：周转材料—包装物—摊销		1 500

（3）收取租金时：

借：银行存款	9 040	
贷：其他业务收入		8 000
应交税费—应交增值税（销项税额）		1 040

（4）收取押金时：

借：银行存款	8 000	
贷：其他应付款—大德有限责任公司		8 000

例题 3-16 紧接上题，假定 2024 年 11 月 16 日，金鑫实业有限公司出租的包装物租期到时收回出租包装物，发现有 10 个塑料桶损坏无法收回，其余仍可继续使用。企业没收损坏 10 个塑料桶的相关押金，其余包装物作收回核算。

解析：没收损坏 10 个塑料桶的押金 800 元，要作价税分离，确认为其他业务收入，其余收回的包装物押金退回为 7 200 元，同时还要结转包装物的已摊销成本。

首先没收损坏 10 个塑料桶的押金，作价税分离，确认为其他业务收入，其余收回的包装物押金退回为 7 200 元。

借：其他应付款—押金	800	
贷：其他业务收入—没收押金		707.96
应交税费—应交增值税（销项税额）		92.04

其余收回的包装物押金，退回押金 7 200 元。

借：其他应付款—押金	7 200	
贷：银行存款		7 200

最后结转收回包装物的成本：由于有 10 个无法收回，成本为 600 元直接计入其他业务成本。已经摊销的成本为 6 000-600=5 400 元，由于 4 个月是按照 6 000 元摊销的费用，要冲减多提取了 600 元费用，分录如下：

先要冲减多提取了 600 元费用。

借：周转材料—包装物—摊销　600
　贷：其他业务成本　600

然后结转出租包装物的成本。

借：周转材料—包装物—摊销　5 400
　其他业务成本　600
　贷：周转材料—包装物—出租　6 000

收回仍可继续使用，入库成本为 60×90=5 400 元。

借：周转材料—包装物—在库　5 400
　贷：周转材料—包装物—在用　5 400

2. 包装物出借

出借包装物是企业以出借方式无偿提供给关系好、来往密切的企业。与包装物出租相比，在核算上有两点不同：①不收取租金；②出借期间，包装物的损耗价值作为“销售费用”。其他内容核算方法与出租包装物核算方法相同，不再赘述。

二、计划成本计价下包装物的核算

（1）收入包装物时，和计划成本计价下原材料收入情况一样，只不过把“原材料”账户换成“周转材料—包装物”，反映入库的计划成本；同时设置“材料采购”账户反映采购的实际成本和入库的计划成本与两者的差异，为反映成本差异，还要设置“材料成本差异”账户。

（2）发出包装物时，一要按计划成本结转发出材料的成本，根据所发出的用途，分别计入“生产成本”“制造费用”“销售费用”“管理费用”等账户；二要计算材料成本差异率，结转发出材料应负担的成本差异，按照材料发出的用途，分别调整“生产成本”“制造费用”“销售费用”“管理费用”等账户，如果成本差异为超支额，借记“生产成本”“制造费用”“销售费用”“管理费用”等账户，贷记“材料成本差异”；如果成本差异为节约额，和成本差异为超支额的分录相反。

三、低值易耗品的核算

（一）低值易耗品的内容

作为存货核算和管理的低值易耗品，一般划分为一般工具、专用工具、替换设备、管理用具、劳动保护用品和其他用具等。

（二）低值易耗品的账务处理

为了反映和监督低值易耗品的增减变动及其结存情况，企业应当设置“周转材料—

低值易耗品”科目，借方登记低值易耗品的增加，贷方登记低值易耗品的减少，期末余额在借方，通常反映企业期末结存低值易耗品的金额。

账务处理可参考包装物的核算。

知识检测

一、单选题

1. 随商品出售但不单独计价的包装物，发出包装物时计入（　　）。

A. 管理费用　　B. 销售费用　　C. 主营业务成本　　D. 其他业务成本

2. 企业对随同商品出售且单独计价的包装物进行会计处理时，该包装物的实际成本应结转到的会计科目是（　　）。

A. 制造费用　　B. 管理费用　　C. 销售费用　　D. 其他业务成本

二、多选题

1. 企业对作为周转材料的包装物和低值易耗品摊销的方法有（　　）。

A. 一次转销法　　B. 分期转销法　　C. 加速摊销法　　D. 直线法

E. 五五摊销法

2. 企业对随同商品出售的包装物进行会计处理时，该包装物的实际成本可能结转到（　　）。

A.“制造费用”科目　　B.“销售费用”科目

C.“管理费用”科目　　D.“其他业务成本”科目

3. 属于周转材料的存货是（　　）。

A. 委托加工物资　B. 包装物　　C. 低值易耗品　　D. 委托代销商品

4. 在“周转材料—包装物”账户中核算的存货有（　　）。

A. 生产过程中领用的包装物

B. 包装材料，如纸张、铁丝等

C. 随同产品出售，不单独计价的包装物

D. 随同产品出售，单独计价的包装物

E. 出租、出借的包装物

5. 下列哪些是低值易耗品（　　）。

A. 一般工具、专用工具　　B. 桶、箱、瓶、坛、袋

C. 劳动保护用品和其他用具　　D. 包装材料，如纸张、铁丝

E. 替换设备、管理用具

三、业务题

业务 1　金鑫实业有限公司 2024 年 8 月 10 日发生下列业务，原始凭证见图 3-35~图 3-38。

出库通知单

出字第 24081002 号

2024 年 08 月 10 日　　　　材料库

编号	名称	规格	单位	应发数量	实发数量	单位成本	总价								附注
							十	万	千	百	十	元	角	分	
	塑料桶		个	300	300	60	¥	1	8	0	0	0	0	0	按先进先出法核算发出成本
	合计						¥	1	8	0	0	0	0	0	
备注：出租给大德有限责任公司，租期四个月															

附单据 1 张

审核：苏瑞　仓库主管：李飞　保管：李梦　经手：李梦　制单：郑薇

图 3–35

银行进账单

（收账通知）

2024 年 08 月 10 日 3

支款人	全　称	大德有限责任公司
	账　号	3227675362450612704
	开户银行	中国工商银行保定市五四路分行

人民币	千	百	十	万	千	百	十	元	角	分
			¥	2	7	1	2	0	0	0

收款人	全　称	金鑫实业有限公司
	账　号	3227676890893646693
	开户银行	中国工商银行保定市桥东路分行
款项用途		租金收入

中国工商银行保定市桥东路分行 业务清讫章

图 3–36

电子发票（增值税专用发票）

发票号码：24133000000000045960

开票日期：2024 年 08 月 10 日

购买方信息	名称：大德有限责任公司 纳税人识别号：9113021270449526700
销售方信息	名称：金鑫实业有限公司 纳税人识别号：9113056247896001000

项目名称	规格型号	单位	数量	单价	金额	税率/征收率	税额
*经营租赁*租金					24000.00	13%	3120.00
合　计					¥24000.00		¥3120.00

价税合计（大写）	⊗贰万柒仟壹佰贰拾元整　　（小写）¥27120.00
备注	

开票人：苏瑞

图 3–37

银行进账单

（收账通知）

2024 年 08 月 10 日 3

支款人	全称	大德有限责任公司										
	账号	3227675362450612704										
	开户银行	中国工商银行保定市五四路分行										
人民币		千	百	十	万	千	百	十	元	角	分	
				¥	2	4	0	0	0	0	0	
收款人	全称	金鑫实业有限公司										
	账号	3227676890893646693										
	开户银行	中国工商银行保定市桥东路分行										
款项用途		押金收入										

中国工商银行保定市桥东路分行 24.08.10 业务清讫章

图 3–38

业务 2 紧接上题，假定金鑫实业有限公司 2024 年 12 月 10 日发生下列业务，原始凭证见图 3–39、图 3–40。

入库通知单 收字第 24121001号

2024 年 12 月 10 日 材料库

编号	名称	规格	单位	应收数量	实收数量	单位成本	总价 十	万	千	百	十	元	角	分	附注
	塑料桶		个	300	250			¥	2	0	0	0	0	0	按先进先出法核算发出成本
	合计							¥	2	0	0	0	0	0	
备注：收回出租给大德有限责任公司的塑料桶，有 50 个未交回。收回的已无法继续使用，残料作价2 000元入库															

附单据 1 张

审核：苏瑞 仓库主管：李飞 保管：李梦 经手：李梦 制单：郑薇

图 3–39

中国工商银行 转账支票存根	
支票号码	VI II 2407019
科目	
对方科目	
出票日期	2024 年 12 月 10 日
收款人	大德有限责任公司
金额	¥20 000. 00
用途	没收押金后退还的押金
备注	

金鑫实业 财务专

图 3–40

任务五　委托加工物资的核算

任务目标

1. 了解委托加工物资业务。

2. 了解委托加工物资业务流程。

3. 掌握发出加工材料、支付加工成本、收回加工物资等相关业务的核算。

重点难点

发出加工材料、支付加工成本、收回加工物资等相关业务的核算。

业务认知

在企业的现实生产经营中，由于受到资金、工艺等条件的限制，或出于节约成本等考虑，企业可能将所需要的物资委托给外单位进行加工。委托给外单位加工后取得的物资简称委托加工物资。委托加工物资一般包括委托加工材料、委托加工半成品、委托加工商品等。

委托加工物资的办理过程一般如下：委托加工企业根据与受托企业签订的加工合同发出材料；受托加工企业收到材料后开始加工，加工完成，受托加工企业将委托加工产品交给委托单位，并开具发票，委托加工企业按合同规定向受托加工企业支付加工费；委托加工企业支付发生的往来运杂费；委托加工企业收到委托加工产品，办理验收入库手续。

业务核算

一、实际成本计价下委托加工物资的核算

（一）委托加工物资的成本

企业委托外单位加工物资的成本包括加工中实际耗用物资的成本、支付的加工费用及应负担的运杂费、支付的税费等。

（二）委托加工物资的账务处理

为了反映和监督委托加工物资增减变动及其结存情况，企业应当设置“委托加工物资”科目，借方登记委托加工物资的实际成本，贷方登记加工完成验收入库的物资的实际成本和剩余物资的实际成本，期末余额在借方，反映企业尚未完工的委托加工物资的实际成本等。

1. 发出物资

用先进先出法、月末一次加权平均法、移动加权平均法确定发出物资的成本。借记“委托加工物资”科目，贷记“原材料”科目。

2. 支付加工费、运杂费等

根据相关原始凭证，支付加工费、运杂费等时，借记“委托加工物资”科目，借记“应交税费——应交增值税（进项税额）”科目，贷记“银行存款”科目。

3. 如果加工物资属于应税消费品，缴纳消费税时

需要交纳消费税的委托加工物资，由受托方代收代缴的消费税，委托方收回时以不高于受托方计税价格直接销售的，计入“委托加工物资”科目；收回后用于继续加工的，计入“应交税费—应交消费税”科目。

4. 加工物资完成验收入库

加工物资完成验收入库，需计算入库成本。入库成本等于前面三步中“委托加工物资”科目借方金额之和减去前面三步中“委托加工物资”科目贷方金额之和，即入库成本等于加工中实际耗用物资的成本、支付的加工费用及应负担的运杂费、支付的税费。

例题 3–17 和盛实业有限公司 2024 年 7 月 15 日至 31 日发生下列业务，原始凭证见图 3–41~图 3–45。

出库通知单　　出字第 24071502 号

2023 年 07 月 15 日　　材料库

编号	名称	规格	单位	应发数量	实发数量	单位成本	总价 十	万	千	百	十	元	角	分	附注
	木材		立方米	1 000	1 000	90.00	¥	9	0	0	0	0	0	0	按先进先出法核算发出成本
	合计						¥	9	0	0	0	0	0	0	
备注：发给大运制造有限公司，用于木制一次性筷子（缴纳消费税），消费税税率5%															

附单据 1 张

审核：苏明　仓库主管：王飞　保管：王梦　经手：王梦　制单：陈薇

图 3–41

电子发票（增值税专用发票）　　发票号码：24623000000045966

开票日期：2024 年 07 月 20 日

购买方信息	销售方信息
名称：和盛实业有限公司 纳税人识别号：9113118424789611100	名称：大运制造有限公司 纳税人识别号：9162029571053684600

项目名称	规格型号	单位	数量	单价	金额	税率/征收率	税额
*劳务*加工劳务					50000.00	13%	6500.00
合　计					¥50000.00		¥6500.00

价税合计（大写）	⊗伍万陆仟伍佰元整	（小写）¥56500.00
备注		

开票人：马平

图 3–42

货物运输服务

电子发票（增值税专用发票）　　发票号码：24623000000000006900

开票日期：2024 年 07 月 25 日

购买方信息	销售方信息
名称：和盛实业有限公司 纳税人识别号：9113118424789611100	名称：运通运输有限公司 纳税人识别号：9162562478960010000

项目名称	单位	数量	单价	金额	税率/征收率	税额
*运输服务*陆路运输				10000.00	9%	900.00
合　计				¥10000.00		¥900.00

运输工具种类	运输工具牌号	起运地	到达地	运输货物名称
公路运输	甘 A82460	兰州	保定	货物

价税合计（大写）	⊗壹万零玖佰元整	（小写）¥10900.00
备注		

开票人：秦明

图 3–43

保定市工商银行电子缴税付款凭证

转账日期：2024 年 07 月 31 日

开户行账号：1433300208456600056	付款人名称：和盛实业有限公司	
纳税人编号：911311842478961110 0	征收机关：保定市国家税务局朝阳路分局	
开户行名称：中国工商银行保定市朝阳路分行	收款国库：国库保定支库	
大写金额：柒仟叁佰陆拾捌元肆角贰分	小写金额：¥7 368.42	
税种名称： 消费税	所属期限：2024.07.01 至 2024.07.31	
	实缴金额：¥7 368.42	银行盖章
备注：代收代缴消费税，产品收回继续加工，用于生产高级木制一次性筷子		

中国工商银行保定市朝阳路分行
24.07.31
业务清讫章

图 3–44

入库通知单　　收字第 24073101 号

2024 年 07月 31 日　　材料库

编号	名称	规格	单位	应收数量	实收数量	单位成本	总价 百	十	万	千	百	十	元	角	分	附注	附单据1张
	木制一次性筷子		双	150	150	1 000.00	¥	1	5	0	0	0	0	0	0	按先进先出法核算发出成本	
	合计			150	150		¥	1	5	0	0	0	0	0			
备注：收回继续加工，用于生产高级木制一次性筷子																	

审核：苏明　仓库主管：王飞　保管：王梦　经手：王梦　制单：陈薇

图 3–45

解析：本题和盛实业有限公司 2024 年 7 月 15 日发出木材给大运制造有限公司，用于加工成木制一次性筷子，7 月 20 日发生支付加工费 50 000 元，7 月 25 日发生支付运费 10 000 元，由于加工的是木制一次性筷子，属于缴纳消费税的范畴，但是收回后用于继续加工高级木制一次性筷子，此时缴纳的消费税要用于抵减以后缴纳的消费税；收回木制一次性筷子 150 双，取得相关增值税发票，款未支付。按照核算步骤，分录如下。

7 月 15 日发出加工材料：

借：委托加工物资—木制一次性筷子	90 000	
贷：原材料—木材		90 000

7 月 20 日支付加工费：

借：委托加工物资—木制一次性筷子	50 000	
应交税费—应交增值税（进项税额）	6 500	
贷：应付账款—大运制造有限公司		56 500

7 月 25 日支付运费：

借：委托加工物资—木制一次性筷子　　10 000
　　应交税费—应交增值税（进项税额）　　900
　　贷：应付账款—运通运输有限公司　　10 900

7 月 31 日缴纳消费税：此时应交消费税要首先计算出委托加工产品的计税价格，然后再用计税价格乘以适用税率计算出应交消费税。组成计税价格 =（材料成本 + 加工费）÷（1- 消费税税率），应纳消费税额 = 组成计税价格 × 消费税税率。本题一次性筷子的消费税税率是 5%，核算如下：

借：应交税费—应交消费税　（90 000+50 000）/（1-0.05）×0.05=7 368.42
　　贷：银行存款　　7 368.42

7 月 31 日包装箱验收入库：

借：库存商品—木制一次性筷子　　150 000
　　贷：委托加工物资—木制一次性筷子　　150 000

二、计划成本计价下委托加工物资的核算

（1）发出加工材料时，一要按计划成本结转发出材料的成本，借记“委托加工物资”科目，贷记“原材料”科目。二要结转发出材料应负担的成本差异，如果成本差异为超支额，借记“委托加工物资”科目，贷记“材料成本差异”科目；如果成本差异为节约额，和成本差异为超支额的分录相反。

（2）支付加工费、运杂费等。

根据相关原始凭证，支付加工费、运杂费等时，借记“委托加工物资”科目，借记“应交税费—应交增值税（进项税额）”科目，贷记“银行存款”科目。

（3）如果加工物资属于应税消费品，缴纳消费税时，需要交纳消费税的委托加工物资，由受托方代收代缴的消费税，委托方收回时以不高于受托方计税价格直接销售的，计入“委托加工物资”科目；收回后用于继续加工的，计入“应交税费—应交消费税”科目。

（4）收回委托加工对象时，按照加工完毕的对象的计划成本，借记“原材料”等存货科目，贷记“委托加工物资”科目，反映入库的计划成本；同时设置“委托加工物资”“材料成本差异”科目反映采购的实际成本和入库的计划成本与两者的差异。

知识检测

一、单选题

1. 委托加工应纳消费税物资（非金银首饰）收回后用于连续生产应税消费品，其由受托方代收代缴的消费税，应计入的会计科目是（　）。

A. 管理费用　　　　　　　　　　B. 应交税费—应交消费税

C. 税金及附加　　　　　　　　　D. 委托加工物资

2. 委托加工应纳消费税物资（非金银首饰）收回直接销售，其由受托方代收代缴的消费税，应计入的会计科目是（　）。

A. 管理费用　　　　　　　　　　B. 应交税费—应交消费税

C. 营业税金及附加　　　　　　　D. 委托加工物资

3. 某一般纳税企业委托外单位加工一批消费税应税消费品，材料成本 150 万元，加工费 15 万元（不含税），受托方增值税税率为 13%，受托方代扣代缴消费税 18 万元。该批材料加工后委托方直接出售，则该批材料加工完毕入库时的成本为（　）万元。

A.163.5　　　　B.183　　　　C.158.5　　　　D.155

二、业务题

宝丰股份有限公司 2024 年 8 月 5 日至 25 日发生下列业务，原始凭证见图 3-46~图 3-49。

出库通知单　　出字第 24080501号

2024 年 08 月 05 日　　　　材料库

编号	名称	规格	单位	应发数量	实发数量	单位成本	总价								附注
							十	万	千	百	十	元	角	分	
	木材		吨	100	100	100	¥	1	0	0	0	0	0	0	按先进先出法核算发出成本
	合计						¥	1	0	0	0	0	0	0	
备注：发给大华制造有限公司，用于加工实木地板（缴纳消费税），消费税税率5%															

附单据1张

会计：苏瑞　　仓库主管：王飞　　保管：苏达　　经手：苏达　　制单：李乐

图 3-46

电子发票（增值税专用发票）

发票号码：24133000000000725

开票日期：2024 年 08 月 20 日

购买方信息	名称：宝丰股份有限公司 纳税人识别号：9113023647109600100	销售方信息	名称：大华制造有限公司 纳税人识别号：9113029571053561800

项目名称	规格型号	单位	数量	单价	金额	税率/征收率	税额
*劳务*加工劳务					50000.00	13%	6500.00
合　计					¥50000.00		¥6500.00

价税合计（大写）	⊗伍万陆仟伍佰元整	（小写）¥56500.00
备注		

开票人：马平

图 3-47

保定市工商银行电子缴税付款凭证

转账日期：2024 年 08 月 31 日

开户行账号：1456300208453540356		付款人名称：大华制造有限公司
纳税人编号：911302364710960O100		征收机关：保定市国家税务局三丰路分局
开户行名称：中国工商银行保定市三丰路分行		收款国库：国库保定支库
大写金额：叁仟壹佰伍拾柒元捌角玖分		小写金额：¥3 157.89
税种名称： 消费税	所属期限：2024.08.01 至 2024.08.31	
	实缴金额：¥3 157.89 银行盖章	
备注：代收代缴消费税，产品入库后直接销售		

中国工商银行保定市三丰路分行
24.08.31
业务清讫章

图 3–48

入库通知单　　收字第 24083103 号

2024 年 08 月 31 日　　成品库

编号	名称	规格	单位	应收数量	实收数量	单位成本	总价								附注
							十	万	千	百	十	元	角	分	
	实木地板		立方米	150	150										
	合计														
备注：入库后直接销售															

附单据 1 张

会计：苏瑞　仓库主管：马叶　保管：李顺　经手：李顺　制单：李乐

图 3–49

任务六　库存商品的核算

任务目标

1. 列举库存商品包括的内容。
2. 概述库存商品出、入库的相关手续和设计的原始单据。
3. 正确地编制常见库存商品出、入库业务的核算。

重点难点

正确地编制常见库存商品出、入库业务的核算。

知识链接

库存商品是指企业完成全部生产过程并已验收入库、合乎标准规格和技术条件，可以按照合同规定的条件送交订货单位，或可以作为商品对外销售的产品以及外购或委托加工完成验收入库用于销售的各种商品。

库存商品具体包括库存产成品、外购商品、存放在门市准备出售的商品、发出展览的商品、寄存在外的商品、接受来料加工制造的代制品和为外单位加工修理的代修品等。已完成销售手续但购买单位在月末未提取的产品，不应作为企业的库存商品，而应作为代管商品处理，单独设置代管商品备查簿进行登记。

业务核算

库存商品一般采用实际成本核算，其方法与原材料相似。

一、商品入库的核算

对于库存商品采用实际成本核算的企业，当库存商品生产完成并验收入库时，应按实际成本，借记“库存商品”科目，贷记“生产成本”科目。

二、商品发出的核算

（一）销售商品出库

企业销售商品、确认收入时，结转销售成本，可采用先进先出法、全月一次加权平均法（月末）、移动加权平均法计算产品销售成本，借记“主营业务成本”科目，贷记“库存商品”科目。

（二）领用自产商品出库用于捐赠

用于无偿捐赠时，要视同销售计算销项税额。按照确定的出库商品的成本，借记“营业外支出”科目，贷记“库存商品”科目，然后按照该商品销售额乘以销项税率计算销项税额，贷记“应交税费—应交增值税（销项税额）”科目。

（三）福利部门领用自产商品发放福利时出库

企业福利部门领用自产商品发放给职工，按照《增值税暂行条例》和《企业所得税法》应视同销售处理。首先确认收入，借记“应付职工薪酬”科目，贷记“主营业务收入”科目，贷记“应交税费—应交增值税（销项税额）”科目；同时结转成本借记“主营业务成本”科目，贷记“库存商品”科目。

例题 3-18 天马股份有限公司 2024 年 7 月 25 日发生业务如下，原始凭证见图 3-50。

产成品出库单 出字第24072501号

2024 年 07 月 25 日 单位：元

货号	名称	单位	数量	单位成本	金额	备注
	衬布	吨	100	180.00	18 000.00	通过公益部门无偿捐赠给社会福利部门。市场售价为单价 200.00 元
	合计		—	—	18 000.00	

审核：李丽 制表：张义

图 3-50

解析：天马股份有限公司通过公益部门无偿捐赠给社会福利部门，视同销售计算销项税额。首先按照确定的出库商品的成本，借记“营业外支出”科目，贷记“库存商品”科目，然后按照该商品销售额乘以销项税率计算销项税额，贷记“应交税费—应交增值税（销项税额）”科目。分录如下：

借：营业外支出　　20 600
　　贷：库存商品—衬布　　18 000
　　　　应交税费—应交增值税（销项税额）　　2 600（200×100×13%）

知识检测

一、多选题

1. 企业销售商品、确认收入时，结转销售成本，可采用（　）计算产品销售成本。

A. 先进先出法　　B. 个别计价法　　C. 后进先出法

D. 全月一次加权平均法　　E. 移动加权平均法

2. 企业自产产品用于公益捐赠时，用（　）计算销项税额。

A. 产品的出库成本　　B. 产品相应的销售价格

二、业务题

天道股份有限公司 2024 年 8 月 25 日发生业务如下，原始凭证见图 3–51。

产成品出库单　　出字第24082501号

2024年08月25日　　单位：元

货号	名称	单位	数量	单位成本	金额	备注
	洗衣机	台	100	1 800.00	180 000.00	自产产品，发给职工作为过年的福利。市场售价为单价 2 000.00 元
	合计		—	—	180 000.00	

审核：李宏　　制表：张进　　库管：马芳

图 3–51

任务七　存货的清查

任务目标

1. 了解存货清查的意义和种类。
2. 编制存货清查业务的相关会计分录。

重点难点

存货清查溢余、短缺发生、批准的核算。

知识链接

存货清查是指通过对存货的实地盘点，确定存货的实有数量，并与账面结存数核对，从而确定存货实存数与账面结存数是否相符的一种专门方法。由于存货种类繁多、收发频繁，在日常收发过程中可能发生计量错误、计算错误、自然损耗，还可能发生损坏变质以及贪污、盗窃等情况，造成账实不符，形成存货的盘盈、盘亏。对于存货的盘盈、盘亏，应填写存货盘点报告（如实存－账存对比表），及时查明原因，按照规定程序报批处理。

业务核算

为了反映和监督企业在财产清查中查明的各种存货的盘盈、盘亏和毁损情况，企业应当设置“待处理财产损益”科目，借方登记存货的盘亏、毁损金额及盘盈的转销金额，贷方登记存货的盘盈金额及盘亏的转销金额。企业清查的各种存货损益，应在期末结账前处理完毕，期末处理后，“待处理财产损益”科目应无余额。

一、存货盘盈的账务处理

企业发生存货盘盈时，借记“原材料”“库存商品”等科目，贷记“待处理财产损益”科目；在按管理权限报经批准后，借记“待处理财产损益”科目，贷记“管理费用”科目。

二、存货盘亏及毁损的账务处理

企业发生存货盘亏及毁损时，借记“待处理财产损益”科目，贷记“原材料”“库存商品”等科目。在按管理权限报经批准后应作如下账务处理：对于入库的残料价值，计入“原材料”等科目；对于应由保险公司和过失人承担的赔款，计入“其他应收款”科目；扣除残料价值和应由保险公司、过失人承担赔款后的净损失，属于一般经营损失的部分，计入“管理费用”科目，属于非正常损失的部分，计入“营业外支出”科目。

需要特别说明的是商品溢余或短缺在查明原因之前，可以先作为“待处理财产损益”处理，待查明原因后再根据实际情况处理；自然灾害的损失和合理损耗相应的进项税额允许抵扣。非正常损失仅指因管理不善造成被盗、丢失、霉烂变质的损失，以及被执法部门依法没收或者强令自行销毁的货物，其相应进项税额不允许抵扣，要从进项税额中转出，一并转入处理。

例题 3–19 金鑫实业有限公司 2024 年 7 月 30 日至 31 日发生业务如下，原始凭证见图 3–52、图 3–53。

材料盘点报告单

2024 年 07 月 30 日

材料编号	品名	单位	单位成本	账存数量	实存数量	盘盈		盘亏		盘亏原因	审批意见
						数量	金额	数量	金额		
…	塑料桶	个	60.00	350	400	50	3 000.00				
合计							¥3 000.00				

审批人：苏瑞　　部门负责人：刘刚　　制表：郑薇

图 3–52

资产清查损益申报单

兹于 2024 年 7 月 30 日，进行了存货清查，发现塑料桶溢余 50 个，金额 3 000.00元。经认真核查，原因不明，应冲销管理费用。

金鑫实业有限公司 财务部 2024.07.31 财务专用章

审批人意见：同意 苏锦庭

2024.07.31

图 3–53

解析：本题为存货清查中塑料桶 7 月 30 日发生盘盈，7 月 31 日处理结果，分录如下：

7 月 30 日发生盘盈：

借：周转材料—塑料桶	3 000	
贷：待处理财产损益—待处理流动资产损益		3 000

7 月 31 日处理时：

借：待处理财产损益—待处理流动资产损益	3 000	
贷：管理费用		3 000

知识检测

一、单选题

某企业因管理不善盘亏一批材料 16 000 元，该批材料的进项税额为 2 080 元。收到各种赔款 1 500 元，残料入库 200 元。报经批准后，应计入“营业外支出”科目的金额为（　）元。

A. 16 380　　B. 18 620　　C. 14 300　　D. 14 400

二、业务题

业务 1　金鑫实业有限公司 2024 年 8 月 30 日发生下列业务，原始凭证见图 3–54。

材料盘点报告单

2024 年 08 月 30 日

材料编号	品名	单位	单位成本	账存数量	实存数量	盘盈		盘亏		盘亏原因	审批意见
						数量	金额	数量	金额		
…	生铁	吨	8 000.00	5	4.5			0.5	4 000.00	待查	
合计									¥4 000.00		
备注	盘亏金额中含1 000元运费，其余3 000元为材料价款										

审批人：苏瑞　　　部门负责人：刘刚　　　制表：郑薇

图 3–54

业务 2　紧接上题，金鑫实业有限公司 2024 年 8 月 31 日发生下列业务，原始凭证见图 3–55。

资产清查损益申报单

兹于 2024 年08月 30 日，进行了存货清查，发现生铁短缺 0.5 吨，经认真核查，系管理不善造成丢失，保管员马达赔偿3 000元，其余转销。

金鑫实业有限公司 财务部 2024.08.31 财务专用章

审批人意见：　同意　　　苏锦庭

2024.08.31

图 3–55

任务八　存货的减值

任务目标

1. 了解存货减值的发生原因。
2. 掌握存货减值业务的相关计算与会计分录。

重点难点

1. 存货减值业务的相关计算。
2. 存货减值业务的会计分录。

知识链接

存货减值的原因一般是市场价格波动。另外存货在储存过程中发生变质、损坏等也会引起存货的减值。为了准确反映存货的真实价值，会计准则规定企业必须于资产负债表日将存货的账面价值与可变现价值孰低计量。可变现价值是指按当前的市场价格出售的话应该能得到多少钱，等于预计售价减去要发生成本、估计的销售费用、估计的相关税费。当存货的账面价值高于可变现价值时，就要按照可变现价值计量，也就是说存货按照市场和价格贬值了，此时要按照两者差额计提减值准备；当存货的账面价值低于可变现价值时，要按照账面价值计量，此时存货按照市场和价格是升值的，要对已经做了减值的情况进行调整。

业务核算

为了准确反映存货的真实价值，会计准则规定企业必须于资产负债表日将存货的账面价值与可变现价值孰低计量。可用下列公式计算：

计提存货减值准备 = 存货账面价值 –（市场预计售价 – 预计成本 – 预计销售费用和税金）–“存货跌价准备”科目贷方余额

运用公式时，差额为正值，表示需要提取减值准备金，此时借记“资产减值损失—存货跌价准备”科目，贷记“存货跌价准备”科目；差额为负值，要冲减减值准备金，冲减的减值准备金不能超过已经计提的准备金，此时借记“存货跌价准备”科目，贷记“资产减值损失—存货跌价准备”科目。

例题 3–20 金鑫实业有限公司 2024 年 7 月 31 日存货账面情况和市场价值情况见图 3–56。假定发出存货一律采用全月一次加权平均法核算。

金鑫实业有限公司07月31日存货情况变动表

2024 年07月 31 日　　单位：元

存货名称		账面价值		市场情况				存货跌价准备科目贷方余额	计提减值准备
		数量	价值	市场售价	预计完工成本	预计销售费用及税金	可变现净值		
原材料	熟铁	5 吨	53 000.00	55 000.00		300.00	54 700.00	500.00	-500.00
	生铁	1.5 吨	15 000.00	15 000.00		100.00	14 900.00	50.00	50.00
周转材料	塑料桶	400 个	24 000.00	24 000.00		100.00	23 900.00	120.00	-20.00
	包装箱	100 个	80 000.00	81 000.00			81 000.00	20.00	-20.00
库存商品	排水泵	15 台	234 000.00	234 000.00			234 000.00	0	0
	潜水泵	10 台	202 500.00	200 000.00		1 000.00	199 000.00	1 000.00	2 500.00
合　计									2 010.00

审核：苏瑞　　制表：郑薇

图 3–56

解析：为了准确反映存货的真实价值，会计准则规定企业必须于资产负债表日将存货的账面价值与可变现价值孰低计量。熟铁账面价值 53 000 元，可变现净值 = 预计售价减去要发生成本、估计的销售费用、估计的相关税费 =55 000–300=54 700 元，此时账面价值小于可变现净值，此时要按照账面价值计量，熟铁是升值 1 700 元的，不用计提减值准备，但是前期已经计提了的减值准备 500 元，要在已计提减值准备的数值范围内将其调整回来；同理，生铁的账面价值 15 000 元，可变现净值为 14 900（元），此时要按照可变现价值计量，生铁是贬值的，要计提减值准备 =15 000–14 900=100（元），但是由于“存货跌价准备”科目贷方余额为50元，此时还要计提50元的存货跌价准备金额；以此类推，最后合计应计提存货减值准备金为2 010元，分录如下：

借：资产减值损失—存货跌价准备　　　2 010
　贷：存货跌价准备　　　2 010

知识检测

一、单选题

1. 存货的减值是指存货的账面价值与可变现价值比较（　）。

A. 升值　　B. 减值

2. 存货的可变现价值等于市场售价减去预计成本和（　）。

A. 销售费用和税金　　B. 管理费用　　C. 销售费用　　D. 财务费用

3. 某企业原材料A 2024年10月31日账面价值1 000元，可变现价值1 400元，“存货跌价准备”科目贷方余额100元；原材料B 2024年10月31日账面价值1 000元，可变现价值700元，“存货跌价准备”科目贷方余额100元，此时应计提减值准备金额（　）元。

A. 300　　B. 100　　C. −100　　D. 400

二、业务题

金鑫实业有限公司2024年8月31日存货账面情况与市场价格变动情况见图3–57。

金鑫实业有限公司08月31日存货情况变动表

2024年08月31日　　单位：元

存货名称		账面价值		市场情况				存货跌价准备科目贷方余额	计提减值准备
		数量	价值	市场售价	预计完工成本	预计销售费用及税金	可变现净值		
原材料	熟铁	5吨	53 000.00	53 500.00		300.00		0	
	生铁	5吨	52 666.67	52 000.00		100.00		50.00	
周转材料	塑料桶	400个	24 000.00	24 000.00		500.00		10.00	
	包装箱	100个	80 000.00	80 000.00		100.00		0	
库存商品	排水泵	20台	204 625.6	215 000.00		20 000.00		0	
	潜水泵	30台	219 637.5	220 000.00		15 000.00		3 500.00	
合　计									

审核：苏瑞　　制表：郑薇

图3–57

要求：计算每件存货的可变现价值，并计提其存货减值准备，最后合计本月存货应计提的存货跌价准备，并进行账务处理。

项目四　固定资产的核算

任务一　固定资产取得核算

任务目标

1. 掌握固定资产的计价基础和价值构成。
2. 掌握从不同来源取得固定资产入账价值的确定。

重点难点

1. 外购需要安装固定资产的核算。
2. 自行建造固定资产的核算。

知识链接

企业的固定资产应具备以下两个特征。

第一，企业持有固定资产，是为了满足生产商品、提供劳务、出租或经营管理的需要，而不像存货是为了对外出售。这一特征是固定资产区别于存货等流动资产的重要标志。

第二，企业使用固定资产的期限较长，使用寿命一般超过一个会计年度。这一特征表明企业固定资产属于非流动资产，其给企业带来的收益期超过 1 年，能在 1 年以上的时间里为企业创造经济利益。

业务核算

一、固定资产取得核算应设置的会计科目

为了反映和监督固定资产的取得、计提折旧和处置等情况，企业一般需要设置“固定资产”“累计折旧”“在建工程”“工程物资”等科目。

二、固定资产取得核算

按照业务发生的不同情况，企业取得固定资产的途径主要有外购、自行建造、接受投资、融资租入、盘盈、债务重组取得等多种方式，我们仅以外购、自行建造、接受投资三种情况为主进行讲解。

（一）外购固定资产

企业外购的固定资产，应按实际支付的购买价款、相关税费、使固定资产达到预定可使用状态前所发生的可归属于该项资产的运输费、装卸费、安装费和专业人员服务费等，确认固定资产的取得成本。外购固定资产分为购入需要安装和不需要安装两种情况的核算。

1. 外购固定资产不需要安装

企业购入不需要安装的固定资产，应以实际支付的购买价款、相关税费以及使固定资产达到预定可使用状态前所发生的可归属于该项资产的运输费、装卸费和专业人员服务费等，作为固定资产成本，借记“固定资产”科目，贷记“银行存款”等科目。

若企业为增值税一般纳税人，则企业购进机器设备等固定资产的进项税额不纳入固定资产成本核算，可以在销项税额中抵扣，借记“应交税费—应交增值税（进项税额）”科目，贷记“银行存款”科目。

例题 4–1 金鑫实业有限公司 2024 年 7 月 17 日购入设备一台用于生产。原始凭证见图 4–1~ 图 4–3。

电子发票（增值税专用发票）

发票号码：24613000000000045955

开票日期：2024 年 07 月 17 日

购买方信息	销售方信息
名称：金鑫实业有限公司	名称：陕西宝鸡华丰公司
纳税人识别号：9113056247896001000	纳税人识别号：9161039571061763200

项目名称	规格型号	单位	数量	单价	金额	税率/征收率	税额
*机床*数控机床		台	1	50000.00	50000.00	13%	6500.00
合　计					¥50000.00		¥6500.00

价税合计（大写）	⊗伍万陆仟伍佰元整　（小写）¥56500.00
备注	

开票人：习瑞

图 4–1

电子发票（增值税专用发票）

货物运输服务

发票号码：24613000000000005961

开票日期：2024 年 07 月 17 日

购买方信息	销售方信息
名称：金鑫实业有限公司	名称：陕西华通运输公司
纳税人识别号：9113056247896001000	纳税人识别号：9161039556985642300

项目名称	单位	数量	单价	金额	税率/征收率	税额
*运输服务*陆路运输				3000.00	9%	270.00
合　计				¥3000.00		¥270.00

运输工具种类	运输工具牌号	起运地	到达地	运输货物名称
公路运输	陕 A99460	西安	保定	货物

价税合计（大写）	⊗叁仟贰佰柒拾元整　（小写）¥3270.00
备注	

开票人：习明

图 4–2

固定资产交接（验收）单

承建单位： 编制日期：2024 年 07 月 17 日

项目名称	数控机床			核定计划金额			
验收日期	2024 年07月 17 日			实决算金额			
使用日期	2024 年07月 17 日			增加（＋）或减少（－）			
项目全称	规格	单位	数量	金额	可使用年限	残值	折旧率
数控机床		台	1	53 000	10	2 000	5％
使用单位：本项目已办妥使用手续，并按照决算价值列为固定资产。 财务部负责人： 苏瑞				验收部门： 金鑫实业有限公司公章 负责人：苏锦庭			

图 4–3

解析：金鑫实业有限公司 2024 年 7 月 17 日从陕西宝鸡华丰公司购入一台数控机床，价款 50 000 元，税金 6 500 元。发生运费 3 000 元，税金 270 元，由陕西华通运输公司承运。机床当日投入使用，货款及运费暂欠。分录如下：

借：固定资产	53 000	
应交税费—应交增值税（进项税额）	6 770	
贷：应付账款—陕西宝鸡华丰公司		56 500
应付账款—陕西华通运输公司		3 270

2. 外购固定资产需要安装

购入需要安装的固定资产，应在购入的固定资产取得成本的基础上加上安装调试成本等，作为购入固定资产的成本，先通过“在建工程”科目核算，待安装完毕达到预定可使用状态时，再由“在建工程”科目转入“固定资产”科目。

企业购入固定资产时，按实际支付的购买价款、运输费、装卸费和其他相关税费等，借记“在建工程”科目，贷记“银行存款”等科目；支付安装费用时，借记“在建工程”科目，贷记“银行存款”等科目；安装完毕达到预定可使用状态时，按其实际成本，借记“固定资产”科目，贷记“在建工程”科目。

例题 4–2 金鑫实业有限公司 2024 年 7 月 18 日至 19 日发生业务，原始凭证见图 4–4~ 图 4–8。

中国工商银行委托收款凭证（付款通知）

委托日期 2024 年 07 月 18 日

付款人	全　称	金鑫实业有限公司	收款人	全　称	杭州市双力机电有限公司
	账　号	3227676890893646693		账　号	6386440002690290234
	开户银行	中国工商银行保定市桥东路分行		开户银行	中国工商银行杭州市南京路分行

委托金额	人民币（大写）贰拾柒万壹仟贰佰元整	百	十	万	千	百	十	元	角	分
		¥	2	7	1	2	0	0	0	0

款项内容	货款	委托收款凭证名称	发票	附寄单据张数	3	备注：1 见票当日开户银行即划款 2 如需拒付，应自行与收款人协调解决

单位主管：苏瑞　会计：郑微　复核：　记账：　收款单位开户银行盖

①中国工商银行保定市桥东路分行 2024.07.18 业务清讫(22)

此联是付款开户银行给付款人按期付款的通知

图 4–4

电子发票（增值税专用发票）　发票号码：24333000000000001003

开票日期：2024 年 07 月 18 日

全国统一发票监制 浙江省税务局

购买方信息	名称：金鑫实业有限公司 纳税人识别号：9113056247896001000	销售方信息	名称：杭州市双力机电有限公司 纳税人识别号：9133362640084457000

项目名称	规格型号	单位	数量	单价	金额	税率/征收率	税额
*机床*线切割机床		台	1	240000.00	240000.00	13%	31200.00
合　计					¥240000.00		¥31200.00

价税合计（大写）	⊗贰拾柒万壹仟贰佰元整　（小写）¥271200.00
备注	

开票人：李瑞

图 4–5

中国工商银行 转账支票存根	
支票号码	VI II 2407019
科　目	
对方科目	
出票日期	2024 年 07 月 19 日
收款人	保定飞翔安装公司
金　额	¥2 180.00
用　途	付设备安装费
备　注	

金鑫实业 财务专

单位主管：苏瑞　　会计：郑薇

图 4–6

电子发票（增值税专用发票）

发票号码：24133000000000000113

开票日期：2024 年 07 月 19 日

购买方信息	名称：金鑫实业有限公司 纳税人识别号：9113056247896001000	销售方信息	名称：保定飞翔安装公司 纳税人识别号：9113129571017864900

项目名称	规格型号	单位	数量	单价	金额	税率/征收率	税额
*建筑服务*安装费					2000.00	9%	180.00
合　计					¥2000.00		¥180.00

价税合计（大写）	⊗贰仟壹佰捌拾元整　　（小写）¥2180.00
备注	

开票人：李开

图 4–7

固定资产交接（验收）单

承建单位：保定飞翔安装公司　　　　编制日期：2024 年 07 月 19 日

项目名称	线切割机床			核定计划金额			
验收日期	2024 年 7 月 19 日			决算金额			
使用日期	2024 年 7 月 19 日			增加（＋）或减少（－）			
项目全称	规格	单位	数量	金额	可使用年限	残值	折旧率
线切割机床		台	1	242 000	10	2 000	5%
使用单位：本项目已办妥使用手续，并按照决算价值列为固定资产。 财务部负责人：苏瑞				验收部门： 金鑫实业有限公司　公章 负责人：苏锦庭			

图 4–8

解析：金鑫实业有限公司 2024 年 7 月 18 日从杭州双力机电有限公司购入线切割机床，价款 240 000 元，税款 31 200 元，款项已支付。7 月 19 日由保定飞翔安装公司安装，发生费用 2 000 元，当日验收交付使用。金鑫实业有限公司应在购入的固定资产取得成本的基础上加上安装调试成本等，作为购入固定资产的成本，先通过“在建工程”科目核算，待安装完毕达到预定可使用状态时，再由“在建工程”科目转入“固定资产”科目。账务处理如下：

7 月 18 日购入线切割机床：

借：在建工程	240 000	
应交税费—应交增值税（进项税额）	31 200	
贷：银行存款		271 200

7 月 19 日发生安装费用：

借：在建工程	2 000	
应交税费—应交增值税（进项税额）	180	
贷：银行存款		2 180

7 月 19 日安装完毕，交付使用：

借：固定资产	242 000	
贷：在建工程		242 000

3. 购进作为固定资产核算的不动产时

购进作为固定资产核算的不动产，主要是指购进作为固定资产核算的房屋等建筑物，如厂房、办公楼。发生的土地登记费、房屋登记费、契税、印花税等一并计入固定资产的成本。

例题 4–3　2024 年 3 月 5 日，某增值税一般纳税人购进办公大楼一座，该大楼用于公司办公，计入固定资产并于次月开始计提折旧。3 月 20 日，该纳税人取得该大楼的增值税专用发票并认证相符，购入专用发票注明的价款为 50 万元，增值税税率为 9%。其间发生土地登记费、房屋登记费共 550 元，取得产权转移书发生印花税 250 元、契税 15 000 元，所有费用统一用银行存款支付。请问企业应如何进行账务处理？

解析：根据相关规定，购入专用发票注明的价款为 50 万元，增值税税率为 9%，发生的土地登记费、房屋登记费、契税、印花税等一并计入固定资产的成本。企业账务处理为：

借：固定资产	515 800	
应交税费—应交增值税（进项税额）	45 000	
贷：银行存款		560 800

（二）自行建造固定资产

企业自行建造固定资产，主要指自行建造作为固定资产核算的不动产，一般指厂房、办公室等。应当以建造该项资产达到预定可使用状态前所发生的必要支出，作为固定资产的成本。

自建固定资产应先通过“在建工程”科目核算，工程达到预定可使用状态时，再从“在建工程”科目转入“固定资产”科目。

企业自建固定资产，主要有自营和出包两种方式，由于采用的建设方式不同，其会计处理也不同。

1. 自营工程

（1）购入工程物资时，产生的进项税额同期可进行抵扣，因此分录如下：

借：在建工程

应交税费—应交增值税（进项税额）

贷：银行存款

（2）领用工程物资时，借记“在建工程”科目，贷记“工程物资”科目。

（3）在建工程领用本企业原材料时，借记“在建工程”科目，贷记“原材料”科目。

（4）在建工程领用本企业生产的商品时，借记“在建工程”科目，贷记“库存商品”科目。

（5）自营工程发生的其他费用（如分配工程人员工资等），借记“在建工程”科目，贷记“银行存款”“应付职工薪酬”等科目。

（6）辅助生产部门为工程提供的水、电、设备安装、修理、运输等劳务，借记“在建工程”科目，贷记“生产成本—辅助生产成本”等科目。

（7）在建工程发生的借款费用满足借款费用资本化条件的，借记“在建工程”科目，贷记“长期借款”“应付利息”等科目。

（8）自营工程达到预定可使用状态时，按其成本，借记“固定资产”科目，贷记“在建工程”科目。

例题 4–4 2024 年 7 月，某增值税一般纳税人自行建造办公楼。购买工程物资钢材时，增值税发票上注明价款 100 万元、增值税额 13 万元。同时将钢材用于建造办公楼。将一批原采购生产用原材料改变用途用于装饰工程，增值税专用发票，票面注明价款 600 万元、增值税额 78 万元。支付设计费用时，设计单位开具的增值税专用发票上注明价款 10 万元、增值税税额 0.6 万元。支付施工单位建筑服务费用时，取得的增值税专用发票上注明价款 200 万元、增值税税额 18 万元。款项均已支付。2024 年 11 月完工达到预定可使用状态。

解析分录如下：

（1）购入工程物资时，产生的进项税额同期进行抵扣。

借：工程物资	1 000 000	
应交税费—应交增值税（进项税额）	130 000	
贷：银行存款		1 130 000

（2）领用工程物资时：

借：在建工程	1 000 000	
贷：工程物资		1 000 000

（3）在建工程领用本企业原材料时：

借：在建工程	6 000 000
贷：原材料	6 000 000

（4）支付设计费用：

借：在建工程	100 000
应交税费—应交增值税（进项税额）	6 000
贷：银行存款	106 000

（5）支付施工单位建筑费用：

借：在建工程	2 000 000
应交税费—应交增值税（进项税额）	180 000
贷：银行存款	2 180 000

（6）自营工程达到预定可使用状态时，计算其成本 =“在建工程”借方合计 -“在建工程”贷方合计 =1 000 000+6 000 000+100 000+2 000 000=9 100 000 元。

借：固定资产	9 100 000
贷：在建工程	9 100 000

2. 出包工程

出包工程是指企业通过招标方式将工程项目发包给建造承包商，由建造承包商组织施工的建筑工程和安装工程。企业采用出包方式进行的固定资产工程，其工程的具体支出主要由建造承包商核算，在这种方式下，“在建工程”科目主要是反映企业与建造承包商办理工程价款结算的情况，企业支付给建造承包商的工程价款作为工程成本，通过“在建工程”科目核算。

企业按合理估计的发包工程进度和合同规定向建造承包商结算的进度款，借记“在建工程”科目，贷记“银行存款”等科目；工程完成时，按合同规定补付的工程款，借记“在建工程”科目，贷记“银行存款”等科目；工程达到预定可使用状态时，按其成本，借记“固定资产”科目，贷记“在建工程”科目。

（三）投资者投入的固定资产

投资者投入的固定资产，应当按投资合同或协议约定的价值、评估机构评估确认的价值，借记“固定资产”科目，贷记“实收资本”“资本公积”等科目。

（四）盘盈方式取得的固定资产按重置成本作为入账价值

盘盈固定资产与存货和现金盘盈均不同，后两者将损益列入当期，而固定资产则需追溯调整，按前期差错更正原则处理（追溯重述法）。

知识检测

一、单选题

1. 2024 年 4 月 1 日，购入和新建作为固定资产核算的不动产，产生的进项税额的当期抵扣，应计入（　）科目。

A. 应交税费—应交增值税（进项税额）

B. 应交税费—应交增值税（销项税额）

C. 应交税费—应交增值税（进项税额转出）

D. 应交税费—未交增值税

2. 2024 年 5 月 1 日，购入固定资产核算的运费，产生的进项税额将于取得扣税凭证的当月抵扣，应计入（　）科目。

A. 应交税费—应交增值税（进项税额）

B. 应交税费—应交增值税（销项税额）

C. 应交税费—应交增值税（进项税额转出）

D. 应交税费—待抵扣进项税额

3. 下列各项中，不构成企业购进生产用设备成本的是（　）。

A. 购买价款　　B. 运输费、装卸费

C. 保险费、安装费　　D. 增值税（进项税额）

4. 某企业购入一台生产用、需要安装的设备，取得的增值税发票上注明的设备买价为 50 000 元，增值税额为 6 500 元，支付的运输费为 1 500 元，设备安装时领用工程用材料价值 1 000 元（不含税），购进该批工程用材料的增值税为 130 元，设备安装时支付有关人员工资 2 000 元。该固定资产的成本为（　）元。

A. 63 170　　B. 54 500　　C. 63 000　　D. 54 670

5. 甲公司属于增值税一般纳税人，2024 年 8 月，购入一台不需要安装即可投入使用的设备，取得的增值税专用发票上注明的设备价款为 50 000 元，增值税额为 6 500 元，另支付运输费 500 元，包装费 800 元，款项以银行存款支付。则该设备的入账价值为（　）元。

A. 51 300　　B. 59 800　　C. 50 000　　D. 58 500

二、判断题

1. 在建工程领用本企业产品时，要视同销售处理。（　）

2. 自行建造固定资产出包工程中预付工程款应通过“预付账款”核算。（　）

三、业务题

业务 1　金鑫实业有限公司 2024 年 8 月 17 日至 18 日发生下列经济业务，原始凭证见图 4-9~ 图 4-14。

电子发票（增值税专用发票）

发票号码：24313000000000000123

开票日期：2024 年 08 月 17 日

购买方信息	名称：金鑫实业有限公司 纳税人识别号：9113056247896001000	销售方信息	名称：上海重型机械制造厂 纳税人识别号：9131345684572214500

项目名称	规格型号	单位	数量	单价	金额	税率/征收率	税额
*机床*数控机床		台	1	240000.00	240000.00	13%	31200.00
合　计					¥240000.00		¥31200.00

价税合计（大写）	⊗贰拾柒万壹仟贰佰元整	（小写）¥271200.00
备注		

开票人：李平

图 4–9

中国工商银行 转账支票存根	
支票号码	VI II 24081703
科　　目	
对方科目	
出票日期	2024 年 08 月 17 日
收款人	上海重型机械制造厂
金　额	¥27 1200.00
用　途	购入固定资产
备　注	

单位主管：苏瑞　　会计：郑薇

图 4–10

电子发票（增值税专用发票）

发票号码：24133000000000005773

开票日期：2024 年 08 月 18 日

购买方信息	名称：金鑫实业有限公司 纳税人识别号：9113056247896001000	销售方信息	名称：保定飞翔安装公司 纳税人识别号：9133362640084457000

项目名称	规格型号	单位	数量	单价	金额	税率/征收率	税额
*建筑服务*安装费					2000.00	9%	180.00
合　计					¥2000.00		¥180.00

价税合计（大写）	⊗贰仟壹佰捌拾元整	（小写）¥2180.00
备注		

开票人：李开

图 4–11

	中国工商银行
	转账支票存根
支票号码	ⅦⅡ24081801
对方科目	
出票日期	2024 年 08 月 18 日
收款人	保定飞翔安装公司
金　额	¥2 180.00
用　途	付设备安装费
备　注	

金鑫实业 财务专

单位主管：苏锋　会计：郑薇

图 4–12

付款单

今付给工程处机床安装工人工资玖仟元整（¥9 000.00）

领款部门：工程处

现金付讫

部门领导签字：**张为民**

2024 年 08 月 18 日

图 4–13

固定资产验收单

2024 年 08 月 19 日　　　　验收字 第 24081901 号

固定资产名称		型号	计量单位	数量	供货单位			
总价	设备费	安装费	运杂费	包装费	其他	合计	预计年限	净残值率
总价	240 000.00	2 000.00			9 000.00	251 000.00	10	
验收意见		同意	验收人签章		刘海	保管使用人签章		刘海

单位主管：苏瑞　　　会计：郑薇

图 4–14

业务 2　2023 年 8 月 1 日至 2024 年 7 月 31 日天马股份有限公司发生业务，原始凭证见图 4–15~ 图 4–22。

电子发票（增值税专用发票）

全国统一发票监制章 国家税务总局 湖南省税务局

发票号码：23433000000000000243

开票日期：2023 年 08 月 17 日

购买方信息	名称：天马股份有限公司 纳税人识别号：9113020275053465700	销售方信息	名称：长辰有限责任公司 纳税人识别号：9143010852142355400

项目名称	规格型号	单位	数量	单价	金额	税率/征收率	税额
*货物*钢筋		吨	10000	400.00	4000000.00	13%	520000.00
合　计					¥4000000.00		¥520000.00
价税合计（大写）	⊗肆佰伍拾贰万元整				（小写）¥4520000.00		
备注							

开票人：宋平

图 4–15

中国工商银行 转账支票存根	
支票号码	VII 23081701
科　　目	
对方科目	
出票日期	2023 年 08 月 17 日
收款人	长辰有限责任公司
金　额	¥4 520 000.00
用　途	付购买钢筋款
备　注	

单位主管：李丽　　会计：张义

图 4–16

出库通知单　　出字第 23100101 号

2023 年 10 月 01日　　物资库

编号	名称	规格	单位	应发数量	实发数量	单位成本	总价										附注
							千	百	十	万	千	百	十	元	角	分	
	钢筋		吨	10 000	10 000	400	¥	4	0	0	0	0	0	0	0	0	按先进先出法核算发出成本
	合计						¥	4	0	0	0	0	0	0	0	0	
备注：用于厂房建设																	

附单据 1 张

审核：李丽　　仓库主管：王慧　　保管：王唱　　经手：王唱　　制单：张义

图 4–17

出库通知单　　出字第 23120101 号

2023 年 12 月 01日　　材料库

编号	名称	规格	单位	应发数量	实发数量	单位成本	总价								附注
							十	万	千	百	十	元	角	分	
	塑料		吨	300	300	60	¥	1	8	0	0	0	0	0	按先进先出法核算发出成本
	合计						¥	1	8	0	0	0	0	0	
备注：															

附单据 1 张

审核：李丽　　仓库主管：王慧　　保管：王唱　　经手：王唱　　制单：张义

图 4–18

出库通知单　　出字第24032001号

2024 年03月 20 日　　成品库

编号	名称	规格	单位	应发数量	实发数量	单位成本	总价								附注
							十	万	千	百	十	元	角	分	
	衬布		吨	300	300	60	¥	1	8	0	0	0	0	0	按先进先出法核算发出成本
	合计						¥	1	8	0	0	0	0	0	
备注：衬布为本企业产品，市场售价20 000元															

附单据 1 张

审核：李丽　　仓库主管：王慧　　保管：王唱　　经手：王唱　　制单：张义

图 4–19

建筑服务	电子发票（增值税专用发票）	发票号码：24133000000000000793 开票日期：2024年06月15日
购买方信息	名称：天马股份有限公司 纳税人识别号：9113020275053465700	
销售方信息	名称：保定长劲建筑有限责任公司 纳税人识别号：9113020856445167500	

项目名称	规格型号	单位	数量	单价	金额	税率/征收率	税额
*建筑服务*工程服务					4000000.00	9%	360000.00
合　计					¥4000000.00		¥360000.00

价税合计（大写）	⊗肆佰叁拾陆万元整	（小写）¥4360000.00
备注	建筑服务发生地：保定市莲池区 项目名称：厂房建设	

开票人：宋京

图 4-20

中国工商银行
转账支票存根

支票号码	VI II 24061501
科　　目	
对方科目	
出票日期	2024年06月15日
收款人	保定长劲建筑有限责任公司
金　额	¥4 360 000.00
用　途	付工程款
备　注	

单位主管：李丽　　会计：张义

图 4-21

固定资产交接（验收）单

2024年07月31日　　单位：元

固定资产编号	名称	规格	型号	计量单位	数量	建造单位	建造编号	资金来源	附属技术资料
564	厂房		8	幢	1			自有	
总价（净值）	土建工程费	设备费	安装费	运杂费	包装费	其他	合计	预计年限	净残值率
	4 000 000.00					4 036 000.00	8 036 000.00	20	5%
附属设备或建筑						原值		已提折旧	
验收意见	合格，交生产使用	验收人签章	王义			保管使用人签章			张玉

图 4-22

任务二　固定资产折旧

任务目标

1. 能够概括影响固定资产折旧的因素，计算固定资产应计折旧额。

2. 能够列举固定资产的时间和空间范围，并据此判断一项固定资产是否应该计提折旧。

3. 能够熟练运用各种折旧计算方法计算固定资产折旧额。

4. 能够根据资产用途，编制计提折旧的分录。

重点难点

1. 双倍余额递减法、年数总和法计算固定资产折旧额。

2. 根据资产用途，编制计提折旧的分录。

知识链接

固定资产使用过程中会发生损耗，这些损耗包括有形损耗和无形损耗。有形损耗如机器设备使用过程中发生的磨损、房屋建筑物发生的自然侵蚀等；无形损耗如设备因技术进步造成使用效能相对下降等。固定资产的损耗最终会导致固定资产报废或停止使用。

固定资产一般价值较大，使用期限较长，在整个试用期内，固定资产一直持续地为使用对象服务。根据权责发生制，固定资产的价值应该在使用期限内系统地分摊。实际操作上，这种分摊是通过计提折旧的方式进行的。

一、影响折旧的主要因素

（1）固定资产原价，是指固定资产的成本。

（2）预计净残值，是指假定固定资产预计使用寿命已满并处于使用寿命终了时的预期状态，企业目前从该项资产处置中获得的扣除预计处置费用后的金额。

（3）固定资产减值准备，是指固定资产已计提的固定资产减值准备累计金额。

（4）固定资产的使用寿命，是指企业使用固定资产的预计期间，或者该固定资产所能生产产品或提供劳务的数量。企业确定固定资产使用寿命时，应当考虑下列因素：该项资产预计生产能力或实物产量；该项资产预计有形损耗，如设备使用中发生磨损、房屋建筑物受到自然侵蚀等；该项资产预计无形损耗，如因新技术的出现而使现有的资产技术水平相对陈旧、市场需求变化使产品过时等；法律或者类似规定对该项资产使用的限制。

二、需要计提折旧固定资产范围

（一）空间范围

除以下情况外，企业应当对所有固定资产计提折旧：

（1）提足折旧仍继续使用的固定资产；

（2）单独计价入账的土地。

（二）时间范围

在确定计提折旧的范围时，还应注意以下几点。

（1）固定资产应当按月计提折旧，当月增加的固定资产，当月不计提折旧，从下月起计提折旧；当月减少的固定资产，当月仍计提折旧，从下月起不计提折旧。

（2）固定资产提足折旧后，不论能否继续使用，均不再计提折旧；提前报废的固定资产，也不再补提折旧。所谓提足折旧，是指已经提足该项固定资产的应计折旧额。

（3）已达到预定可使用状态但尚未办理竣工决算的固定资产，应当按照估计价值确定其成本，并计提折旧；待办理竣工决算后，再按实际成本调整原来的暂估价值，但不需要调整原已计提的折旧额。

业务核算

一、固定资产的折旧方法

企业应当根据与固定资产有关的经济利益的预期实现方式，合理选择固定资产折旧方法。可选用的折旧方法包括年限平均法（又称直线法）、工作量法、双倍余额递减法和年数总和法等。

（一）年限平均法

年限平均法的计算公式如下：

年折旧率 =（1- 预计净残值率）÷ 预计使用寿命（年）

月折旧率 = 年折旧率 ÷12

月折旧额 = 固定资产原价 × 月折旧率

例题 4–5 甲公司有一幢厂房，原价为 5 000 000 元，预计可使用 20 年，预计报废时的净残值率为 2%。该厂房的折旧率和折旧额的计算如何？

解析：年折旧率 =（1–2%）/20=4.9%

月折旧率 =4.9%/12≈0.41%

月折旧额 =5 000 000×0.41%=20 500（元）

本例采用的是年限平均法计提固定资产折旧，其特点是将固定资产的应计折旧额均衡地分摊到固定资产预计使用寿命内，采用这种方法计算的每期折旧额是相等的。

（二）工作量法

工作量法的基本计算公式如下：

单位工作量折旧额 =［固定资产原价 ×（1- 预计净残值率）］÷ 预计总工作量

某项固定资产月折旧额 = 该项固定资产当月工作量 × 单位工作量折旧额

例题 4–6 某企业的一辆货运卡车的原价为 600 000 元，预计总行驶里程为 500 000 公里，预计报废时的净残值率为 5%，本月行驶 4 000 公里。该辆汽车的月折旧额计算如何？

解析：单位里程折旧额 =600 000×（1–5%）÷500 000=1.14（元 / 公里）

本月折旧额 =4 000×1.14=4 560（元）

本例采用工作量法计提固定资产折旧，工作量法是指根据实际工作量计算每期应提折旧额的一种方法。

（三）双倍余额递减法

双倍余额递减法的计算公式如下：

年折旧率 =2/ 预计使用寿命（年）× 100%

年折旧额 = 每年年初固定资产账面净值 × 年折旧率 =（原值 – 已提折旧）× 年折旧率

最后两年每年的年折旧额 =（原值 – 已提折旧 – 净残值）÷ 2

月折旧额 = 年折旧额 ÷ 12

例题 4–7 某企业一项固定资产的原价为 1 000 000 元，预计使用年限为 5 年，预计净残值为 4 000 元。按双倍余额递减法计提折旧，每年的折旧额计算如何？

解析： 年折旧率 =2/5 × 100%=40%

第 1 年应计提的折旧额 =1 000 000 × 40%=400 000（元）

第 2 年应计提的折旧额 =（1 000 000–400 000）× 40%=240 000（元）

第 3 年应计提的折旧额 =（1 000 000–400 000–240 000）× 40%=144 000（元）

从第 4 年起改用年限平均法（直线法）计提折旧：

第 4 年、第 5 年的年折旧额 =（1 000 000 – 400 000 – 240 000–144 000–4 000）÷ 2

=106 000（元）

本例采用了双倍余额递减法计提固定资产折旧，双倍余额递减法是指在不考虑固定资产预计净残值的情况下，根据每期期初固定资产原价减去累计折旧后的余额和双倍的直线法折旧率计算固定资产折旧的一种方法。采用双倍余额递减法计提固定资产折旧，一般应在固定资产使用寿命到期前两年内，将固定资产账面净值扣除预计净残值后的余额平均摊销。

（四）年数总和法

年数总和法的计算公式如下：

年折旧率 =（预计使用寿命 – 已使用年限）÷ 预计使用寿命 ×（预计使用寿命 +1）/2

或者年折旧率 = 预计使用寿命 ÷ 预计使用寿命的年数总和

年折旧额 =（固定资产原价 – 预计净残值）× 年折旧率

月折旧额 = 年折旧额 ÷ 12

例题 4–8 承例题 4–7，若采用年数总和法，计算的各年折旧额见图 4–23。

年数总和法各年折旧额

单位：元

年份	原价-净残值	尚可使用年限	变动折旧率	年折旧额	累计折旧
1	996 000.00	5	5/15	332 000.00	332 000.00
2	996 000.00	4	4/15	265 600.00	597 600.00
3	996 000.00	3	3/15	199 200.00	796 800.00
4	996 000.00	2	2/15	132 800.00	929 600.00
5	996 000.00	1	1/15	66 400.00	996 000.00

图 4–23

本例采用了年数总和法计提固定资产折旧，年数总和法又称年限合计法，将固定资产的原价减去预计净残值后的余额，乘以一个逐年递减的分数计算每年的折旧额，这个分数的分子代表固定资产尚可使用寿命，分母代表固定资产预计使用寿命逐年数字总和。

二、固定资产折旧的账务处理

固定资产应当按月计提折旧，计提的折旧应当计入“累计折旧”科目，并根据用途计入相关资产的成本或者当期损益。企业自行建造固定资产过程中使用的固定资产，其计提的折旧应计入在建工程成本；基本生产车间所使用的固定资产，其计提的折旧应计入制造费用；管理部门所使用的固定资产，其计提的折旧应计入管理费用；销售部门所使用的固定资产，其计提的折旧应计入销售费用；经营租出的固定资产，其计提的折旧应计入其他业务成本。企业计提固定资产折旧时，借记“制造费用”“管理费用”“销售费用”“其他业务成本”等科目，贷记“累计折旧”科目。

例题 4–9 金鑫实业有限公司 2024 年 7 月计提固定资产折旧，有关资料见图 4–24。要求计算相关折旧，完善折旧计算表，并进行提取折旧账务处理。

金鑫实业有限公司固定资产折旧计算表

2024 年 07 月 30 日　　　　单位：元

使用单位	月初计提折旧额	上月增加的固定资产应计提的折旧额	上月减少的固定资产应计提的折旧额	本月应计提折旧额
销售部门	4 200	600		
生产车间	7 300	628	450	
厂部管理部门	8 000			
合　计	233 00	1 648	578	

会计：苏瑞　　　　制表：郑薇

图 4–24

解析：本题计算固定资产计提折旧，首先要确定固定资产计提折旧的空间范围，其次确定按时间范围计算各部门应提折旧的金额，按照规定当月增加的固定资产，当月不计提折旧，从下月起计提折旧；当月减少的固定资产，当月仍计提折旧，从下月起不计提折旧，因而每类固定资产当月计提折旧 = 上月固定资产计提折旧额 + 上月增加固定资产计提折旧额 – 上月减少固定资产计提折旧额，再按照部门汇总加计；最后写出分录。完善的表格见图 4–25。

按部门汇总分录如下：

借：制造费用　　　　7 478
　　管理费用　　　　8 000
　　销售费用　　　　4 800
　　贷：累计折旧　　　　20 278

金鑫实业有限公司固定资产折旧计算表

2024年 07 月 30 日　　　　　　单位：元

使用单位和固定资产类别	月初计提折旧额	上月增加的固定资产应计提的折旧额	上月减少的固定资产应计提的折旧额	本月应计提折旧额
销售部门	4 200.00	600.00		4 800.00
生产车间	7 300.00	628.00	450.00	7 478.00
厂部管理部门	8 000.00			8 000.00
合　计	19 500.00	1 228.00	450.00	20 278.00

会计：苏瑞　　　　　　制表：郑薇

图 4–25

知识检测

一、单选题

1. 下列关于固定资产计提折旧的表述中，不正确的是（　）。

A. 固定资产应当按月计提折旧，并根据固定资产的受益对象计入相关资产成本或者当期损益

B. 当月增加的固定资产，当月不计提折旧，从下月起计提折旧；当月减少的固定资产，当月仍计提折旧，从下月起不计提折

C. 提前报废的固定资产需补提折旧

D. 固定资产提足折旧后，不论能否继续使用，均不再计提折旧

2. 经营租出的固定资产，其计提的折旧，应计入（　）科目。

A. 生产成本　　B. 管理费用　　C. 其他业务成本　　D. 销售费用

3. 下列固定资产中，本月应计提折旧的是（　）。

A. 本月购进的新设备　　B. 本月报废的旧设备

C. 经营性租入的设备　　D. 已提足折旧的设备

4. 某项固定资产的原值为 100 000 元，预计净残值为 1 000 元，预计使用年限为 4 年。则在年数总和法下第 2 年的折旧额为（　）元。

A. 19 800　　B. 24 750　　C. 25 000　　D. 29 700

5. 某企业 2023 年 12 月 31 日购入一台设备，入账价值 45 万元，预计使用年限 5 年，预计净残值 3 万元，按双倍余额递减法计提折旧。该设备 2024 年计提的折旧额为（　）万元。

A. 15　　B. 10.8　　C. 11.2　　D. 18

6. 甲公司有货车 1 辆，采用工作量法计提折旧。原值为 200 000 元，预计使用 10 年，每年行驶里程 60 000 公里，净残值率为 5%，当月行驶里程 4 000 公里，该货车的当月折旧额为（　）元。

A. 1 266.67　　B. 12 666.67　　C. 1 333.33　　D. 3 000

二、多选题

1. 下列各项中，属于企业影响固定资产折旧因素的有（　）。

A. 固定资产原价　　B. 预计净残值

C. 固定资产的使用寿命　　D. 固定资产减值准备

2. 下列各项中，属于固定资产计提折旧方法的有（　）。

A. 年限平均法　　B. 年数总和法

C. 直线法　　D. 双倍余额递减法

3. 下列关于固定资产折旧会计处理的表述中，正确的有（　）。

A. 基本生产车间使用的固定资产，计提的折旧计入制造费用

B. 管理部门使用的固定资产，计提的折旧计入管理费用

C. 销售部门使用的固定资产，计提的折旧计入销售费用

D. 经营租出的固定资产，其计提的折旧应计入其他业务成本

4. 下列各项固定资产，应当计提折旧的有（　）。

A. 闲置的固定资产　　B. 单独计价入账的土地

C. 经营租出的固定资产　　D. 已提足折旧仍继续使用的固定资产

5. 计提固定资产折旧时，可能涉及的会计科目有（　）。

A. 制造费用　　B. 管理费用　　C. 固定资产　　D. 累计折旧

三、业务题

业务 1　2023 年 9 月 10 日，天马股份有限公司购买生产用设备一台，原价为 500 000 元，预计使用年限 5 年，预计净残值为 2 000 元，设备已交付生产车间使用。要求：分别采用平均年限法、双倍余额递减法、年数总和法计算该设备 2024 年应提年折旧额。

业务 2　金鑫实业有限公司 2024 年 8 月计提固定资产折旧，有关资料见图 4–26。要求：计算相关折旧，完善折旧计算表，并进行提取折旧账务处理。

金鑫实业有限公司8月固定资产折旧计算表

2024 年 08 月 31 日　　　　单位：元

使用单位和固定资产类别	月初计提折旧额	上月增加的固定资产应计提的折旧额	上月减少的固定资产应计提的折旧额	本月应计提折旧额
销售部门	15 000	3 000	5 000	
出租部门	30 000		1 000	
生产车间	75 000	5 000		
厂部管理部门	15 000			
合　计	135 000	8 000	6 000	

会计：苏瑞　　　　制表：郑薇

图 4–26

任务三　固定资产的后续支出

任务目标

1. 能够举例说明常见的固定资产后续支出事项。
2. 能够说出会计上对后续支出的分类，简要概述不同分类的核算差异。
3. 掌握费用化后续支出的账务处理。

重点难点

1. 资本化后续支出的账务处理。
2. 费用化后续支出的账务处理。

知识链接

固定资产的后续支出是指固定资产在使用过程中发生的更新改造支出、修理费用等。企业的固定资产投入使用后，由于各个组成部分耐用程度不同或者使用条件不同，往往会发生固定资产的局部损坏。为了保持固定资产的正常运转和使用，充分发挥其使用效能，就必然产生必要的后续支出。

固定资产的更新改造等后续支出，满足固定资产确认条件的，应当计入固定资产成本，称为资本化的后续支出；不满足固定资产确认条件的固定资产修理费用等，应当在发生时计入当期损益，称为费用化后续支出。

业务核算

一、资本化的后续支出

资本化的后续支出，又称固定资产发生的更新改造支出，应当通过“在建工程”科目核算。

（1）固定资产发生更新改造支出时，企业应将该固定资产的原价、已计提的累计折旧和减值准备转销，将固定资产的账面价值转入在建工程：

借：在建工程
　　累计折旧
　　固定资产减值准备
　　贷：固定资产

（2）发生可资本化的后续支出时：

借：在建工程
　　贷：银行存款、应付职工薪酬等

（3）如有被替换的部分，应同时将被替换部分的账面价值从该固定资产原账面价值中扣除：

借：银行存款或原材料（残值价值）
　　营业外支出（净损失）
　　贷：在建工程（被替换部分的账面价值）

（4）后续支出完工并达到预定可使用状态时：

借：固定资产
　　贷：在建工程

（5）转为固定资产后，按重新确定的使用寿命、预计净残值和折旧方法计提折旧。

例题 4–10　2024 年 7 月，某增值税一般纳税人为其已经使用了 20 年、账面原值为 1 000 万元的办公楼进行装饰修缮，已提折旧 20 万元，发生减值准备 5 万元。将一批原采购生产用材料改变用途用于装饰工程，该批材料 2023 年 5 月购进时已取得增值税专用发票，票面注明价款 600 万元、增值税额 78 万元，企业已经认证并进行了进项税额抵扣。本次装饰工程支付设计费用，设计单位开具的增值税专用发票上注明价款 10 万元、增值税额 0.6 万元。支付施工单位建筑服务费用，取得增值税专用发票上注明价款 200 万元、增值税额 18 万元。款项均已支付。本次装修中拆除替换旧部件的残值收入为 7 万元，这些部件当时的账面价值为 20 万元。2024 年 12 月装修完毕，尚可使用 10 年。按照平均年限法计提折旧。

解析：本题该企业 2024 年 7 月进行装饰修缮，属于固定资产更新改造内容。按照规定，装修完毕达到预定可使用状态之前发生的所有费用首先通过“在建工程”科目进行归集，达到预定可使用状态之后要将“在建工程”科目归集的费用，按照要求转入“固定资产”科目。核算如下：

（1）固定资产发生更新改造支出时，企业应将该固定资产的原价、已计提的累计折旧和减值准备转销，将固定资产的账面价值转入在建工程。

借：在建工程	9 750 000	
累计折旧	200 000	
固定资产减值准备	50 000	
贷：固定资产		10 000 000

（2）将一批采购生产用材料改变用途用于装饰工程，该批材料在购进时已取得增值税专用发票，票面注明价款 600 万元、增值税额 78 万元，企业已经认证并进行了进项税额抵扣。因此分录如下：

借：在建工程　6 000 000
　贷：原材料　6 000 000

（3）支付设计费用，取得设计单位开具的增值税专用发票。

借：在建工程　100 000
　应交税费—应交增值税（进项税额）　6 000
　贷：银行存款　106 000

（4）支付施工单位建筑服务费用，取得增值税专用发票。

借：在建工程　2 000 000
　应交税费—应交增值税（进项税额）　180 000
　贷：银行存款　2 180 000

（5）拆除替换旧部件。

借：原材料（残值价值）　70 000
　营业外支出（净损失）　130 000
　贷：在建工程　200 000

（6）2024年12月装修完毕，达到预定可使用状态之后，要将“在建工程”科目归集的费用按照要求转入“固定资产”科目。

固定资产 =“在建工程”科目借方金额合计 -“在建工程”科目贷方金额合计 =（9 750 000+6 000 000+100 000+2 000 000）–200 000=17 650 000（元）

借：固定资产　17 650 000
　贷：在建工程　17 650 000

（7）以后每月提取折旧：

17 650 000 ÷（10 × 12）=147 083（元）

借：管理费用　147 083
　贷：累计折旧　147 083

二、费用化后续支出

费用化后续支出，一般指固定资产日常修理费用。企业行政管理部门发生的不可资本化的后续支出，比如，发生的固定资产日常修理费用，借记“管理费用”科目，可抵扣的增值税进项税额，借记“应交税费—应交增值税（进项税额）”科目，贷记“银行存款”等科目；企业专设销售机构发生的不可资本化的后续支出，比如，发生的固定资产日常修理费用，借记“销售费用”科目，可抵扣的增值税进项税额，借记“应交税费—应交增值税（进项税额）”科目，贷记“银行存款”等科目。

知识检测

一、单选题

1. 固定资产的后续支出分为（　）。

A. 管理费用和财务费用　　B. 财务费用和销售费用

C. 管理费用和销售费用　　D. 资本化支出和费用化支出

2. 资本化后续支出又叫固定资产更新改造支出，应当通过（　）科目归集费用。

A. 固定资产　　B. 在建工程

C. 销售费用　　D. 管理费用

3. 生产车间（部门）和行政管理部门发生的不可资本化的后续支出，借记（　）科目。

A. 固定资产　　B. 在建工程

C. 销售费用　　D. 管理费用

二、业务题

业务 1　天健股份有限公司 2024 年 8 月 10 日至 12 月 31 日发生下列业务，原始凭证见图 4–27~ 图 4–32。

固定资产更新改造申请书

申报单位：天健股份有限公司　　2024 年 08 月 10 日　　固定资产编号：2-10068

名称	铸造车间	出厂时间		出厂编号	
型号、规格		投产时间		单位：幢	
建造商		使用部门	铸造车间		
原值（元）	124 000	净值（元）	94 000		
已提折旧（元）	30 000	残值（元）	4 000		
更新改造原因	企业生产规模扩大，急需更新改造　　报告人：赵海　2024.08.10				
资产管理部门意见	同意装修 2024 年 08 月 10 日		厂部意见	同意装修 2024 年 08 月 10 日	

（印章：天健股份有限公司）

图 4–27

出库通知单　　出字第 24081201 号

2024 年 08 月 12 日　　材料库

编号	名称	规格	单位	应发数量	实发数量	单位成本	总价 十	万	千	百	十	元	角	分	附注
	钢筋		吨	30	30	600	¥	1	8	0	0	0	0	0	按先进先出法核算发出成本
	合计						¥	1	8	0	0	0	0	0	
备注：外购材料，进项税额已全额抵扣，用于厂房更新改造															

附单据 1 张

审核：苏丽　仓库主管：马飞　保管：王梦　经手：王梦　制单：张亿

图 4–28

出库通知单

出字第 24111501 号

2024 年 11 月 15 日　　　　成品库

编号	名称	规格	单位	应发数量	实发数量	单位成本	总价								附注
							十	万	千	百	十	元	角	分	
	水泥		吨	100	100	180.00	¥	1	8	0	0	0	0	0	按先进先出法核算发出成本
	合计						¥	1	8	0	0	0	0	0	
备注：水泥为本企业产品，市场售价20 000元															

附单据1张

审核：苏丽　　仓库主管：马飞　　保管：王梦　　经手：王梦　　制单：张亿

图 4–29

中国工商银行 转账支票存根
支票号码　ⅥⅡ24122001 科　　目 对方科目 出票日期　2024 年 12 月 20 日
收款人　保定长劲建筑有限责任公司
金　额　¥ 43 600.00
用　途　付工程款
备　注

单位主管：苏丽　　　　会计：张亿

图 4–30

建筑服务

电子发票（增值税专用发票）

发票号码：24133000000000000993

开票日期：2024 年 12 月 20 日

购买方信息	名称：天健股份有限公司 纳税人识别号：9113000270053422703	销售方信息	名称：保定长劲建筑有限责任公司 纳税人识别号：9113020856445167500

项目名称	规格型号	单位	数量	单价	金额	税率/征收率	税额
*建筑服务*工程服务					40000.00	9%	3600.00
合　计					¥40000.00		¥3600.00
价税合计（大写）	⊗肆万叁仟陆佰元整				（小写）¥43600.00		
备注	建筑服务发生地：保定市莲池区 服务项目：厂房更新改造						

开票人：宋京

图 4–31

固定资产交接（验收）单

2024 年 12 月 30 日　　　　单位：元

固定资产编号	名称	规格	型号	计量单位	数量	建造单位	建造编号	资金来源	附属技术资料
0-7	厂房		8	幢	1			自有	
总价（净值）	土建工程费	设备费	安装费	运杂费	包装费	其他	合计	预计年限	净残值率
94 000	40 000					36 000	170 000	20	5%
附属设备或建筑						原值	124 000	已提折旧	30 000
验收意见	合格		验收人签章		王义	保管使用人签章		张玉	

图 4–32

业务 2　金鑫实业有限公司 2024 年 8 月 20 日发生下列业务，增值税发票此处略去，其他原始凭证见图 4–33。

现金付讫凭单

2024 年08 月 20 日　　　　第 100 号

付款事由	支付管理部门设备维修费
金额（大写）人民币壹仟叁佰伍拾陆元整	小写：¥1 356.00　现金付讫
备注：包含可抵扣增值税进项税额156元。增值税发票略去	

会计主管：苏瑞　　复核：郑薇　　批准部门：生产部　　出纳：张迪

图 4–33

任务四　固定资产的处置

任务目标

1. 能够概述固定资产处置确认的范围。
2. 掌握固定资产处置步骤及各步骤的账务处理。

重点难点

一般固定资产处置的核算。

知识链接

企业在生产经营过程中，可能将不适用或不需用的固定资产对外出售转让，或因磨损、技术进步等对固定资产进行报废，或因遭受自然灾害而对毁损的固定资产进行处理。另外出于经营需要，企业可能还会用固定资产对外投资、进行非货币交换和债务重组等。即出售转让、报废毁损、对外投资、进行非货币交换和债务重组等活动会导致固定资产终止使用，使企业的固定资产减少。这就是我们要讲的固定资产处置。固定资产处置核算对象包括固定资产的出售、报废、毁损、对外投资、非货币性资产交换、债务重组等。我们以固定资产的出售、报废、毁损为主要讲解内容。

业务核算

一、账户设置

对于上述事项在进行会计处理时，应当按照规定程序办理有关手续，结转固定资产的账面价值，计算有关的清理收入、清理费用及残料价值等。

处置固定资产应通过“固定资产清理”科目核算。

“固定资产清理”科目是资产类账户，包含核算清理过程中的事项和清理完毕两种情况。

核算清理过程中的事项时，借方核算清理过程中发生的成本，包括转入清理的固定资产的净值、发生的清理费用及税金等；贷方核算清理过程中发生的收入，包括清理过程中发生的变价收入和应由保险公司或过失人承担的损失。

核算清理完毕时，借方核算净收益的结转，贷方核算净损失的结转。清理完毕后，该科目期末无余额。

二、核算步骤

处置固定资产应通过“固定资产清理”科目核算。具体包括以下几个环节。

（一）固定资产转入清理

企业因出售、报废、毁损、对外投资、非货币性资产交换、债务重组等转出的固定资产，按该项固定资产的账面价值，借记“固定资产清理”科目，按已计提的累计折旧，借记“累计折旧”科目，按已计提的减值准备，借记“固定资产减值准备”科目，按其账面原价，贷记“固定资产”科目。

（二）发生的清理费用

固定资产清理过程中应支付的相关税费及其他费用，借记“固定资产清理”科目，贷记“银行存款”等科目。

（三）收回出售固定资产的价款

（1）一般纳税人销售使用过的、已抵扣进项税额的固定资产。

按适用税率征收增值税，可以开具增值税专用发票。此时借记“银行存款”科目，贷记“固定资产清理”“应交税费—应交增值税（销项税额）”科目。

（2）一般纳税人销售使用过的、不得抵扣且未抵扣进项税额的固定资产。

依照3%征收率减按2%征收增值税，应纳税额＝含税售价 ÷（1+3%）×2%，通过“应交税费—简易计税”核算，只能开具普通发票，不得开具增值税专用发票。此时借记“银行存款”科目，贷记“固定资产清理”“应交税费—简易计税”科目。

（3）小规模纳税人销售自己使用过的固定资产（销售旧货）。

减按2%的征收率征收增值税，应纳税额＝含税销售额 ÷（1+3%）×2%，不得由税务机关代开增值税专用发票。此时借记“银行存款”科目，贷记“固定资产清理”“应交税费—应交增值税”科目。

（4）如何判断是否抵扣过进项税额，见图 4–34。

进项税额是否抵扣过判断表

固定资产类型	未抵扣	可能抵扣过
1. 购入资产时纳税人类型	小规模纳税人、原来的营业税纳税人	一般纳税人
2. 一般固定资产购入时间	2008.12.31 前	2009.01.01 后
3. 资产类型（自用的应征消费税的摩托车、汽车、游艇）	2013.07.31 前	2013.08.01 后
4. 资产用途	不得抵扣用途	可以抵扣用途
5. 未抵扣原因	自身原因（未及时申报）	

图 4–34

（5）报废、毁损残料入库，应收保险赔偿等的处理，借记“原材料”“其他应收款”等科目，贷记“固定资产清理”科目。

（四）清理净损益的处理

1. 固定资产出售、转让，意味着有转让价值

固定资产清理完成后，如为“固定资产清理”借方余额，表示处置净损失，借记“资产处置损益”科目，贷记“固定资产清理”科目；如为“固定资产清理”贷方余额，表示处置净收益，借记“固定资产清理”科目，贷记“资产处置损益”科目。

2. 固定资产报废、毁损，意味着无转让价值

固定资产清理完成后，如为“固定资产清理”借方余额，表示处置净损失，借记“营业外支出—非流动资产毁损报废损失”科目，贷记“固定资产清理”科目；如为“固定资产清理”贷方余额，表示处置净收益，借记“固定资产清理”科目，贷记“营业外收入—非流动资产毁损报废利得”科目。

例题 4–11 金鑫实业有限公司 2024 年 7 月 20 日发生下列业务，原始凭证见图 4–35~图 4–40。

固定资产出售（调拨）单

调入单位:天马股份有限公司

调出单位:金鑫实业有限公司　　2024 年 07月20日　　编号：0001号　　单位：元

名　称	数　量	原始价值	现行调拨价	已提折旧	净值	预计使用年限	调拨方式	调拨原因	备注
精密机床	一台	180 000	60 000	90 000	90 000	10	有偿	不需用	2017 年 1 月购买启用
合计		120 000	60 000						

调入单位主管签名 杨兰　　调入单位盖章　　调出单位主管签名 苏锦庭　　调出单位盖章（签名）　　经办人 李光

（印章：天马股份有限公司；金鑫实业有限公司）

图 4–35

中国工商银行进账单（收账通知）3

进账日期　2024年07月20日

收款人	全称	金鑫实业有限公司	付款人	全称	天马股份有限公司
	账号	3227676890893646693		账号	3227676890265489111 1
	开户银行	中国工商银行保定市桥东路分行		开户银行	中国工商银行保定市新华路分行
人民币（大写）陆万柒仟捌佰元整			百 十 万 千 百 十 元 角 分		¥ 6 7 8 0 0 0 0
票据种类	转账支票		㊀中国工商银行保定市桥东路分行 收款单位开户银行盖章 ★ 2024.07.20 ★ 业务清讫（02）		
票据张数	1				
单位主管：　会计：　复核：　记账：					

此联是开户银行交给收款人的收账通知

图 4–36

电子发票（增值税专用发票）

发票号码：24133000000000004610
开票日期：2024年07月20日

购买方信息	名称：天马股份有限公司 纳税人识别号：91130202750534657000	销售方信息	名称：金鑫实业有限公司 纳税人识别号：91130562478960010000

项目名称	规格型号	单位	数量	单价	金额	税率/征收率	税额
*机床*精密机床		台	1	60000.00	60000.00	13%	7800.00
合　计					¥60000.00		¥7800.00
价税合计（大写）	⊗陆万柒仟捌佰元整			（小写）¥67800.00			
备注							

开票人：郑薇

图 4–37

电子发票（增值税专用发票）

发票号码：24133000000000002142
开票日期：2024年07月20日

购买方信息	名称：金鑫实业有限公司 纳税人识别号：91130562478960010000	销售方信息	名称：保定飞翔安装公司 纳税人识别号：91131295710178649000

项目名称	规格型号	单位	数量	单价	金额	税率/征收率	税额
*劳务*清理劳务				6000.00	6000.00	9%	540.00
合　计					¥6000.00		¥540.00
价税合计（大写）	⊗陆仟伍佰肆拾元整			（小写）¥6540.00			
备注							

开票人：郑薇

图 4–38

中国工商银行 转账支票存根	
支票号码	VI II 24072001
科　　目	
对方科目	
出票日期	2024 年07月 20 日
收款人	保定飞翔安装公司
金　额	¥6 540.00
用　途	支付设备拆除费
备　注	

单位主管：苏瑞　　会计：郑薇

图 4–39

固定资产清理损益计算表

2024 年 07月 20 日

清理项目	精密机床	清理原因	出售
固定资产清理借方发生额		固定资产清理贷方发生额	
清理支出内容	60 00.00	清理收取内容	60 000.00
固定资产（净值）	90 000.00	固定资产（报废残值）	
借方合计	96 000.00	贷方合计	60 000.00
~~净收益~~ 固定资产清理金额：36 000.00 净损失			

复核：苏瑞　　制单：郑薇

图 4–40

解析：本题为一般的固定资产清理核算。按照核算步骤处理可分为转入清理时、出售时、清理费用、清理完毕净损益的结转四步。出售时注意该固定资产购买时是否抵扣过增值税。本题中精密机床启用时间为 2017 年 1 月，参考图 4–34 可知购入时抵扣过增值税。分录如下：

第一步：转入清理时。

借：固定资产清理	90 000	
累计折旧	90 000	
贷：固定资产		180 000

第二步：出售时。

借：银行存款	67 800	
贷：固定资产清理		60 000
应交税费—应交增值税（销项税额）		7 800

第三步：支付拆除费用。

借：固定资产清理	6 000	
应交税费—应交增值税（进项税额）	540	
贷：银行存款		6 540

第四步：结转净损益。

收入 - 成本 = “固定资产清理”贷方合计 - “固定资产清理”借方合计

=60 000-（90 000+6 000）=-36 000<0（是净损失）

借：资产处置损益	36 000	
贷：固定资产清理		36 000

知识检测

一、单选题

1. 下列关于“固定资产清理”科目的表述中，正确的有（　）。

A. 贷方登记清理收入　　B. 借方登记清理费用、固定资产净值等

C. 贷方登记结转的清理净收益　　D. 借方登记结转的清理净损失

2. 下列各项中，不属于固定资产处置的内容有（　）。

A. 出售　　B. 转让　　C. 报废、毁损　　D. 盘盈、盘亏

3. 一般增值税纳税人销售作为固定资产核算的不动产，取得的收入，核算科目为（　）。

A. 主营业务收入　　B. 其他业务收入　　C. 固定资产清理　　D. 主营业务成本

4. 一般增值税纳税人销售作为固定资产核算的不动产，发生的成本，核算科目为（　）。

A. 主营业务收入　　B. 其他业务收入　　C. 固定资产清理　　D. 主营业务成本

5. 一般增值税纳税人销售未抵扣过增值税的固定资产，应缴纳的增值税通过（　）科目核算。

A. 应交税费—应交增值税（进项税额）

B. 应交税费—应交增值税（销项税额）

C. 应交税费—简易计税

D. 应交税费—应交增值税（转出未交增值税）

6. 一般增值税纳税人销售未抵扣过增值税的固定资产，要开具（　）。

A. 增值税专用发票　　B. 增值税普通发票

二、多选题

1. 下列关于“固定资产清理”科目的表述中，正确的有（　）。

A. 贷方登记清理收入　　　　　　　　B. 借方登记清理费用、固定资产净值等

C. 贷方登记结转的清理净收益　　　　D. 借方登记结转的清理净损失

2. 下列各项中，属于固定资产处置的内容有（　　）。

A. 出售　　　　B. 转让　　　　C. 报废、毁损　　　　D. 盘盈、盘亏

3. 小企业毁损报废固定资产清理核算中，清理完毕，最终的净损益应作为（　　）处理。

A. 营业外收入—非流动资产毁损报废利得

B. 其他业务收入

C. 营业外支出—非流动资产毁损报废损失

D. 资产处置损益

三、业务题

金鑫实业有限公司为一般纳税人，2024 年 8 月 20 日发生下列业务，原始凭证见图 4-41~图 4-45。

固定资产报废单

2024 年 08 月 20日

报废固定资产的名称 3 号生产设备 规格________ 用途________ 报废固定资产的存放地点 **一车间** 保管或使用部门 **一车间** 开始使用日期 **2019 年 06月01日** 原值 **8 万元** 已提折旧 **5 万元** 已进行大修理次数 **3 次** 现在技术状况和报废原因 **严重损坏、无法继续使用** 申请报废部门 **一车间** 负责人 池明
技术鉴定结论 **经鉴定已无法继续使用，建议给予报废处理。** 鉴定部门 **生产科** 负责人 赵永 鉴定人 胡辉
最后结论 **同意报废** 企业负责人 苏锦庭

图 4-41

电子发票（增值税专用发票）

发票号码：24133000000000000224

开票日期：2024 年 08 月 20 日

购买方信息	名称：金鑫实业有限公司 纳税人识别号：9113056247896001000	销售方信息	名称：保定飞翔安装公司 纳税人识别号：9113129571017864900

项目名称	规格型号	单位	数量	单价	金额	税率/征收率	税额
*劳务*清理劳务				2000.00	2000.00	9%	180.00
合　计					¥2000.00		¥180.00
价税合计（大写）	⊗贰仟壹佰捌拾元整				（小写）¥2180.00		
备注							

开票人：郑薇

图 4-42

中国工商银行 转账支票存根	
支票号码	VI II 24082001
科　　目	
对方科目	
出票日期	2024 年 08 月 20 日
收款人	保定飞翔安装公司
金　额	¥2 180.00
用　途	支付设备拆除费
备　注	

单位主管：苏瑞　　会计：郑薇

图 4-43

中国工商银行进账单（收账通知）3

进账日期　2024年08月20日

付款人	全称	保定市废旧物资回收公司	收款人	全称	金鑫实业有限公司
	账号	3227676890269633056		账号	3227676890893646693
	开户银行	中国工商银行保定市中山路分行		开户银行	中国工商银行保定市桥东路分行

人民币（大写）贰万贰仟陆佰元整	百	十	万	千	百	十	元	角	分
		¥	2	2	6	0	0	0	0

票据种类	转账支票
票据张数	1
单位主管：　会计：　复核：　记账：	

中国工商银行保定市桥东路分行 2024.08.20 收款单位开户银行盖章 业务清讫（02）

此联是开户银行交给收款人的收账通知

图 4-44

固定资产清理核销单

2024 年 08 月 20 日

固定资产名称	借方发生额	贷方发生额	应结转差额	
			借方	贷方
3号生产设备				

审核：苏瑞　　制单：郑薇

图 4-45

任务五　固定资产清查

任务目标

掌握固定资产清查的账务处理。

重点难点

固定资产清查的账务处理。

业务认知

和企业其他资产一样，企业应当定期或者至少于每年年末对固定资产进行清查盘点，以保证固定资产核算的真实性，充分挖掘企业现有固定资产的潜力。在固定资产清查过程中，如果发现盘盈、盘亏的固定资产，应当填制固定资产盘盈盘亏报告表。清查固定资产的损益，应当及时查明原因，并按照规定程序报批处理。

业务核算

一、固定资产盘盈的账务处理

根据《企业会计准则第 28 号——会计政策、会计估计变更和差错更正》的规定，本例中盘盈固定资产作为前期差错进行处理，应通过“以前年度损益调整”进行核算。

企业在财产清查中盘盈的固定资产，在按管理权限报经批准处理前应先通过“以前年度损益调整”科目核算。盘盈的固定资产，应按重置成本确定其入账价值，借记“固定资产”科目，贷记“以前年度损益调整”科目。最后，要将“以前年度损益调整”科目的金额按规定的标准转入该年度的留存收益（盈余公积、未分配利润）。

例题 4–12 2024 年 1 月 5 日，某公司在财产清查过程中发现 2023 年 11 月购入的一台设备尚未入账，重置成本为 30 000 元（假定与其计税基础不存在差异）。假定该公司按净利润的 10% 提取法定盈余公积，不考虑相关税费及其他因素的影响。该公司应编制如下会计分录。

解析：（1）盘盈固定资产时：

借：固定资产	30 000	
贷：以前年度损益调整		30 000

（2）转为留存收益时：

借：以前年度损益调整	30 000	
贷：盈余公积—法定盈余公积		3 000
利润分配—未分配利润		27 000

二、固定资产的盘亏

企业在财产清查中盘亏的固定资产，按照盘亏固定资产的账面价值，借记“待处理财产损益”科目，按照已计提的累计折旧，借记“累计折旧”科目，按照已计提的减值准备，借记“固定资产减值准备”科目，按照固定资产的原价，贷记“固定资产”科目。

企业按照管理权限报经批准后处理时，按照可收回的保险赔偿或过失人赔偿，借记“其他应收款”科目，按照应计入营业外支出的金额，借记“营业外支出—盘亏损失”科目，贷记“待处理财产损益”科目。如果是管理不善造成的，还要注意按照此时固定资产的净值相应的进项税额转出，贷记“应交税费—应交增值税（进项税额转出）”科目。

例题 4–13 金鑫实业有限公司 2024 年 7 月 29 日至 30 日对固定资产进行清查，原始凭证见图 4–46、图 4–47。

固定资产盘点报告单

2024 年 07 月 29 日

编号	品名	单位	单位成本	账存数量	实存数量	盘盈		盘亏		盘亏原因	审批意见
						数量	金额	数量	金额		
	机床	台	400 000. 00	1	0			1	400 000. 00		
合计									¥400 000. 00		
备注：已提折旧 150 000元，为 2022 年 01 月购入											

审批人：苁瑞　　部门负责人：池明　　制表：郑薇

图 4–46

固定资产盘点处理意见单

2024 年 07 月 30 日

编号	品名	单位	单位成本	账存数量	实存数量	盘盈		盘亏		盘亏原因	审批意见
						数量	金额	数量	金额		
	B 机床	台	400 000. 00	1	0			1	400 000. 00	管理不善	保险公司同意赔偿 200 000 元，其余转销
合计									¥400 000. 00		
备注：已提折旧150 000元，为2022 年 01 月购入											

审批人：苏瑞　　部门负责人：池明　　制表：郑薇

图 4–47

解析：本题中的机床账面上有，而库存中没有，为固定资产盘亏。此时固定资产的净值是 250 000 元，相应的进项税额为 250 000 × 0.13=32 500 元，要将其从进项税额中转出来。相应的账务处理如下。

（1）2024 年 7 月 29 日发生盘亏固定资产时，原因不明，账务处理如下：

借：待处理财产损益—待处理固定资产损益　　250 000
　　累计折旧　　150 000
　　贷：固定资产　　400 000

（2）2024 年 7 月 30 日报经批准转销时，由于是管理不善造成的，因此要将固定资产的净值相应的进项税额转出，一并和净值做处理：

借：其他应收款　　200 000
　营业外支出—盘亏损失　　82 500
　贷：待处理财产损益—待处理固定资产损益　　250 000
　　应交税费—应交增值税（进项税额转出）　　32 500

知识检测

一、单选题

1. 企业在财产清查中盘盈的固定资产，按照规定，应作为前期差错进行处理，应通过（　）进行核算。

A. 待处理财产损益　　B. 营业外收入

C. 营业外支出　　D. 以前年度损益调整

2. 企业在财产清查中盘亏的固定资产，批准处理，按照可收回的保险赔偿或过失人赔偿后，应通过（　）进行核算。

A. 待处理财产损益　　B. 营业外收入

C. 营业外支出　　D. 以前年度损益调整

二、业务题

金鑫实业有限公司 2024 年 8 月 29~31 日发生经济业务如下，原始凭证见图 4–48、图 4–49。

固定资产盘点报告单

2024 年 08 月 29 日

编号	品名	单位	单位成本	账存数量	实存数量	盘盈		盘亏		盘亏原因	审批意见
						数量	金额	数量	金额		
	刨床	台	10 000. 00	1	0			1	10 000. 00	原因待查	
合计									¥10 000. 00		
备注：已提折旧1 500元											

审批人：苁瑞　　部门负责人：池明　　制表：郑薇

图 4–48

固定资产盘点处理意见单

2024年08月31日

编号	品名	单位	单位成本	账存数量	实存数量	盘盈		盘亏		盘亏原因	审批意见
						数量	金额	数量	金额		
	刨床	台	10 000. 00	1	0			1	10 000. 00	管理不善	保险公司同意赔偿 8 000 元，其余转销
合计									¥10 000. 00		
备注：已提折旧1 500元，2022 年 05 月购入						领导签字：同意 苏锦庭					

审批人：苏瑞　　部门负责人：池明　　制表：郑薇

图 4–49

任务六　固定资产的减值

任务目标

1. 了解固定资产减值的发生原因。
2. 掌握固定资产减值业务的相关计算与会计分录。

重点难点

1. 固定资产减值业务的相关计算。
2. 固定资产减值业务的会计分录。

知识链接

固定资产减值一般是固定资产使用时间较长、市场价格波动和经营环境的变化、科学技术的进步以及企业经营管理不善等原因导致固定资产创造未来经济利益的能力下降。这就意味着固定资产贬值。因此固定资产的真实价值有可能低于账面价值，在期末必须对固定资产进行减值评估。为此企业必须于资产负债表日在固定资产可能存在上述减值迹象时，将其账面价值与其可收回金额进行比较。其账面价值高于其可收回金额，也就是说固定资产按照市场价格贬值了，此时要按照两者差额计提减值损失；如果其账面价值低于其可收回金额，也就是说固定资产按照市场价格升值了，此时不进行账务处理。

业务核算

为了准确反映固定资产的真实价值，企业必须于资产负债表日在固定资产可能存在上述减值迹象时，将其账面价值与其可收回金额进行比较。其账面价值高于其可收回金额，也就是说固定资产按照市场价格贬值了，此时要按照两者差额计提减值损失，此时借记“资产减值损失—固定资产减值损失”科目，贷记“固定资产减值准备”科目；如果其账面价值低于其可收回金额，也就是说固定资产按照市场价格升值了，此时不进行账务处理。

例题 4–14　2024 年 7 月 30 日天马股份有限公司固定资产发生减值业务，见图 4–50。

天马股份有限公司固定资产减值情况表

2024 年 07 月 30 日　　　　单位：元

固定资产	账面原值	已提折旧	账面成本	减值迹象	可收回成本	减值
生产线	200 000. 00	100 000. 00	100 000. 00	技术落后	95 650. 00	4 350. 00

审核：李丽　　　　制表：张义

图 4–50

解析：该生产线因为技术落后，其生产能力已跟不上市场需求，有减值迹象，经过评估可收回成本低于账面价值，贬值了，因此要按照两者的差额计提减值损失。分录如下：

借：资产减值损失—固定资产减值损失　　4 350
　　贷：固定资产减值准备　　4 350

知识检测

业务题

三源股份有限公司 2024 年 8 月 31 日固定资产发生减值业务，见图 4–51。

三源股份有限公司固定资产减值情况表

2024年08月31日　　单位：元

固定资产	账面原值	已提折旧	账面成本	减值迹象	可收回成本	减值
数控机床	150 000. 00	140 000. 00		使用时间较长	5 700. 00	

审核：马良　　制表：郑和

图 4–51

要求：计算账面成本，并判断是否减值，并对减值进行账务处理。

项目五　无形资产和其他资产

任务一　无形资产的核算

任务目标

1. 掌握无形资产入账价值的确定。
2. 掌握无形资产取得、摊销及处置的账务处理。

重点难点

1. 无形资产入账价值的确定。
2. 无形资产取得、摊销及处置的账务处理。

知识链接

无形资产是指企业拥有或者控制的没有实物形态的可辨认非货币性资产。无形资产具有三个主要特征：不具有实物形态、具有可辨认性、属于非货币性长期资产。无形资产的使用年限在一年以上，其价值将在各个受益期间逐渐摊销。

无形资产主要包括专利权、非专利技术、商标权、著作权、土地使用权和特许权等。

专利权是指国家专利主管机关依法授予发明创造专利申请人对其发明创造在法定期限内所享有的专有权利，它给予持有者独家使用或控制某项发明的特殊权利。一般而言，只有从外单位购入的专利或者自行开发并按法律程序申请取得的专利，才能作为无形资产管理和核算。

非专利技术即专有技术，或技术秘密、技术诀窍，是指先进的、未公开的、未申请专利、可以带来经济效益的技术及诀窍。企业的非专利技术，有些是自己开发研究的，有些是根据合同规定从外部购入的。

商标权是指专门在某类指定的商品或产品上使用特定的名称或图案的权利。如果企业购买他人的商标，一次性支出费用较大的，可以将其资本化，作为无形资产管理。

土地使用权是指国家准许某一企业或单位在一定期间内对国有土地享有开发、利用、经营的权利。土地使用权可以依法转让。

特许权又称经营特许权、专营权，是指企业在某一地区经营或销售某种特定商品的权利或是一家企业接受另一家企业使用其商标、商号、技术秘密等的权利。

业务认知

为了反映和监督无形资产的取得、摊销和处置等情况，企业应当设置“无形资产”“累计摊销”等科目进行核算。

“无形资产”科目核算企业持有的无形资产成本，借方登记取得无形资产的成本，贷方登记出售无形资产转出的无形资产账面余额，期末借方余额，反映企业无形资产的成本。“无形资产”科目应当按照无形资产的项目设置明细科目进行核算。

“累计摊销”科目属于“无形资产”的调整科目，核算企业对使用寿命有限的无形资产计提的累计摊销，贷方登记企业计提的无形资产摊销，借方登记处置无形资产转出的累计摊销，期末贷方余额，反映企业无形资产的累计摊销额。

此外，企业无形资产发生减值的，还应当设置“无形资产减值准备”科目进行核算。

业务核算

一、无形资产取得核算

无形资产应当按照成本进行初始计量。企业取得无形资产的主要方式有外购、自行研究开发等。取得的方式不同，其会计处理也有所差别。

（一）外购无形资产

外购无形资产的成本包括购买价款、相关税费以及直接归属于使该项资产达到预定用途所发生的其他支出。取得符合法律规定可抵扣的增值税发票，可依法进行抵扣。此时借记“无形资产”“应交税费—应交增值税—进项税额”科目，贷记“银行存款”科目。

例题 5–1 金鑫实业有限公司 2024 年 7 月 5 日购入无形资产，原始凭证见图 5–1、图 5–2。

中国工商银行 转账支票存根	
支票号码	VI II 24070501
科　　目	
对方科目	
出票日期	2024 年 07月 05日
收款人	保定东风泵业贸易公司
金　额	¥63 600. 00
用　途	支付特许经营权费用
备　注	

单位主管：苏瑞　　会计：郑薇

图 5–1

电子发票（增值税专用发票） 发票号码：24133000000000000061

开票日期：2024 年 07 月 05 日

购买方信息	名称：金鑫实业有限公司 纳税人识别号：9113056247896001000	销售方信息	名称：保定东风泵业贸易公司 纳税人识别号：9113025656722702800

项目名称	规格型号	单位	数量	单价	金额	税率/征收率	税额
*服务*特许经营					60000.00	6%	3600.00
合　计					¥60000.00		¥3600.00

价税合计（大写）	⊗陆万叁仟陆佰元整	（小写）¥63600.00
备注		

开票人：郑慧明

图 5–2

解析：本题金鑫实业有限公司购入特许经营权，取得增值税发票。分录如下：

借：无形资产—特许经营权	60 000	
应交税费—应交增值税（进项税额）	3 600	
贷：银行存款		63 600

（二）从投资者投资取得无形资产的会计核算

从投资者投资取得的无形资产以协议或合同记录的数额作为无形资产的初始入账成本，若协议或合同记录的数额不公允，应以公允价值作为无形资产初始入账成本，能取得可抵扣增值税发票的，按增值税发票金额计提抵扣增值税进项税额。此时借记“无形资产”“应交税费—应交增值税（进项税额）”科目，贷记“实收资本”科目。

（三）自主研发取得无形资产的会计核算

企业内部研究开发项目所发生的支出应区分研究阶段和开发阶段的支出，首先通过“研发支出”科目归集支出，企业自行开发无形资产发生的研发支出，属于研究阶段支出，不满足资本化条件，借记“研发支出—费用化支出”科目；开发阶段支出，满足资本化条件，借记“研发支出—资本化支出”科目，贷记“原材料”“银行存款”“应付职工薪酬”等科目。

研究开发项目达到预定用途形成无形资产的，应当按照“研发支出—资本化支出”科目的余额，借记“无形资产”科目，贷记“研发支出—资本化支出”科目。期（月）末，应将“研发支出—费用化支出”科目归集的金额转入“管理费用”科目，借记“管理费用”科目，贷记“研发支出—费用化支出”科目。

如果无法可靠区分研究阶段的支出和开发阶段的支出，应将其所发生的研发支出全部费用化，计入当期损益，计入“管理费用”科目。

例题 5–2　金鑫实业有限公司自行研究、开发一项专利，2023 年 1 月至 12 月为研究阶段，2024 年 1 月至 7 月为开发阶段，原始凭证见图 5–3、图 5–4。

中国工商银行 转账支票存根	
支票号码	Ⅵ Ⅱ 23120101
科　　目	
对方科目	
出票日期	2023 年 12 月 01 日
收款人	保定泰盛技术咨询公司
金　额	¥20 000.00
用　途	支付研究阶段费用总计
备　注	

单位主管：苏瑞　会计：郑薇

图 5–3

中国工商银行 转账支票存根	
支票号码	Ⅵ Ⅱ 24072001
科　　目	
对方科目	
出票日期	2024 年 07 月 20 日
收款人	保定东和技术服务公司
金　额	¥300 000.00
用　途	支付深井潜水泵开发阶段费用总计
备　注	深井潜水泵生产技术开发研制成功，已申请专利

单位主管：苏瑞　会计：郑薇

图 5–4

解析：本题中自主开发专利分成两个阶段：研究阶段、开发阶段。研究阶段的支出要费用化，开发阶段的支出要资本化。分录如下：

（1）2023 年 1 月至 12 月为研究阶段，发生的研发支出费用化：

借：研发支出—费用化支出　　20 000
　　贷：银行存款　　20 000

（2）2023 年 12 月 31 日完成研究阶段的任务，应将研究阶段的支出费用化：

借：管理费用　　20 000
　　贷：研发支出—费用化支出　　20 000

（3）2024 年 1 月至 7 月，发生开发支出并满足资本化确认条件：

借：研发支出—资本化支出　　300 000
　　贷：银行存款　　300 000

（4）2024 年 7 月 31 日，生产技术研究成功并申请专利，应将该开发阶段的费用形成无形资产的成本：

借：无形资产　　300 000
　　贷：研发支出—资本化支出　　300 000

二、无形资产的摊销

企业应当于取得无形资产时分析判断其使用寿命。使用寿命有限的无形资产应进行摊销；使用寿命不确定的无形资产不应摊销。

使用寿命有限的无形资产，通常其残值视为零。对于使用寿命有限的无形资产应当自可供使用（即其达到预定用途）当月起开始摊销，处置当月不再摊销。这一点和固定资产摊销期限不一样。

无形资产摊销方法包括年限平均法（即直线法）、生产总量法等。企业选择的无形资产的摊销方法，应当反映与该项无形资产有关的经济利益的预期实现方式。无法可靠确定预期实现方式的，应当采用直线法摊销。

企业应当按月对无形资产进行摊销。

无形资产的摊销额一般应当计入当期损益。企业管理用的无形资产，其摊销金额计入管理费用，借记“管理费用”科目，贷记“累计摊销”科目；出租的无形资产，其摊销金额计入其他业务成本，借记“其他业务成本”科目，贷记“累计摊销”科目；某项无形资产包含的经济利益通过所生产的产品或其他资产实现的，其摊销金额应当计入相关资产成本，借记“制造费用”科目，贷记“累计摊销”科目。

例题 5-3 金鑫实业有限公司 2024 年 7 月 31 日进行无形资产摊销，原始凭证见图 5-5。

无形资产摊销单

2024年07月31日　　　　金额单位：元

无形资产类别	账面价值	使用年限	月摊销额
特许经营权	60 000	10 年	500
专利权	300 000	10 年	2 500
合　计			3 000

会计主管：苏瑞　　复核：苏瑞　　制单：郑薇

图 5-5

解析：本题中摊销两项无形资产费用：

借：管理费用　　3 000
　　贷：累计摊销　　3 000

三、无形资产出租

企业可以将拥有的无形资产对外出租，出租无形资产，按照收到的金额等，借记“银行存款”等科目，贷记“其他业务收入”科目，同时，按照收入的 6% 计算销项税额，贷记“应交税费—应交增值税（销项税额）”科目；对于转让过程中发生费用及无形资产摊销，借记“其他业务成本”科目，贷记“银行存款”“累计摊销”等科目。

四、无形资产的处置

企业处置无形资产，应当将取得的价款扣除该无形资产账面价值以及出售相关税费后的差额作为资产处置损益进行会计处理。

企业处置无形资产，应当按照实际收到的金额等，借记“银行存款”等科目；按照已计提的累计摊销，借记“累计摊销”科目；按照应支付的相关税费及其他费用，贷记“应交税费”“银行存款”等科目；按其账面余额，贷记“无形资产”科目；按照其差额，贷记或借记“资产处置损益”科目。已计提减值准备的，还应同时结转减值准备，借记“无形资产减值准备”科目。

无形资产转出也会涉及增值税的核算，商标权、著作权等无形资产转让需按 6% 的增值税税率进行纳税，销售土地使用权时，增值税税率为 9%。

例题 5–4 大华实业股份有限公司 2024 年 7 月 31 日发生经济业务如下，原始凭证见图 5–6~图 5–8。

电子发票（增值税专用发票）

发票号码：24133000000000000111

开票日期：2024 年 07 月 31 日

购买方信息	名称：天健股份有限公司 纳税人识别号：91130002700534227O3	销售方信息	名称：大华实业股份有限公司 纳税人识别号：9113023456721713600

项目名称	规格型号	单位	数量	单价	金额	税率/征收率	税额
*服务*特许经营					60000.00	6%	3600.00
合　计					¥60000.00		¥3600.00
价税合计（大写）	⊗陆万叁仟陆佰元整				（小写）¥63600.00		
备注							

开票人：王慧

图 5–6

中国工商银行进账单（收账通知）3

进账日期　2024年07月31日

收款人	全　称	大华实业股份有限公司	付款人	全　称	天健股份有限公司
	账　号	3227676190320116897		账　号	3227676112531489357
	开户银行	中国工商银行保定市天威路分行		开户银行	中国工商银行保定市七一路分行
人民币（大写）陆万叁仟陆佰元整				百 十 万 千 百 十 元 角 分	¥ 6 3 6 0 0 0 0
票据种类	转账支票			中国工商银行保定市天威路分行 2024.07.3 收款单位开户银行盖章 业务清讫（02）	
票据张数	1				
单位主管：　会计：　复核：　记账：					

此联是开户银行交给收款人的收账通知

图 5–7

无形资产成本计算单

2024年08月31日　　　　单位：元

无形资产类别	名称	账面余额	累计摊销额	已提减值准备	账面价值	售价	净利润
商标权		100 000.00	10 000.00	5 000.00	85 000.00	60 000.00	-25 000.00

会计：曾瑶　　　　制表：杨帆

图 5-8

解析：本题中大华实业股份有限公司出售商标权账面价值 85 000 元，售价 60 000 元，增值税税率 6%，亏了 25 000 元。分录如下：

借：银行存款　63 600
　　资产处置损益　25 000
　　无形资产减值准备　5 000
　　累计折旧　10 000
　　贷：无形资产—商标权　100 000
　　　　应交税费—应交增值税（销项税额）　3 600

五、无形资产减值

如果无形资产将来为企业创造的经济利益不足以补偿无形资产的账面成本，说明其发生了减值，具体表现为无形资产的账面成本高于可收回金额，此时表明无形资产贬值，计提减值准备，借记“资产减值损失—无形资产减值损失”科目，贷记“无形资产减值准备”科目。无形资产减值损失一旦确认，在以后期间不得转回。

知识检测

一、单选题

1. 下列各项中，属于无形资产摊销方法的是（　）。

A. 年限平均法　B. 双倍余额递减法　C. 年数总和法　D. 五五摊销法

2. 出租的无形资产，其摊销额应计入（　）科目。

A. 管理费用　B. 销售费用　C. 其他业务成本　D. 制造费用

3. 甲公司出售一项无形资产的特许经营权，取得增值税专用发票，其中不含税收入 500 万元，增值税税率 6%。该无形资产取得时实际成本为 350 万元，已摊销 70 万元，已计提减值准备 20 万元。甲公司出售该项无形资产应计入当期损益的金额为（　）万元。

A. -100　B. 240　C. 160　D. 155

4. 某企业 2021 年 1 月 1 日以 96 000 元购入一项专利权，摊销年限为 8 年，采用直线法进行摊销。2024 年 8 月 1 日，企业将该专利权以不含税 68 000 元对外出售。出售该专利权实现的营业外收入为（　）元。

A. 15 000　B. 8 000　C. 4 600　D. 8 100

5. 甲公司购入一项专利技术，购买价款 1 000 万元、相关税费 20 万元，为使无形资产达到预定用途所发生的专业服务费用 70 万元、测试无形资产是否能够正常发挥作用的费用 10 万元。专利技术的入账价值为（　　）万元。

A. 102　　B. 1 090　　C. 1 080　　D. 1 100

6. 2024 年 8 月 1 日，某企业开始研究开发一项新技术，当月共发生研发支出 800 万元，其中，费用化的金额 650 万元，符合资本化条件的金额 150 万元。8 月末，研发活动尚未完成。该企业 2024 年 8 月应计入当期利润总额的研发支出为（　　）万元。

A. 0　　B. 150　　C. 650　　D. 800

二、多选题

1. 下列关于无形资产的会计处理的表述中正确的有（　　）。

A. 无形资产均应确定预计使用年限并分期摊销

B. 有偿取得的自用土地使用权应确认为无形资产

C. 内部研发项目开发阶段支出应全部确认为无形资产

D. 无形资产成本的摊销期限从取得该资产的当月起

2. 企业对使用寿命有限的无形资产进行摊销时，其摊销额应根据不同情况分别计入（　　）。

A. 管理费用　　B. 制造费用　　C. 主营业务成本　　D. 其他业务成本

3. 下列各项支出应计入无形资产成本的有（　　）。

A. 购入专利权发生的支出　　B. 购入商标权发生的支出

C. 取得土地使用权发生的支出　　D. 研发新技术在研究阶段发生的支出

4. 下列关于无形资产摊销的表述中，正确的有（　　）。

A. 企业应当按月对无形资产进行摊销

B. 自无形资产可供使用（即其达到预定用途）当月开始摊销

C. 处置当月不再摊销

D. 无形资产的摊销额一般应当计入当期损益

5. 下列各项中，属于无形资产处置涉及的科目有（　　）。

A. 营业外支出　　B. 累计摊销

C. 无形资产　　D. 营业外收入

E. 资产处置损益

三、业务题

业务 1　金鑫实业有限公司 2024 年 8 月 10 日购入无形资产，原始凭证见图 5-9、图 5-10。

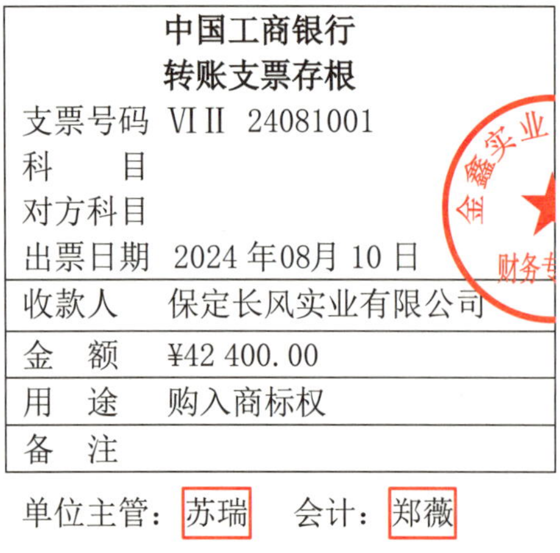
中国工商银行
转账支票存根
支票号码 VI II 24081001
科　　目
对方科目
出票日期 2024 年08月 10 日
收款人 保定长风实业有限公司
金　额 ¥42 400.00
用　途 购入商标权
备　注
单位主管：苏瑞　会计：郑薇

图 5-9

电子发票（增值税专用发票）

发票号码：24133000000000000250

开票日期：2024 年 08 月 10 日

购买方信息	名称：金鑫实业有限公司 纳税人识别号：911305624789600100 0	销售方信息	名称：保定长风实业有限公司 纳税人识别号：911302085642103690 0

项目名称	规格型号	单位	数量	单价	金额	税率/征收率	税额
*服务*商标权					40000.00	6%	2400.00
合 计					¥40000.00		¥2400.00

价税合计（大写）	⊗肆万贰仟肆佰元整　　（小写）¥42400.00
备注	

开票人：尹明

图 5–10

业务 2　金鑫实业有限公司 2024 年 8 月 31 日转让拥有专利权，原始凭证见图 5–11~图 5–13。

电子发票（增值税专用发票）

发票号码：24133000000000045961

开票日期：2024 年 08 月 31 日

购买方信息	名称：天健股份有限公司 纳税人识别号：91130245669780010 12	销售方信息	名称：金鑫实业有限公司 纳税人识别号：911305624789600100 0

项目名称	规格型号	单位	数量	单价	金额	税率/征收率	税额
*服务*专有技术					280000.00	6%	16800.00
合 计					¥280000.00		¥16800.00

价税合计（大写）	⊗贰拾玖万陆仟捌佰元整　　（小写）¥296800.00
备注	

开票人：郑薇

图 5–11

无形资产成本计算单

2024年8月31日　　　　单位：元

无形资产类别	名称	账面余额	累计摊销额	已提减值准备	账面价值	售价	净利润
专有技术		300 000.00	7 500.00	500.00	292 500.00	280 000.00	-12 500.00

会计主管：苏瑞　　　　制表：郑薇

图 5–12

中国工商银行进账单（收账通知）3

进账日期 2024年08月31日

<table>
<tr><td rowspan="3">收款人</td><td>全　称</td><td>金鑫实业有限公司</td><td rowspan="3">付款人</td><td>全　称</td><td colspan="9">天健股份有限公司</td></tr>
<tr><td>账　号</td><td>3227676890893646693</td><td>账　号</td><td colspan="9">32276768902654891111</td></tr>
<tr><td>开户银行</td><td>中国工商银行保定市桥东路分行</td><td>开户银行</td><td colspan="9">中国工商银行保定市七一路分行</td></tr>
<tr><td colspan="5" rowspan="2">人民币（大写）贰拾玖万陆仟捌佰元整</td><td>百</td><td>十</td><td>万</td><td>千</td><td>百</td><td>十</td><td>元</td><td>角</td><td>分</td></tr>
<tr><td>¥</td><td>2</td><td>9</td><td>6</td><td>8</td><td>0</td><td>0</td><td>0</td><td>0</td></tr>
<tr><td colspan="2">票据种类</td><td colspan="3">转账支票（转让无形资产所得）</td><td colspan="9" rowspan="3">收款单位开户银行盖章
中国工商银行保定市桥东路分行
业务清讫（02）</td></tr>
<tr><td colspan="2">票据张数</td><td colspan="3">1</td></tr>
<tr><td colspan="5">单位主管：　会计：　复核：　记账：</td></tr>
</table>

此联是开户银行交给收款人的收账通知

图 5–13

任务二　其他资产

任务目标

1. 了解其他资产的内容。
2. 掌握长期待摊费用的核算。

重点难点

掌握长期待摊费用的核算。

业务认知

其他资产是指除货币资金、交易性金融资产、应收及预付款项、存货、长期股权投资、持有至到期投资、可供出售金融资产、固定资产、无形资产等以外的资产，如长期待摊费用等。

业务核算

长期待摊费用是指企业已经发生但应由本期和以后各期负担的分摊期限在一年以上的各项费用，如以经营租赁方式租入的固定资产发生的改良支出等。

企业应设置“长期待摊费用”科目对此类项目进行核算，企业发生的长期待摊费用，借记“长期待摊费用”科目，贷记“原材料”“银行存款”等科目；摊销时根据剩余租赁期与租赁资产尚可使用年限两者中孰短的期间内，进行合理摊销，借记“管理费用”“销售费用”等科目，贷记“长期待摊费用”科目；“长期待摊费用”科目期末借方余额，反映企业尚未摊销完毕的长期待摊费用。“长期待摊费用”科目可按费用项目进行明细核算。特别说明：作为长期待摊费用的费用，应自支出发生月份的次月起，分期摊销，摊销年限不得低于 3 年。

例题 5–5 2024 年 7 月 10 日，甲公司对以经营租赁方式新租入的办公楼进行装修，发生以下有关支出：领用生产用材料 400 000 元，辅助生产车间为该装修工程提供的劳务支出为 150 000 元；有关人员工资等职工薪酬 450 000 元。2024 年 11 月 30 日，该办公楼装修完工，达到预定可使用状态并交付使用，按租赁期 10 年进行摊销。假定不考虑其他因素。要求对甲公司发生的业务作会计分录。

解析：本题甲公司发生的业务属于对经营租赁方式租入的固定资产发生的改良支出。发生费用首先需要通过“长期待摊费用”归集，改良完毕后汇总改良费用，在租期内分期摊销。分录如下。

（1）装修领用原材料时：领用原材料用于经营租赁方式租入的固定资产发生的改良，分录如下：

借：长期待摊费用	400 000	
贷：原材料		400 000

（2）辅助生产车间为装修工程提供劳务时：要将发生的辅助成本转入长期待摊费用。

借：长期待摊费用	150 000	
贷：生产成本—辅助生产成本		150 000

（3）确认工程人员职工薪酬时：

借：长期待摊费用	450 000	
贷：应付职工薪酬		450 000

（4）改良完毕后，从次月即 2024 年 12 月 31 日摊销改良费用。

在本例中，甲公司发生的办公楼装修支出合计为 1 000 000（400 000+150 000+450 000）元，2024 年 12 月应分摊的装修支出为 8 333.33（1 000 000 ÷ 10 ÷ 12）元。

借：管理费用	8 333.33	
贷：长期待摊费用		8 333.33

知识检测

业务题 天马股份有限公司 2024 年 8 月至 9 月发生下列经业务，原始凭证见图 5–14、图 5–15。

中国工商银行 转账支票存根	
支票号码	VI II 24080101
科　　目	
对方科目	
出票日期	2024 年08月01日
收款人	大发股份有限公司
金　额	¥60 000.00
用　途	支付管理部门租入固定资产装修费用
备　注	租期 5 年

天马股份 财务专

图 5-14

费用摊销计算单

2024年09月30日　　单位：元

费用名称	涉及账户	账面余额	摊销期限	本期摊销
租入固定资产装修费用	长期待摊费用	60 000.00	5年	1 000.00

会计主管：李丽　　制表：张义

图 5-15

模块二 负 债

负债是指企业过去的交易或者事项形成的、预期会导致经济利益流出企业的现时义务。负债按其流动性，可分为流动负债和非流动负债。流动负债是指预计在一年内或超过一年的一个正常营业周期内清偿的债务，包括短期借款、应付票据、应付账款、应付利息、预收账款、应付职工薪酬、应交税费、应付股利、其他应付款等。非流动负债是指流动负债以外的负债，包括长期借款、应付债券、长期应付款等。由于非流动负债的内容核算比较复杂，难度较大，这里我们主要以流动负债讲解为主。

项目六 流动负债的核算

任务一 短期借款的核算

企业在生产经营过程中，可能会出现因为某些因素导致投资者投入的资本金不能满足生产经营需要的情况，这就需要从银行或其他金融机构借入一定数额的款项。这种从银行或其他金融机构借入的款项称为银行借款。

银行借款的使用并不是无偿的，需要根据借贷双方约定向银行支付借款利息。借款利息的支付方式通常有分期支付利息、到期一次还本付息等。

任务目标

1. 了解短期借款的内涵、产生。
2. 掌握短期借款取得、计息和归还的分录。

重点难点

短期借款取得、计息和归还的分录。

业务认知

银行借款根据偿还期限长短，可分为短期借款和长期借款。两者区分的主要标志是以一年为界限，偿还期在一年以内（含一年）的属于短期借款；偿还期限在一年以上的为长期借款。

业务核算

短期借款是指企业向银行或其他金融机构等借入的期限在一年以下（含一年）的各种款项。短期借款一般是企业为了满足正常生产经营周转所需的资金或者是为了抵偿某项债务而临时借入的。

企业应通过“短期借款”科目，核算短期借款的发生、偿还等情况。该科目的贷方登记取得借款的本金数额，借方登记偿还借款的本金数额，余额在贷方，反映企业尚未偿还的短期借款。本科目可按借款种类、贷款人和币种设置明细科目进行明细核算。

企业从银行或其他金融机构取得短期借款时，借记“银行存款”科目，贷记“短期借款”科目。

企业借入短期借款应支付利息。在实际工作中，如果短期借款利息是按期支付的，如按季度支付利息，或者利息是在借款到期时连同本金一起归还，并且其数额较大的，企业应采用月末预提方式进行短期借款利息的核算。预提利息费用时，应当于发生时直接计入当期财务费用。计算确定的短期借款利息费用，借记“财务费用”科目，贷记“应付利息”科目；实际支付利息时，借记“应付利息”科目，贷记“银行存款”科目。短期借款到期偿还本金时，企业应借记“短期借款”科目，贷记“银行存款”科目。

如果企业的短期借款利息是按月支付的，或者利息是在借款到期时连同本金一起归还，但是数额不大的，可以不采用预提的方法，而在实际支付或收到银行的计息通知时，直接计入当期损益，借记“财务费用”科目，贷记“银行存款”或“库存现金”科目。

从长期借款的用途来讲，企业一般用于固定资产的购建、改扩建工程、大修理工程、对外投资以及为了满足长期经营能力等方面的需要。

例题 6–1 天马股份有限公司 2024 年 7 月 1 日发生下列经济业务，原始凭证见图 6–1。

中国工商银行借款凭证（代回单）

2024 年 07 月 01 日　　　　编号801

<table>
<tr><td>借款单位名称</td><td colspan="2">天马股份有限公司</td><td>存款账户</td><td colspan="4">3227676890265489111</td><td colspan="2">贷款账户</td><td colspan="4">3227671456850880962</td></tr>
<tr><td rowspan="2">借款金额</td><td colspan="3" rowspan="2">人民币（大写）壹拾万元整</td><td>千</td><td>十</td><td>万</td><td>千</td><td>百</td><td>十</td><td>元</td><td>角</td><td>分</td><td></td></tr>
<tr><td>¥</td><td>1</td><td>0</td><td>0</td><td>0</td><td>0</td><td>0</td><td>0</td><td>0</td><td></td></tr>
<tr><td rowspan="2">种类</td><td rowspan="2">生产周转借款</td><td>单位提出期限</td><td colspan="6">自 2024 年 07 月 01 日起至 2024 年 12 月 31 日止</td><td colspan="2" rowspan="2">利率</td><td colspan="3" rowspan="2">月利率 6‰</td></tr>
<tr><td>银行核定期限</td><td colspan="6">自 2024 年 07 月 01 日起至 2024 年 12 月 31 日止</td></tr>
<tr><td colspan="4">上列款项已收入你单位往来户内
此致（银行签章）
中国工商银行保定市新华路分行
（印章：中国工商银行保定市新华路分行 2024.07.01 业务清讫（02））</td><td colspan="10">备注：每季度末付息，到期还本</td></tr>
</table>

图 6–1

解析：本题借款用途用于生产周转，期限 6 个月，符合短期借款定义。分录如下：

借：银行存款　　　　100 000
　　贷：短期借款　　　　100 000

例题 6–2　紧接上题，天马股份有限公司 2024 年 7 月 31 日发生下列经济业务，原始凭证见图 6–2。

短期借款利息计算单

2024年07月31日　　　　金额单位：元

所属期间	借款余额	月利率	计提金额
2024.07.01—2024.07.31	100 000.00	6‰	600.00
合计			¥600.00

会计主管：李丽　　复核：张义　　制单：孙丽

图 6–2

解析：本题紧接上题，短期借款利息每月月底要计算计提，7 月末、8 月末分录如下：

借：财务费用　　　　600
　　贷：应付利息　　　　600

例题 6–3　紧接上题，天马股份有限公司 2024 年 9 月 30 日发生下列经济业务，原始凭证见图 6–3。

中国工商银行　**借款计息通知**（付款通知）3

签发日期：2024 年 09 月 30 日

付款人	全　称	天马股份有限公司	收款人	全　称	中国工商银行保定市新华路分行
	账　号	3227676890265489111		账　号	3227671456850880962

金额	人民币（大写）壹仟捌佰元整	千	百	十	万	千	百	十	元	角	分
					¥	1	8	0	0	0	0

结息期	7—9月结息	计息本金	100000.00	月利率	6‰

备注：7 月和 8 月已预提利息 1200 元	上列款项已收入你单位往来户内 此致（银行签章） 中国工商银行保定市新华路分行

（印章：中国工商银行保定市新华路分行　2024.09.30　业务清讫（02））

图 6–3

解析：每季度末支付利息，前两个月的利息已通过“应付利息”科目归集，不必再提取，9 月的利息未计提，一并计提并支付。分录如下：

借：应付利息　　　　1 200
　　财务费用　　　　600
　　贷：银行存款　　　　1 800

提示： 第二季度的分录同第一季度一样，到 12 月 31 日支付时，利息、归还借款一并书写。

借：应付利息	1 200
财务费用	600
短期借款	100 000
贷：银行存款	101 800

知识检测

一、单选题

1. 下列各项中，属于短期借款计提的利息应计入的科目是（　　）。

A. 管理费用　　B. 制造费用　　C. 销售费用　　D. 财务费用

2. 短期借款是指企业向银行或其他金融机构等借入的期限在（　　）的各种款项。

A. 一年及一年以下　　B. 一年　　C. 一年以上　　D. 一年以下

3. 下列各项中，属于短期借款的用途是（　　）。

A. 设备的更新改造　　B. 厂房的扩建

C. 生产周转临时需要　　D. 用于购入大型设备

4. 长期借款指的是企业向银行或其他金融机构借入的期限在（　　）的各种借款。

A. 一年　　B. 一年以上（含一年）

C. 一年以上　　D. 一年以上（不含一年）

二、业务题

业务 1　金鑫实业有限公司 2024 年 8 月 1 日发生经济业务，原始凭证见图 6–4。

中国工商银行借款凭证（代回单）

2024 年 08 月 01 日

<table>
<tr><td>借款单位名称</td><td colspan="2">金鑫实业有限公司</td><td>存款账户</td><td colspan="4">3227676890893646693</td><td colspan="2">贷款账户</td><td colspan="4">3227676890266491321</td></tr>
<tr><td rowspan="2">借款金额</td><td colspan="3" rowspan="2">人民币（大写）伍拾万元整</td><td>千</td><td>十</td><td>万</td><td>千</td><td>百</td><td>十</td><td>元</td><td>角</td><td>分</td></tr>
<tr><td>¥</td><td>5</td><td>0</td><td>0</td><td>0</td><td>0</td><td>0</td><td>0</td><td>0</td></tr>
<tr><td rowspan="2">种类</td><td rowspan="2">生产周转借款</td><td>单位提出期限</td><td colspan="6">自 2024 年 08 月 01 日起至 2024 年 10 月 31 日止</td><td colspan="2" rowspan="2">利率</td><td colspan="2" rowspan="2">月利率 6‰</td></tr>
<tr><td>银行核定期限</td><td colspan="6">自 2024 年 08 月 01 日起至 2024 年 10 月 31 日止</td></tr>
<tr><td colspan="4">上列款项已收入你单位往来户内
此致（银行签章）
中国工商银行保定市桥东路分行
（印章：中国工商银行保定市桥东路分行 2024.08.01 业务清讫（02））</td><td colspan="9">备注：到期付息还本</td></tr>
</table>

图 6–4

业务 2　紧接上题，金鑫实业有限公司 2024 年 8 月底至 10 月底发生下列经济业务，原始凭证见图 6–5~ 图 6–8。

短期借款利息计算单

2024年08月31日　　　　金额单位：元

所属期间	借款余额	月利率	计提金额
2024.08.01—2024.08.31	500 000.00	6‰	3 000.00
合　计			¥3 000.00

会计主管：苏瑞　　　　复核：郑薇　　　　制单：张迪

图 6–5

短期借款利息计算单

2024 年 09 月 30 日　　　　金额单位：元

所属期间	借款余额	月利率	计提金额
2024.09.01—2024.09.30	500 000.00	6‰	3 000.00
合　计			¥3 000.00

会计主管：苏瑞　　　　复核：郑薇　　　　制单：张迪

图 6–6

中国工商银行　**借款计息通知**（付款通知）3

签发日期：2024 年 10 月 31 日

<table>
<tr><td rowspan="3">付款人</td><td>全　称</td><td colspan="2">金鑫实业有限公司</td><td rowspan="3">收款人</td><td>全　称</td><td colspan="10">中国工商银行保定市桥东路分行</td></tr>
<tr><td>账　号</td><td colspan="2">3227676890893646693</td><td>账　号</td><td colspan="10">3227676890266491321</td></tr>
<tr><td>开户银行</td><td colspan="2">中国工商银行保定市桥东路分行</td><td>开户银行</td><td colspan="10">中国工商银行保定市桥东路分行</td></tr>
<tr><td rowspan="2">金额</td><td colspan="5" rowspan="2">人民币（大写）玖仟元整</td><td>千</td><td>百</td><td>十</td><td>万</td><td>千</td><td>百</td><td>十</td><td>元</td><td>角</td><td>分</td></tr>
<tr><td></td><td></td><td></td><td>¥</td><td>9</td><td>0</td><td>0</td><td>0</td><td>0</td><td>0</td></tr>
<tr><td>结息期</td><td>8—10月结息</td><td>计息本金</td><td colspan="2">¥500000.00</td><td>月利率</td><td colspan="10">6‰</td></tr>
<tr><td colspan="4">备注：8 月和 9 月已预提利息 6000 元</td><td colspan="12">上列款项已收入你单位往来户内
此致（银行签章）
中国工商银行保定市桥东路分行
中国工商银行保定市桥东路分行 2024.10.31 业务清讫（02）</td></tr>
</table>

图 6–7

中国工商银行 转账支票存根	
支票号码	VI II 24103101
科　　目	
对方科目	
出票日期	2024 年 10 月 31 日
收款人	中国工商银行保定市桥东路分行
金　额	¥500 000.00
用　途	归还短期借款
备　注	

单位主管：苏瑞　　会计：郑薇

图 6–8

任务二　应付账款的核算

任务目标

应付账款相关的账务处理。

重点难点

现金折扣下应付账款相关的账务处理。

业务认知

应付账款是指企业因购买材料、商品或接受劳务供应等经营活动而应付给供应单位的款项。应付账款一般应在与所购买物资所有权相关的主要风险和报酬已经转移，或者所购买的劳务已经接受时确认。实务中，为了使所购入物资的金额、品种、数量和质量等与合同规定的条款相符，避免因验收时发现所购物资的数量或质量存在问题而对入账的物资或应付账款金额进行改动，在物资和发票账单同时到达的情况下，一般在所购物资验收入库后，根据发票账单登记入账，确认应付账款。在所购物资已经验收入库，但是发票账单未能同时到达的情况下，企业应付物资供应单位的债务已经成立，在会计期末，为了反映企业的负债情况，需要将所购物资和相关的应付账款暂估入账，待下月初作方向相反的分录，将上月末暂估入账的应付账款予以冲销。

业务核算

一、账户设置

企业应通过“应付账款”科目，核算应付账款的发生、偿还、转销等情况。该科目贷方登记企业购买材料、商品和接受劳务等而发生的应付账款，借方登记偿还的应付账款，或开出商业汇票抵付应付账款的款项，或冲销无法支付的应付账款。余额一般在贷方，反映企业尚未支付的应付账款余额。本科目应按照债权人设置明细科目进行明细核算。

二、具体核算

（一）应付账款发生与偿还

企业购入材料、商品或接受劳务等所产生的应付账款，应按应付金额入账。购入材料、商品等验收入库，但货款尚未支付，根据有关凭证（发票账单、随货同行发票上记载的实际价款或暂估价值），借记“材料采购”“在途物资”等科目，按照可抵扣的增值税进项税额，借记“应交税费—应交增值税（进项税额）”科目，按应付的款项，贷记“应付账款”科目。企业接受供应单位提供劳务而发生的应付未付款项，根据供应单位的发票账单，借记“生产成本”“管理费用”等科目，贷记“应付账款”科目；企业偿还应付账款或开出商业汇票抵付应付账款时，借记“应付账款”科目，贷记“银行存款”“应付票据”等科目。

（二）附有现金折扣的应付账款

应付账款附有现金折扣的，应按照扣除现金折扣前的应付款总额入账。因在折扣期限内付款而获得的现金折扣，应在偿付应付账款时冲减财务费用。

例题 6-4 乙百货商场于 2024 年 6 月 2 日从 B 公司购入一批家电产品并验收入库。增值税专用发票上注明的该批家电的价款为 1 000 000 元，增值税为 130 000 元。按照购货协议的规定，乙百货商场付款条件为 2/10，1/20，n/30，计算现金折扣考虑增值税。乙百货商场在 6 月 18 日付清货款，请对以上事项进行核算。

解析：乙百货商场在 6 月 18 日（购货后的第 16 天）付清所欠 B 公司的货款，按照购货协议可以享受现金折扣条件，享受的优惠满足 1/20 这个条件。即乙百货商场在 10~20 天还款，获得 1% 的现金折扣，现金折扣为 1 130 000 × 1%=11 300（元），实际支付的货款为 1 130 000−1 130 000 × 1%=1 118 700（元）。乙百货商场应编制如下分录：

（1）6 月 2 日确认应付账款：

借：库存商品	1 000 000	
应交税费—应交增值税（进项税额）	130 000	
贷：应付账款—B 公司		1 130 000

（2）6 月 18 日付清货款：

借：应付账款—B 公司	1 130 000	
财务费用	−11 300	
贷：银行存款		1 118 700

上面有一个注意点就是“财务费用”这个科目，属于损益类科目中的费用类型，这类科目在结转到“本年利润”科目之前，所有的发生额都要在借方来反映，增加时用正数表示，减少时用负数表示。这样做便于在会计电算化中生成报表时采集正确数据。

（三）应付账款转销

应付账款一般在较短期限内支付，但有时由于债权单位撤销或其他原因而使应付账款无法清偿。企业应将确实无法支付的应付账款予以转销，按其账面余额计入营业外收入，借记“应付账款”科目，贷记“营业外收入”科目。

知识检测

一、单选题

1. 企业确实无法支付的应付账款，应计入（　　）科目。

A. 营业外支出　　　　　　　　　B. 营业外收入

C. 其他业务成本　　　　　　　　D. 其他业务收入

2. 应付账款附有现金折扣的，应按照扣除现金折扣前的应付款总额入账。因在折扣期限内付款而获得的现金折扣，应在偿付应付账款时冲减（　）。

A. 管理费用　　　　　　　　　　B. 销售费用

C. 财务费用　　　　　　　　　　D. 营业外支出

二、业务题

业务 1　金鑫实业有限公司 2024 年 8 月 5 日发生下列业务，原始凭证见图 6–9、图 6–10。

购 销 合 同

合同编号：P1975

卖方：三源股份有限公司

买方：金鑫实业有限公司

为保护买卖双方的合法权益，买卖双方根据《中华人民共和国合同法》的有关规定，经友好协商，一致同意签订本合同，共同遵守。

一、货物的名称、数量及价格：

货物的名称	规格型号	计量单位	数量	单　价（不含税）	金　额（不含税）	税率	价税合计
熟铁		吨	3	15 000.00	45 000.00	13%	50 850.00

二、运输费用承担方式：由销货方送货，运输费用由购货方承担。

三、合同总金额：合同总金额为人民币伍万零捌佰伍拾元整（¥50 850.00）。

四、付款期限：2/10，1/20，n/30，按价款结算。

…………

卖方：　三源股份有限公司（合同专用章）　　买方：　金鑫实业有限公司（合同专用章）

日　　期：　2024 年 08 月 05 日　　日　　期：　2024 年 08 月 05 日

图 6–9

电子发票（增值税专用发票）

发票号码：24133000000000002111

开票日期：2024 年 08 月 05 日

购买方信息	名称：金鑫实业有限公司 纳税人识别号：9113056247896001000	销售方信息	名称：三源股份有限公司 纳税人识别号：9113440102345678910

项目名称	规格型号	单位	数量	单价	金额	税率/征收率	税额
*货物*熟铁		吨	3	15000.00	45000.00	13%	5850.00
合　计					¥45000.00		¥5850.00

价税合计（大写）	⊗伍万零捌佰伍拾元整	（小写）¥50850.00
备注		

开票人：尹风

图 6–10

业务 2　紧接上题，金鑫实业有限公司 2024 年 8 月 18 日发生下列业务，原始凭证见图 6–11。

中国工商银行 转账支票存根	
支票号码	VI II 24081801
科　　目	
对方科目	
出票日期	2024 年 08 月 18 日
收款人	三源股份有限公司
金　额	¥50 400.00
用　途	归还产品款
备　注	

单位主管：苏瑞　　会计：郑薇

图 6–11

任务三　应付票据的核算

任务目标

1. 了解应付票据的相关概念。
2. 掌握应付票据相关的账务处理。

重点难点

应付票据相关的账务处理。

业务认知

应付票据是指企业购买材料、商品和接受劳务供应等开出、承兑的商业汇票，包括商业承兑汇票和银行承兑汇票。

企业应当设置“应付票据备查簿”，详细登记商业汇票的种类、号码和出票日期、到期日、票面余额、交易合同号和收款人姓名或单位名称以及付款日期和金额等资料。应付票据到期结清时，上述内容应当在备查簿内予以注销。

我国商业汇票的付款期限不超过 6 个月，因此，企业应将应付票据作为流动负债管理和核算。同时，由于应付票据的偿付时间较短，在会计实务中，一般均按照开出、承兑的应付票据的面值入账。

业务核算

一、账户设置

企业应通过“应付票据”科目，核算应付票据的发生、偿付等情况。该科目贷方登记开出、承兑汇票的面值，借方登记支付票据的金额。余额在贷方，反映企业尚未到期的商业汇票的票面金额。

二、具体核算

（一）开出商业汇票时

企业因购买材料、商品和接受劳务供应等开出、承兑的商业汇票，应当按其票面金额作为应付票据的入账金额，借记“材料采购”“原材料”“库存商品”“应付账款”“应交税费—应交增值税（进项税额）”等科目，贷记“应付票据”科目。

企业因开出银行承兑汇票而支付银行的承兑汇票手续费，应当计入当期财务费用，借记“财务费用”科目，贷记“银行存款”“库存现金”科目。

（二）到期兑现时

商业汇票到期，向收款企业按照票面金额划转款项时，借记“应付票据”科目，贷记“银行存款”科目。

（三）应付票据转销

应付商业承兑汇票到期，如企业无力支付票款，应将应付票据按账面余额转作应付账款，借记“应付票据”科目，贷记“应付账款”科目。

应付银行承兑汇票到期，如企业无力支付票款，应将应付票据的账面余额转作短期借款，借记“应付票据”科目，贷记“短期借款”科目。

知识检测

一、单选题

1. 应付商业承兑汇票到期，如企业无力支付票款，应将应付票据按账面余额转作（　）。

A. 短期借款　　B. 应付账款

C. 应收账款　　D. 仅作备查登记

2. 应付银行承兑汇票到期，如企业无力支付票款，应将应付票据的账面余额转作（　）。

A. 短期借款　　B. 应付账款

C. 应收账款　　D. 仅作备查登记

3. 应付票据是指企业购买材料、商品和接受劳务供应等开出、承兑的商业汇票，包括（　）。

A. 现金支票和转账支票　　B. 商业承兑汇票和银行承兑汇票

C. 银行本票和银行汇票　　D. 支票和发票

二、业务题

金鑫实业有限公司 2024 年 8 月 16 日发生采购业务，原始凭证见图 6–12、图 6–13。

商业承兑汇票　2

汇款号码 24081602

签发日期贰零贰肆年捌月壹拾陆日

收款人	全　称	北京长虹有限公司	付款人	全　称	金鑫实业有限公司
	账　号	1001345109207852021		账　号	3227676890893646693
	开户银行	中国工商银行北京市长安路分行		开户银行	中国工商银行保定市桥东路分行

汇票金额	人民币(大写)壹拾壹万叁仟元整	千	百	十	万	千	百	十	元	角	分
			¥	1	1	3	0	0	0	0	0

汇票到期日	2024 年 10 月 16 日	交易合同号码	
本汇票已经本单位承兑,到期无条件支付票款。		付购货款 汇票签发人盖章 郑薇 负责: 苏锋　经办: 张迪	

图 6–12

电子发票（增值税专用发票）

发票号码：24113000000000000111

开票日期：2024 年 08 月 16 日

购买方信息	名称：金鑫实业有限公司 纳税人识别号：911305624789600100 0	销售方信息	名称：北京长虹有限公司 纳税人识别号：911101127044953450 0

项目名称	规格型号	单位	数量	单价	金额	税率/征收率	税额
*货物*生铁		吨	10	10000.00	100000.00	13%	13000.00
合　计					¥100000.00		¥13000.00
价税合计（大写）	⊗壹拾壹万叁仟元整			（小写）	¥113000.00		
备注							

开票人：王杰

图 6–13

任务四　预收账款的核算

任务目标

了解预收账款的相关概念。

重点难点

预收账款相关的账务处理。

业务认知

预收账款通常指的是一家公司提前向客户收取的货款或服务费用。在这种情况下，企业已经收到了客户的付款，但还没有交付商品或提供服务，企业收取的款项并不构成交付商品或者提供劳务的履约义务。它以实际收到款项为前提，不以履约义务为前提。核算在合同签订前收取的款项，或者所收取的款项与合同规定的履约义务无关。比如房地产企业在合同签订前收取的定金、诚意金等预收款项。

业务核算

一、账户设置

企业应通过“预收账款”科目，核算预收账款的取得、偿付等情况。该科目贷方登记发生的预收账款数额和购货单位补付账款的数额，借方登记企业向购货方发货后冲销的预收账款数额和退回购货方多付账款的数额。期末如为贷方余额，反映企业预收的款项；如为借方余额，反映企业尚未转销的款项。

本科目一般按照购货单位设置明细科目进行明细核算。

二、具体核算

（一）企业预收购货单位的款项时

企业预收购货单位的款项时，借记“银行存款”科目，贷记“预收账款”科目。

（二）企业按照合同向购买方发货，即实现销售收入时

按实现的收入和应交的增值税销项税额，借记“预收账款”科目；按照实现的营业收入，贷记“主营业务收入”科目；按照增值税专用发票上注明的增值税税额，贷记“应交税费—应交增值税（销项税额）”等科目。

（三）交易完毕，结清货款时

交易完毕，结清货款时，企业收到购货单位补付的款项，借记“银行存款”科目，贷记“预收账款”科目；向购货单位退回其多付的款项，借记“预收账款”科目，贷记“银行存款”科目。

综上所述，预收账款通常代表着未来的销售收入，买方会根据双方签订的买卖协议或者买卖合同提前支付部分款项，在企业收到买方支付的预付款后，需要在商品或者服务销售时进行冲减。

预收货款业务不多的企业，可以不单独设置“预收账款”科目，其所发生的预收货款，可通过“应收账款”科目核算。

三、预收账款和合同负债的区别

合同负债是指企业已收或者应收客户对价而应当向客户转让商品或者提供劳务的义务。它以履约义务为前提，并不一定要收取款项。核算在合同签订后履约义务确定，所对应收取的款项或者应当收取款项的权利。比如房地产企业在合同签订后收取的定金等预收款项。

在合同成立前已收到的对价不能称为合同负债，但可作为预收账款。合同一旦正式成立，又要将预收账款转入合同负债。

例题 6–5 金鑫实业有限公司 2024 年 7 月 5 日发生下列业务，原始凭证见图 6–14。

银行进账单

（回单或收账通知）

2024 年 07 月 05 日 3

付款人	全称	湖北省武汉钢铁厂									
	账号	1805431125311289900									
	开户银行	中国工商银行武汉市体育路分行									
人民币		千	百	十	万	千	百	十	元	角	分
				¥	3	0	0	0	0	0	0
收款人	全称	金鑫实业有限公司									
	账号	3227676890893646693									
	开户银行	中国工商银行保定市桥东路分行									
款项来源		预收货款									

图 6–14

解析：本题表述经济业务是金鑫实业有限公司预收湖北省武汉钢铁厂货款 30 000 元。分录如下：

借：银行存款	30 000
贷：预收账款—湖北省武汉钢铁厂	30 000

例题 6–6 紧接上题，金鑫股份有限公司 2024 年 7 月 25 日发生下列业务，原始凭证见图 6–15、图 6–16。

电子发票（增值税专用发票）

发票号码：24133000000000004615

开票日期：2024 年 07 月 25 日

购买方信息 名称：湖北省武汉钢铁厂 纳税人识别号：9142565214235540000	销售方信息 名称：金鑫实业有限公司 纳税人识别号：9113056247896001000

项目名称	规格型号	单位	数量	单价	金额	税率/征收率	税额
*泵*潜水泵		台	2	30000.00	60000.00	13%	7800.00
合　计					¥60000.00		¥7800.00

价税合计（大写）	⊗陆万柒仟捌佰元整　　（小写）¥67800.00
备注	

开票人：郑薇

图 6–15

银行进账单

（回单或收账通知）

2024 年 07 月 25 日 3

付款人	全称	湖北省武汉钢铁厂											
	账号	1805431125311289900											
	开户银行	中国工商银行保定市联盟路分行											
人民币		千	百	十	万	千	百	十	元	角	分		
				¥	3	7	8	0	0	0	0		
收款人	全称	金鑫实业有限公司											
	账号	3227676890893646693											
	开户银行	中国工商银行保定市桥东路分行											
款项来源		2024 年07月05日已预收30 000元，此次补收货款 37 800元											

（印章：工行保定市桥东路分行 24.07.25 业务章）

图 6–16

解析：本题表述的经济业务是金鑫实业有限公司 2024 年 7 月 25 日向湖北省武汉钢铁厂销售潜水泵 2 台，每台 30 000 元，价款 60 000 元，税费 7 800 元。由于 2024 年 7 月 5 日已经预收 30 000 货款，所以补收余款 37 800 元。

借：预收账款—湖北省武汉钢铁厂　　67 800

　　贷：主营业务收入　　60 000

　　　　应交税费—应交增值税（销项税额）　　7 800

同时

借：银行存款　　37 800

　　贷：预收账款—湖北省武汉钢铁厂　　37 800

知识检测

业务 1　金鑫实业有限公司 2024 年 8 月 5 日发生业务如下，原始凭证见图 6–17。

银行进账单

（回单或收账通知）

2024 年 08 月 05 日 3

付款人	全称	长辰有限责任公司										
	账号	6790351604852132276										
	开户银行	中国工商银行常德市德山分行										
人民币		千	百	十	万	千	百	十	元	角	分	
				¥	4	0	0	0	0	0	0	
收款人	全称	金鑫实业有限公司										
	账号	3227676890893646693										
	开户银行	中国工商银行保定市桥东路分行										
款项来源		预收货款										

（印章：工行保定市桥东路分行 24.08.05 业务章）

图 6–17

业务 2 紧接上题，金鑫实业有限公司 2024 年 8 月 20 日发生业务如下，原始凭证见图 6–18、图 6–19。

电子发票（增值税专用发票）

发票号码：24133000000000045970

开票日期：2024 年 08 月 20 日

购买方信息	名称：长辰有限责任公司 纳税人识别号：9143010852142355400	销售方信息	名称：金鑫实业有限公司 纳税人识别号：9113056247896001000

项目名称	规格型号	单位	数量	单价	金额	税率/征收率	税额
*泵*潜水泵		台	1	30000.00	30000.00	13%	3900.00
合　计					¥30000.00		¥3900.00
价税合计（大写）	⊗叁万叁仟玖佰元整			（小写） ¥33900.00			
备注	已预收货款 40000 元						

开票人：郑薇

图 6–18

中国工商银行 转账支票存根	
支票号码	VI II 728　74586
科　　目	
对方科目	
出票日期	2024 年 08 月 20 日
收款人	长辰有限责任公司
金　额	¥6 100.00
用　途	退还预收款
备　注	已预收汇款40 000元，退还多收款

单位主管：苏瑞　　会计：郑薇

图 6–19

任务五　应付职工薪酬的核算

任务目标

1. 理解应付职工薪酬的概念，掌握应付职工薪酬包含的项目。
2. 掌握各种职工薪酬的计算提取、发放缴纳过程及相关账务处理。

重点难点

1. 应付职工薪酬的概念，应付职工薪酬包含的项目。

2. 各种职工薪酬的计算提取、发放缴纳过程及相关账务处理。

知识链接

职工薪酬，是指企业为获得职工提供的服务或解除劳动关系而给予的各种形式的报酬或补偿。职工薪酬包括短期薪酬、离职后福利、辞退福利和其他长期职工福利。企业提供给职工配偶、子女、受赡养人、已故员工遗属及其他受益人等的福利，也属于职工薪酬。

这里所称的“职工”，主要包括三类人员：一是与企业订立劳动合同的所有人员，含全职、兼职和临时职工；二是未与企业订立劳动合同，但由企业正式任命的企业治理层和管理层人员，如董事会成员、监事会成员等；三是在企业的计划和控制下，虽未与企业订立劳动合同或未由其正式任命，但向企业所提供服务与职工所提供服务类似的人员，也属于职工的范畴，包括通过企业与劳务中介公司签订用工合同而向企业提供服务的人员。

业务核算

一、账户设置

企业应当设置“应付职工薪酬”科目，核算应付职工薪酬的计提、结算、使用等情况。该科目的贷方登记已分配计入有关成本费用项目的职工薪酬的数额，借方登记实际发放职工薪酬的数额，包括扣还的款项等。该科目期末贷方余额，反映企业应付未付的职工薪酬。

“应付职工薪酬”科目应当按照“工资、奖金、津贴和补贴”“职工福利费”“非货币性福利”“社会保险费”“住房公积金”“工会经费和职工教育经费”“带薪缺勤”“利润分享计划”“设定提存计划”“设定受益计划义务”“辞退福利”等职工薪酬项目设置明细账进行明细核算。

二、具体核算

企业应当在职工为其提供服务的会计期间，将实际发生的短期薪酬确认为负债，并计入当期损益，其他会计准则要求或允许计入资产成本的除外。

（一）货币性职工薪酬

1. 工资、奖金、津贴和补贴

对于职工工资、奖金、津贴和补贴等货币性职工薪酬，企业应当在职工为其提供服务的会计期间，将实际发生的职工工资、奖金、津贴和补贴等，根据职工提供服务的受益对象，将应确认的职工薪酬，借记“生产成本”“制造费用”“劳务成本”等科目，贷记“应付职工薪酬—工资、奖金、津贴和补贴”科目。

实务中，企业一般在每月发放工资前，根据“工资费用分配汇总表”中的合计数，通过开户银行支付给职工或从开户银行提取现金，然后再向职工发放。

企业按照有关规定向职工支付工资、奖金、津贴、补贴等，借记“应付职工薪酬—工资、奖金、津贴和补贴”科目，贷记“银行存款”“库存现金”等科目；企业从应付职工薪酬中扣回的代垫的家属药费，借记“应付职工薪酬”科目，贷记“其他应收款”科目；企业从应付职工薪酬中代扣应交个人所得税，借记“应付职工薪酬”科目，贷记“应交税费—应交个人所得税”科目；企业从应付职工薪酬中代扣的职工个人应缴纳的医疗保险费、工伤保险费和生育保险费等社会保险费和住房公积金，借记“应付职工薪酬”科目，贷记“其他应付款”科目。

例题 6–7 金鑫实业有限公司 2024 年 6 月 30 日发生工资业务，原始凭证见图 6–20。

工资分配汇总表

2024 年 06 月 30 日　　　　单位：元

部门及人员	应付职工工资
生产工人	40 500.00
排水泵	18 000.00
潜水泵	22 500.00
车间管理人员工资	2 300.00
企业管理人员工资	9 040.00
销售部门人员工资	9 840.00
合　计	61 680.00

单位主管：苏瑞　　　　会计：郑薇

图 6–20

解析：根据给出的原始凭证，首先确认各部门的应付工资金额，从而确认费用。

借：生产成本—基本生产—排水泵	18 000	
生产成本—基本生产—潜水泵	22 500	
制造费用	2 300	
管理费用	9 040	
销售费用	9 840	
贷：应付职工薪酬——应付工资		61 680

例题 6–8 金鑫实业有限公司 2024 年 7 月 8 日发生工资业务，原始凭证见图 6–21、图 6–22。

中国工商银行
转账支票存根

支票号码　VI II 24070801
科　　目
对方科目
出票日期　2024 年 07 月 08 日

收款人　金鑫实业有限公司工资户

金　额　¥57 015.00

用　途　付工资

备　注

单位主管：苏瑞　　会计：郑薇

图 6–21

工资结算汇总表

2024 年 07 月 8 日　　单位：元

部门人员类别		职工人数	基本工资	经常性奖金	津贴和补贴		应扣工资		应付工资	代扣款项				实发工资
					物价补贴	夜班补贴	事假	病假		养老保险	医疗保险	个人所得税	小计	
生产工人	排水泵	20	16 000.00	2 000.00	1 600.00	900.00	150.00	100.00	20 250.00	900.00	500.00	87.50	1 487.50	18 762.50
	潜水泵	20	16 000.00	2 000.00	1 600.00	900.00	150.00	100.00	20 250.00	900.00	500.00	87.50	1 487.50	18 762.50
	合计	40	32 000.00	4 000.00	3 200.00	1 800.00	300.00	200.00	40 500.00	1 800.00	1 000.00	175.00	2 975.00	37 525.00
车间管理人员		1	1 700.00	340.00	160.00	100.00	—	—	2 300.00	50.00	35.00	25.00	110.00	2 190.00
管理部门		8	7 200.00	880.00	640.00	480.00	100.00	60.00	9 040.00	580.00	—	40.00	620.00	8 420.00
销售部门		8	8 000.00	960.00	640.00	460.00	200.00	20.00	9 840.00	560.00	340.00	60.00	960.00	8 880.00
合计		57	48 900.00	6 180.00	4 640.00	2 840.00	600.00	280.00	61 680.00	2 990.00	1 375.00	300.00	4 665.00	57 015.00

人资主管：赵华　　审核：苏瑞　　制表：郑薇　　会计主管：苏瑞　　核算：郑薇

图 6–22

解析：根据给出的两张原始凭证，将应付工资的支票存根和“工资结算汇总表”中“实发工资”栏里的最后合计数结合，向职工发放工资；然后是“工资结算汇总表”中代扣款项的处理。分录如下。

将应付工资的支票存根和“工资结算汇总表”中“实发工资”栏里的最后合计数结合，向职工发放工资。

借：应付职工薪酬—应付工资　　57 015
　　贷：银行存款　　57 015

然后是“工资结算汇总表”中代扣款项的处理。

借：应付职工薪酬—工资	4 665
贷：其他应付款—养老保险	2 990
其他应付款—医疗保险	1 375
应交税费—应交个人所得税	300

2. 职工福利费

对于职工福利费，企业应当在实际发生时根据实际发生额计入当期损益或相关资产成本，借记“生产成本”“制造费用”“管理费用”“销售费用”等科目，贷记“应付职工薪酬—职工福利费”科目。

3. 国家规定计提标准的社保费

对于国家规定了计提基础和计提比例的医疗保险费、工伤保险费、生育保险费等社会保险费和住房公积金，以及按规定提取的工会经费和职工教育经费，企业应当在职工为其提供服务的会计期间，根据规定的计提基础和计提比例计算确定相应的职工薪酬金额，并确认相关负债，按照受益对象计入当期损益或相关资产成本，借记“生产成本”“制造费用”“管理费用”“销售费用”等科目，贷记“应付职工薪酬”科目。

（二）非货币性职工薪酬

（1）企业以其自产产品作为非货币性福利发放给职工个人的，首先企业以自产产品作为职工薪酬发放给职工时，应视同销售确认主营业务收入，借记“应付职工薪酬—非货币性福利”科目，贷记“主营业务收入”科目，同时结转相关成本；然后应当根据受益对象，按照该产品的公允价值计入相关资产成本或当期损益，同时确认应付职工薪酬，借记“管理费用”“生产成本”“制造费用”等科目，贷记“应付职工薪酬—非货币性福利”科目。

（2）将企业拥有的房屋等资产无偿提供给职工使用的，应当根据受益对象，将该住房每期应计提的折旧计入相关资产成本或当期损益，同时确认应付职工薪酬，借记“管理费用”“生产成本”“制造费用”等科目，贷记“应付职工薪酬—非货币性福利”科目，并且同时借记“应付职工薪酬—非货币性福利”科目，贷记“累计折旧”科目。

（3）租赁住房等资产供职工无偿使用的，应当根据受益对象，将每期应付的租金计入相关资产成本或当期损益，并确认应付职工薪酬，借记“管理费用”“生产成本”“制造费用”“销售费用”等科目，贷记“应付职工薪酬—非货币性福利”科目；企业支付租赁住房等资产供职工无偿使用所发生的租金，借记“应付职工薪酬—非货币性福利”科目，贷记“银行存款”等科目。

（4）以外购商品作为非货币福利提供给职工的，应当按照商品的公允价值和相关税费，计量应计入成本费用和职工薪酬金额。这里要特别注意，外购产品用于集体福利、个人消费时，增值税不允许抵扣，要作“进项税额转出”，分配时要计入相关费用。当企业购入商品取得增值税发票时，按照价税款合计，借记“库存商品”科目，借记“应交税费—应交增值税（进项税额）”科目，贷记“银行存款”等科目；发放产品时，借记“应付职工薪酬—非货币性福利”科目，贷记“库存商品”等科目，贷记“应交税费—应交增值税（进项税额转出）”科目；应当根据受益对象进行分配时，将非货币性福利计入相关资产成本或当期损益，并确认应付职工薪酬，借记“管理费用”“生产成本”“制造费用”“销售费用”等科目，贷记“应付职工薪酬—非货币性福利”科目。

例题 6–9 天华电子制造股份有限公司 2024 年 7 月 20 日发出商品，原始凭证见图 6–23、图 6–24。

出库通知单 出字第24072001号

2024 年07月 20 日 成品库

编号	名称	规格	单位	应发数量	实发数量	单位成本	总价								附注
							十	万	千	百	十	元	角	分	
	豆浆机		台	300	300	200	¥	6	0	0	0	0	0	0	按先进先出法核算发出成本
	合计						¥	6	0	0	0	0	0	0	
备注：豆浆机为本企业产品，发放给职工作为年终福利。市场售价 250 元															

附单据1张

会计：李颖 仓库主管：李飞 保管：李唱 经手：李唱 制单：李慧

图 6–23

豆浆机发放表

2024 年 07月 20 日

部　门	台　数	金　额
生产部门	150	42 375.00
车间管理部门	20	5 650.00
管理部门	30	8 475.00
销售部门	100	28 250.00
合　计	300	84 750.00

会计：李颖 制单：李慧

图 6–24

解析：天华电子制造股份有限公司 2024 年 7 月 20 日发出商品，用本企业的产品作为职工福利。

根据规定，首先企业以自产产品作为职工薪酬发放给职工时，应确认主营业务收入，借记“应付职工薪酬—非货币性福利”科目，贷记“主营业务收入”科目，同时结转相关成本；然后应当根据受益对象，按照该产品的公允价值计入相关资产成本或当期损益，同时确认应付职工薪酬，借记“管理费用”“生产成本”“制造费用”等科目，贷记“应付职工薪酬—非货币性福利”科目。该题账务处理如下。

（1）首先确认收入。

借：应付职工薪酬—非货币性福利	84 750	
贷：主营业务收入		75 000
应交税费—应交增值税（销项税额）		9 750
借：主营业务成本	60 000	
贷：库存商品—豆浆机		60 000

（2）根据受益对象，按照该产品的公允价值计入相关资产成本或当期损益，同时确认应付职工薪酬。

借：生产成本	42 375	
制造费用	5 650	
管理费用	8 475	
销售费用	28 250	
贷：应付职工薪酬—非货币性福利		84 750

知识检测

一、单选题

1. 甲公司 2024 年 4 月共计提职工工资 35 万元，其中生产职工 25 万元，行政管理人员 3 万元，销售人员 5 万元，财务人员 2 万元。企业按照工资总额的 2% 计提工会经费，则甲公司本月应确认的管理费用金额为（　）万元。

A. 3　　B. 3.06　　C. 5　　D. 5.1

2. 甲公司为一家家电生产企业，共有职工 200 名，其中有 180 名为生产车间工人，20 名为管理人员。2024 年 12 月，甲公司以其生产的洗衣机给每位职工发放春节福利，洗衣机的市场售价为每台 1 500 元，实际成本是每台 1 000 元。甲公司适用的增值税税率为 13%。则甲公司应确认的“应付职工薪酬”为（　）元。

A. 270 000　　B. 300 000　　C. 339 000　　D. 200 000

二、多选题

1. 下列各项中，属于“应付职工薪酬”科目中所指“职工”的有（　）。

A. 与企业订立劳动合同的全职职工　　B. 企业通过中介公司雇用的保洁员

C. 与企业订立劳动合同的临时职工　　D. 企业正式任命并聘请的独立董事

2. 下列各项中，应通过“应付职工薪酬”科目核算的有（　）。

A. 提取的工会经费　　B. 计提的职工住房公积金

C. 计提的职工医疗保险费　　D. 确认的职工短期带薪缺勤

三、业务题

业务 1 金鑫实业有限公司 2024 年 7 月 31 日发生业务，原始凭证见图 6–25、图 6–26。

金鑫实业有限公司工资费用分配汇总表

2024年07月31日 单位：元

项　目	排水泵	潜水泵	管理部门	车间管理人员	专设销售机构	合　计
生产成本	95 000.00	105 000.00				200 000.00
制造费用				4 000.00		4 000.00
管理费用			45 000.00			45 000.00
销售费用					31 000.00	31 000.00
合　计	95 000.00	105 000.00	45 000.00	4 000.00	31 000.00	280 000.00

单位主管：苏瑞　　会计：郑薇

图 6–25

金鑫实业有限公司社会保险费分配汇总表

2024年07月31日 单位：元

部门及人员	社会保险费
生产工人	
排水泵	29 735.00
潜水泵	32 865.00
车间管理人员	1 252.00
企业管理人员	14 085.00
销售部门人员	9 703.00
合　计	87 640.00

单位主管：苏瑞　　会计：郑薇

图 6–26

业务 2 金鑫实业有限公司 2024 年 8 月 8 日发生业务，原始凭证见图 6–27、图 6–28。

中国工商银行
转账支票存根

支票号码	VI II 24080801
科　　目	
对方科目	
出票日期	2024 年 08 月 08 日
收款人	金鑫实业有限公司工资户
金　额	¥249 200.00
用　途	付工资
备　注	

金鑫实业……财务专……

单位主管：苏瑞　　会计：郑薇

图 6–27

工资结算单

2024 年 08 月 08 日　　　　单位：元

序号	姓名	应发工资					代扣项目				实发工资
		基本工资	岗位津贴	月奖	技术津贴	小计	养老保险	医疗保险	失业保险	小计	
1	肖大伟	2 800.00	300.00	500.00	300.00	3 900.00	312.00	78.00	39.00	429.00	3 471.00
2	唐文	2 000.00	200.00	200.00	300.00	2 700.00	216.00	54.00	27.00	297.00	2 403.00
	…	…	…	…	…	…	…	…	…	…	…
	合计	185 000.00	32 000.00	33 000.00	30 000.00	280 000.00	22 400.00	5 600.00	2 800.00	30 800.00	249 200.00

审核：苏瑞　　　　制单：郑薇

图 6-28

业务 3　金鑫实业有限公司 2024 年 8 月 10 日发生业务，原始凭证见图 6-29。

社会保险费电子转账凭证

凭证号：1255323　　　　日期：2024 年 08 月 10 日　　　　凭证提交号：080348

付款人	全　称	金鑫实业有限公司	收款人	全　称	保定市地方税务局新华路征收分局
	账　号	3227676890893646693		账　号	3227676890266051135
	开户行	中国工商银行保定市桥东路分行		开户行	中国工商银行保定市桥东路分行
金额		人民币壹拾壹万捌仟肆佰肆拾元整			¥118440.00
摘要	代扣号：****20019 ，2024 年 7 月社保费 养老小计：78400.00　单位养老　56000.00　个人养老：22400.00 医疗小计：26600.00　单位医疗：21000.00　个人医疗：5600.00 失业小计：8400.00　单位失业：5600.00　个人失业：2800.00 工伤小计：2800.00　单位工伤：2800.00 生育小计：2240.00　单位生育：2240.00				收款人开户银行盖章 中国工商银行保定市桥东路分行 转账时间： 2024.08.10 11:30:10 业务办理章
备注	1. 本凭证按《关于 A 市财政、税务、国库、银行实现计算机联网后有关票据使用问题的通知》（A 财库〔2001〕1296 号）规定作为缴费人缴纳社保费的会计核算凭证。 2. 本凭证一式两联：第一联作开户银行的记账凭证，第二联交缴费单位作记账凭证。 打印次数：				

复核：苏瑞　　　　记账：郑薇

图 6-29

业务 4　金鑫实业有限公司 2024 年 8 月 31 日发生业务，原始凭证见图 6-30。

职工困难补助发放表

2024 年 08 月 31 日

姓名	补助金额（元）	签　名	备　注
刘劲	500.00	刘劲	
王昌盛	800.00	王昌盛	
白玲	800.00	白玲	现金付讫
合计	2 100.00		

审批：苏锦庭　　审核：苏瑞　　制表：郑薇

图 6-30

业务 5　金鑫实业有限公司 2024 年 8 月 31 日发生业务，原始凭证见图 6-31~图 6-33。

房租分配汇总表

2024 年 03月 31 日　　　　单位：元

部门及人员		应付房租
生产工人	排水泵	2 025.00
	潜水泵	2 025.00
车间管理人员		230.00
企业管理人员		904.00
销售部门人员		984.00
合　计		6 168.00

审核：苏瑞　　制表：郑薇

图 6-31

电子发票（增值税专用发票）

发票号码：24133000000000015436

开票日期：2024 年 08 月 31 日

购买方信息	销售方信息
名称：金鑫实业有限公司	名称：有德房屋租赁有限公司
纳税人识别号：9113056247896001000	纳税人识别号：9113111812542356430

项目名称	规格型号	单位	数量	单价	金额	税率/征收率	税额
*经营租赁*租赁					5818.87	6%	349.13
合　计					¥5818.67		¥349.13

价税合计（大写）　⊗陆仟壹佰陆拾捌元整　　（小写）¥6168.00

备注：支付员工房租发放福利

开票人：郑京

图 6-32

中国工商银行
转账支票存根

支票号码　VI II 24083101

科　　目

对方科目

出票日期　2024 年08月 31 日

收款人	有德房屋租赁有限公司
金　额	¥6 168.00
用　途	支付集体房租
备　注	

单位主管：苏瑞　　会计：郑薇

图 6-33

业务 6　金鑫实业有限公司 2024 年 8 月 31 日发生业务，原始凭证见图 6-34~ 图 6-36。

电子发票（增值税专用发票）

发票号码：24133000000000005116

开票日期：2024 年 08 月 31 日

购买方信息	名称：金鑫实业有限公司 纳税人识别号：9113056247896001000	销售方信息	名称：长寿粮食有限公司 纳税人识别号：9113010852142355400

项目名称	规格型号	单位	数量	单价	金额	税率/征收率	税额
*农产品*大米		斤	10000	4.00	40000.00	9%	3600.00
合　计					¥40000.00		¥3600.00
价税合计（大写）	⊗肆万叁仟陆佰元整			（小写）	¥43600.00		
备注	买大米用于发放福利						

开票人：郑于

图 6-34

中国工商银行 转账支票存根	
支票号码	Ⅵ Ⅱ 24083101
科　　目	
对方科目	
出票日期	2024 年 08 月 31 日
收款人	长寿粮食有限公司
金　额	¥43 600.00
用　途	付大米买入费用
备　注	买大米用于发放福利

单位主管：苏瑞　　会计：郑薇

图 6-35

福利分配汇总表

2024 年08月 31 日　　　　单位：元

部门及人员		应付职工工资
生产工人	排水泵	17 500.00
	潜水泵	17 500.00
车间管理人员		40 00.00
企业管理人员		2 000.00
销售部门人员		2 600.00
合　计		43 600.00

审核：苏瑞　　制表：郑薇

图 6-36

任务六　应交税费—增值税的核算

任务目标

1. 掌握增值税各项内容的规定和计算方法。
2. 掌握增值税的计算及正确编制计税和纳税的分录。

重点难点

1. 增值税各项内容的规定和计算方法。
2. 增值税的计算及正确编制计税和纳税的分录。

业务认知

一、增值税概述

（一）增值税的征税范围

增值税是以商品（含应税劳务、应税服务）在流转过程中产生的增值额作为计税依据而征收的一种流转税。我国增值税相关法规规定，在我国境内销售货物或者提供加工、修理修配劳务（以下简称应税劳务），交通运输业、邮政业、电信业、部分现代服务业服务（以下简称应税服务），销售无形资产、销售不动产以及进口货物的企业单位和个人为增值税的纳税人。具体征税范围见图 6–37。

增值税征税范围

销售货物	有形动产，包括电力、热力、气体
提供加工、修理修配劳务	不包括单位或者个体工商户聘用的员工为本单位或者雇主提供加工、修理修配劳务
销售服务	提供交通运输服务、邮政服务、电信服务、建筑服务、金融服务、现代服务、生活服务
销售无形资产	有偿转让无形资产所有权或者使用权的业务活动。无形资产，包括技术、商标、著作权、商誉、自然资源使用权和其他权益性无形资产
销售不动产	有偿转让不动产所有权的业务活动。不动产包括建筑物、构筑物等。构筑物包括道路、桥梁、隧道、水坝等建造物
进口货物	在报关进口时缴纳增值税

图 6–37

（二）一般纳税人与小规模纳税人

根据经营规模大小及会计核算健全程度，增值税纳税人分为一般纳税人和小规模纳税人。一般纳税人和小规模纳税人判断标准见图 6–38。

一般纳税人和小规模纳税人划分

工业企业	年应税销售额 50 万元
商业企业	年应税销售额 80 万元
营改增企业	年应税销售额 500 万元
除个体工商户以外的其他个人	不认定为一般纳税人（不能登记）
非企业性单位、不经营发生应税行为的企业	可以选择按小规模纳税人纳税
年销售额未超过小规模纳税人标准以及新开业的纳税人，可以向主管税务机关申请一般纳税人资格认定（**申请登记**）	

图 6–38

业务核算

一、增值税核算账户设置

增值税比较特殊，设置了 11 个二级科目，见图 6–39；“应交增值税”还设 10 个专栏进行核算，见图 6–40。

“应交税费”中与增值税核算有关的明细科目

应交增值税	未交增值税	预交增值税
待抵扣进项税额	待认证进项税额	待转销项税额
增值税留抵税额	简易计税	转让金融商品应交增值税
代扣代交增值税	增值税检查调整	

图 6–39

“应交增值税”明细账

借方专栏	贷方专栏
1. 进项税额	7. 销项税额
2. 销项税额抵减	8. 出口退税
3. 已交税金	9. 进项税额转出
4. 减免税款	10. 转出多交增值税
5. 出口抵减内销产品应纳税额	
6. 转出未交增值税	

图 6–40

二、增值税核算账户介绍

（一）应交增值税明细账

借方专栏介绍。

1. 进项税额

（1）记录企业购入货物、接受应税劳务或应税服务而支付的准予从销项税额中抵扣的增值税额。

（2）注意：

①企业购入货物、接受应税劳务或应税服务支付的进项税额，用蓝字登记；

②退回所购货物应冲销的进项税额，用红字登记。

例题 6–10 某企业将原购进的不含税价为 3 000 元、增值税额为 390 元的原材料退回销售方。

解析：

借：原材料	–3 000	
应交税费—应交增值税（进项税额）	–390	
贷：银行存款		–3 390

2. 销项税额抵减

（1）用于记录按规定允许扣减销售额而减少的销项税额，只有按一般计税方法计税允许差额纳税时才使用该科目核算。

（2）账务处理：

借：主营业务成本等

应交税费—应交增值税（销项税额抵减）

贷：银行存款（或应付账款）

3. 已交税金

当月缴纳本月的增值税款；退回多缴的增值税额用红字登记。

例题 6–11 某企业 2024 年 12 月 15 日缴纳 12 月 1—10 日应该缴纳的增值税 10 万元，企业应该如何进行账务处理？

解析：

借：应交税费—应交增值税（已交税金）	100 000	
贷：银行存款		100 000

4. 减免税款

（1）反映企业按规定减免的增值税款；

（2）企业按规定直接减免的增值税额借记本科目，贷记“营业外收入”科目。

例题 6–12 某企业为增值税一般纳税人，2024 年 5 月取得先征后返的增值税 30 000 元，请问如何进行账务处理？

解析：

借：应交税费—应交增值税（减免税款）	30 000	
贷：营业外收入		30 000

此外，首次购买税控专用设备和技术维护费，也涉及减免税款。即企业初次购买增值税税控系统专用设备支付的费用以及缴纳的技术维护费允许在增值税应纳税额中全额抵减。按规定抵减的增值税应纳税额，借记“应交税费—应交增值税（减免税款）”科

目（小规模纳税人应借记“应交税费—应交增值税”科目），贷记“管理费用”等科目。

例题 6–13 2024 年 5 月提供物业服务一般纳税人，用银行存款支付初次购买增值税税控系统专用设备支付的费用 880 元（含税价），以及缴纳的技术维护费 400 元（含税价）。要求：请对以上业务做出购买和在增值税应纳税额中全额抵减的处理。

解析：支付初次购买增值税税控系统专用设备时：

借：固定资产　　880
　贷：银行存款　　880

支付技术维护费时：

借：管理费用　　400
　贷：银行存款　　400

允许在增值税应纳税额中全额抵减时：

借：应交税费—应交增值税（减免税款）　　1 280
　贷：管理费用　　1 280

5. 转出未交增值税

核算企业月终转出应缴未缴的增值税。月末企业“应交税费—应交增值税”明细账出现贷方余额时，根据余额借记本科目，贷记“应交税费—未交增值税”科目。

例题 6–14 某企业增值税账户贷方的销项税额为 30 000 元，借方的进项税额为 17 000 元，如何进行月末的账务处理？

解析：

借：应交税费—应交增值税（转出未交增值税）　　13 000
　贷：应交税费—未交增值税　　13 000

贷方专栏介绍。

6. 销项税额

（1）记录企业销售货物、提供应税劳务或应税服务应收取的增值税额；

（2）注意：退回销售货物应冲减的销项税额，只能在贷方用红字登记。

例题 6–15 某企业原销售的不含税价格为 10 000 元，销项税额为 1 300 元的货物被退回，假设已按税法规定开具了红字增值税专用发票。如何进行退回时的会计处理？

解析：

借：银行存款　　–11 300
　贷：主营业务收入　　–10 000
　　　应交税费—应交增值税（销项税额）　　–1 300

同时冲减成本：

借：主营业务成本（红字）
　　贷：库存商品（红字）

7. 进项税额转出

记录企业购进货物、劳务、服务、无形资产或不动产等发生非正常损失以及其他原因而不应从销项税额中抵扣，按规定转出的进项税额。

我们主要掌握以下两种情况。

（1）已经抵扣进项税额的外购货物等改变用途，用于简易计税方法计税项目、免征增值税项目、集体福利或者个人消费的不得抵扣进项税额的用途，做进项税额转出。

例题 6–16　某商场将 100 000 元外购服装用于职工福利，应如何进行账务处理？

解析：

借：应付职工薪酬—非货币性福利　　113 000
　　贷：库存商品　　100 000
　　　　应交税费—应交增值税（进项税额转出）　　13 000

（2）在产品、产成品、不动产等发生非正常损失，其所用外购货物、劳务、服务等进项税额做转出处理。

借：待处理财产损益
　　贷：原材料（固定资产、库存商品等）
　　　　应交税费—应交增值税（进项税额转出）

8. 转出多交增值税

核算一般纳税人月终转出多交的增值税，这里的多交必须是真金白银多交形成的“应交税费—应交增值税”的借方余额，才需要做转出处理；如果是由于进项税额大于销项税额形成的“应交税费—应交增值税”的借方余额，月末无须进行账务处理。

例题 6–17　某企业 2024 年 5 月 31 日增值税账户贷方的销项税额为 10 000 元，借方的进项税额为 17 000 元。月末如何进行账务处理？

解析：月末不进行账务处理。

例题 6–18　某企业 2024 年 7 月 31 日增值税账户贷方的销项税额为 10 000 元，借方的进项税额为 8 000 元，已交税金为 9 000 元。月末应该如何进行账务处理？

解析：按照“已交税金”与“应交增值税”借方余额绝对值较小一方做转出。已交税金为 9 000 元，“应交增值税”借方余额为 10 000–8 000–9 000=–7 000（元）。

借：应交税费—未交增值税　　7 000
　　贷：应交税费—应交增值税（转出多交增值税）　　7 000

例题 6–19 某企业 2024 年 7 月 31 日增值税账户贷方的销项税额为 10 000 元，借方的进项税额为 12 000 元，已交税金为 9 000 元。月末应该如何进行账务处理？

解析：按照“已交税金”与“应交增值税”借方余额绝对值较小一方做转出。已交税金为 9 000 元，“应交增值税”借方余额为 10 000–12 000–9 000=–11 000（元）。

借：应交税费—未交增值税　　9 000
　　贷：应交税费—应交增值税（转出多交增值税）　　9 000

（二）“未交增值税”明细账

（1）核算一般纳税人月度终了从“应交增值税”或“预交增值税”明细科目转入当月的应缴未缴、多缴或预缴的增值税额，以及当月缴纳以前期间未缴的增值税额。见图 6–41。

“未交增值税”核算情形

（1）月份终了，企业应将当月发生的应交增值税额自“应交税费—应交增值税”科目转入“未交增值税”科目	借：应交税费—应交增值税（转出未交增值税） 　贷：应交税费—未交增值税
（2）月份终了，企业应将当月多交的增值税额自“应交税费—应交增值税”科目转入“未交增值税”科目（真金白银多缴）	借：应交税费—未交增值税 　贷：应交税费—应交增值税（转出多交增值税）

图 6–41

（2）企业当月缴纳以前期间未缴的增值税。

借：应交税费—未交增值税
　　贷：银行存款

例题 6–20 某商贸公司为增值税一般纳税人，2024 年 8 月 8 日上缴 2024 年 7 月应纳增值税额 148 000 元，则正确的会计处理为（　　）。

A. 借：应交税费—应交增值税（已交税金）　　148 000
　　　贷：银行存款　　148 000
B. 借：应交税费—未交增值税　　148 000
　　　贷：应交税费—应交增值税（转出未交增值税）　　148 000
C. 借：以前年度损益调整　　148 000
　　　贷：银行存款　　148 000
D. 借：应交税费—未交增值税　　148 000
　　　贷：银行存款　　148 000

解析：正确答案：D。

企业当月缴纳以前期间未缴的增值税：

借：应交税费—未交增值税	
贷：银行存款	

（3）月末，本科目的借方余额反映的是企业多缴的增值税款，贷方余额反映的是期末结转下期应缴的增值税。

（4）用进项留抵税额抵减增值税欠税的问题。

①对纳税人因销项税额小于进项税额而产生期末留抵税额的，应以期末留抵税额抵减增值税欠税；

②按增值税欠税税额与期末留抵税额中较小的数字红字借记“应交税费—应交增值税（进项税额）”科目，贷记“应交税费—未交增值税”科目。

（三）预交增值税

核算一般纳税人转让不动产、提供不动产经营租赁服务、提供建筑服务、采用预收款方式销售自行开发的房地产项目等，以及其他按现行增值税制度规定应预交的增值税额。

（四）“待抵扣进项税额”明细科目

核算内容是核算一般纳税人已取得增值税扣税凭证并经税务机关认证，按照现行增值税制度规定准予以后期间从销项税额中抵扣的进项税额。

（五）“简易计税”明细科目

核算一般纳税人采用简易计税方法发生的增值税计提、扣减、预缴、缴纳等业务。

（六）“转让金融商品应交增值税”明细科目

核算增值税纳税人转让金融商品发生的增值税额。金融商品转让按规定以盈亏相抵后的余额为销售额。

例题 6-21　某企业 2024 年 6 月销售作为短期投资的交易性金融资产。出售收入 100 000 元，购买时交易性金融资产成本 80 000 元，公允价值变动 10 000 元，确认投资收益并计算转让金融商品发生的增值税额。

解析：确认投资收益，出售收入与交易性金融资产的成本和公允价值变动的差即为投资收益。投资收益为 100 000-（80 000+10 000）=10 000 元。确认计算应交的转让金融商品发生的增值税额应该以转让收入与成本的差额为计算依据来计算，增值税税率 6%。应交的转让金融商品发生的增值税额为（100 000-80 000）÷1.06×0.06=1 132.08 元。分录如下。

（1）先确认投资收益：

借：其他货币资金—存出投资款（银行存款）	100 000	
贷：交易性金融资产—成本		80 000
交易性金融资产—公允价值变动损益		10 000
投资收益		10 000

（2）应交的转让金融商品发生的增值税额：

借：投资收益	1 132.08	
贷：应交税费—转让金融商品应交增值税		1 132.08

（七）“代扣代交增值税”明细科目

核算纳税人购进在境内未设经营机构的境外单位或个人在境内的应税行为代扣代缴的增值税。按照适用税率代扣代缴。

（八）“增值税检查调整”专门账户

（1）在税务机关对增值税一般纳税人增值税纳税情况进行检查后凡涉及增值税涉税账务调整的，应设立“应交税费—增值税检查调整”专门账户；

（2）调账过程中与增值税有关的账户用“应交税费—增值税检查调整”替代；

（3）全部调账事项入账后，结出“应交税费—增值税检查调整”的余额，并将该余额转至“应交税费—未交增值税”中。处理之后，本账户无余额。

例题 6-22 2024 年 5 月 21 日，某企业经主管国税局检查，发现上月购进的甲材料用于集体福利，企业仅以账面金额 10 000 元（不含税价格）结转至“应付职工薪酬”科目核算。另有 5 000 元的乙材料购入业务取得的增值税专用发票不符合规定，相应进项税额 650 元已于上月抵扣。税务机关要求该企业在本月调账并于 5 月 31 日前补交税款入库（不考虑滞纳金和罚款）。

解析：（1）甲材料用于集体福利，相应的进项税额要转出，此时需将“应交税费—应交增值税（进项税额转出）”用“应交税费—增值税检查调整”替代。

借：应付职工薪酬	1 300	
贷：应交税费—增值税检查调整		1 300

（2）进项税额 650 元已于上月抵扣，但其增值税专用发票不符合规定，所以相应的进项税额 650 元要转出，此时需将“应交税费—应交增值税（进项税额转出）”用“应交税费—增值税检查调整”替代。

借：原材料	650	
贷：应交税费—增值税检查调整		650

（3）全部调账事项入账后，结出“应交税费—增值税检查调整”的余额，并将该余额转至“应交税费—未交增值税”中。

借：应交税费—增值税检查调整	1 950	
贷：应交税费—未交增值税		1 950

（4）缴纳增值税时：

借：应交税费—未交增值税	1 950	
贷：银行存款		1 950

（九）小规模纳税人设置的与增值税核算有关的明细科目

（1）小规模纳税人只需在“应交税费”科目下设置“应交增值税”“转让金融商品应交增值税”“代扣代交增值税”明细科目，税率为3%。

（2）“应交增值税”不需要设置专栏：

借方发生额，反映已缴的增值税额；

贷方发生额，反映应缴的增值税额；

期末借方余额，反映多缴的增值税额；

期末贷方余额，反映尚未缴纳的增值税额。

（3）不需要设置其他明细科目。

三、增值税具体核算

（一）一般纳税人增值税税额的计算

一般纳税人采用购进扣税法计算当期增值税应纳税额，即先按当期销售额和适用税率计算出销项税额，然后对当期购进项目向对方支付的税款进行抵扣，从而间接算出当期的应纳税额。其计算公式如下：

当期应纳税额 = 当期销项税额 – 当期进项税额

1. 销项税额的确定

公式中的“当期销项税额”是指纳税人当期销售货物、提供应税劳务和应税服务，按照销售额和增值税税率计算的增值税额。其计算公式如下：

当期销项税额 = 销售额 × 税率

一般情况下，销售额包括向购买方收取的全部价款和价外费用。与销售有因果连带关系的价外收费都应看作含税销售额，即向购买方收取的价外费用应视为含税收入，在征税时换算成不含税收入，再并入销售额计税。

所谓价外费用，包括价外向购买方收取的手续费、补贴、基金、集资费、返还利润、奖励费、违约金、滞纳金、延期付款利息、赔偿金、代收款项、代垫款项、包装费、优质费以及其他各种性质的价外收费。在征税时换算成不含税收入，再并入销售额计税。

销售额 = 含增值税价外费用 ÷（1+ 税率）

2. 当期进项税额中准予从销项税额中抵扣的进项税额

“当期进项税额”是指纳税人当期购进货物、接受应税劳务和应税服务支付或负担的增值税额。其中有按规定准予从销项税额中抵扣的进项税额，也叫可抵扣进项税额。符合可抵扣的进项税额，须具备一些条件，通常包括以下几个。

（1）一般情况下：凭票抵扣。

①从销售方取得的增值税专用发票（含税控机动车销售统一发票，下同）上注明的增值税额准予抵扣。

②从海关取得的海关进口增值税专用缴款书上注明的增值税额。

③企业从境外单位或者个人购进服务、无形资产或者不动产，自税务机关或者扣缴义务人取得的解缴税款的完税凭证上注明的增值税额是准予抵扣的。纳税人凭完税凭证抵扣进项税额的，应当具备书面合同、付款证明和境外单位的对账单或者发票。资料不全的，其进项税额不得从销项税额中抵扣。

④目前带有“航空运输电子客票行程单”“铁路电子客票”字样的数电票包含“购买方名称”及其“统一社会信用代码”，如需将其用于抵扣税款、税前扣除和财务报销的，应当在“购买方名称”及其“统一社会信用代码”处填写将该发票用于抵扣税款、税前扣除和财务报销的单位信息，开票后直接交付到对应单位的税务数字账户。

（2）特殊情况之一：自行计算抵扣。

①企业在购进农产品时，应按照农产品收购发票或者销售发票上注明的农产品买价和 9% 的扣除率计算的进项税额，如果纳税人购进的农产品是用于生产销售或委托受托加工 13% 税率货物的，扣除率仍为 10%。这里的进项税额 = 买价 × 扣除率。

②增值税一般纳税人支付的道路、桥、闸通行费，暂凭取得的通行费发票（不含财政票据，下同）上注明的收费金额计算可抵扣的进项税额。通行费，是指有关单位依法或者依规设立并收取的过路、过桥和过闸费用。在计算时可按照以下公式计算：

高速公路通行费可抵扣进项税额 = 高速公路通行费发票上注明的金额 ÷（1+3%）× 3%

一级公路、二级公路、桥、闸通行费可抵扣进项税额 = 一级公路、二级公路、桥、闸通行费发票上注明的金额 ÷（1+ 5%）× 5%

③购进国内旅客运输服务，其进项税额允许从销项税额中抵扣，纳税人未取得“航空运输电子客票行程单”“铁路电子客票”字样的数电票的，暂按照以下规定确定进项税额：

a. 取得增值税电子普通发票的，为发票上注明的税额；

b. 取得注明旅客身份信息的航空运输电子客票行程单的，按照下列公式计算进项税额：

航空旅客运输进项税额 =（票价 + 燃油附加费）÷（1+9%）× 9%

c. 得注明旅客身份信息的铁路车票的，按照下列公式计算进项税额：

铁路旅客运输进项税额 = 票面金额 ÷（1+9%）× 9%

d. 取得注明旅客身份信息的公路、水路等其他客票的，按照下列公式计算进项税额：

公路、水路等其他旅客运输进项税额 = 票面金额 ÷（1+3%）× 3%

注意事项：

e. 国际旅客运费不得抵扣进项税额，因为国际运输免税或零税率；

f. 对于旅客运费，除专票和电子发票外，其他票据要想抵扣进项税额，必须注明旅客身份信息；

g. 纸质的增值税普通发票、定额发票不得抵扣进项税额。

3. 当期进项税额中准予不得从销项税额中抵扣的进项税额

当期进项税额中准予不得从销项税额中抵扣的进项税额，也叫不可抵扣的进项税额。不可抵扣的进项税额规定如下：

（1）用于简易计税方法计税项目、免征增值税项目、集体福利或者个人消费的购进货物、加工修理修配劳务、服务、无形资产和不动产。

（2）非正常损失所对应的进项税额。

①非正常损失的购进货物，以及相关的加工修理修配劳务和交通运输服务。

②非正常损失的在产品、产成品所耗用的购进货物（不包括固定资产）、加工修理修配劳务和交通运输服务。

③非正常损失的不动产，以及该不动产所耗用的购进货物、设计服务和建筑服务。

④非正常损失的不动产在建工程所耗用的购进货物、设计服务和建筑服务。纳税人新建、改建、扩建、修缮、装饰不动产，均属于不动产在建工程。

上述 4 项所说的非正常损失，是指因管理不善造成货物被盗、丢失、霉烂变质，以及因违反法律法规造成货物或者不动产被依法没收、销毁、拆除的情形。

（3）特殊政策规定不得抵扣的进项税额。

①购进贷款服务、餐饮服务、居民日常服务和娱乐服务。

②纳税人接受贷款服务向贷款方支付的与该笔贷款直接相关的投融资顾问费、手续费、咨询费等，其进项税额不得从销项税额中抵扣。

③财政部和国家税务总局规定的其他情形。

4. 一般纳税人采用的税率

一般纳税人采用的税率分为基本税率、低税率和零税率三种。税率为 4 档：13%、9%、6%、0。

销售或进口货物、提供加工、修理、修配劳务、提供有形动产租赁服务，增值税适用 13% 的税率；一般纳税人销售或者进口粮食、食用植物油、自来水、暖气、冷气、热水、煤气、石油液化气、天然气、沼气、居民用煤炭制品、图书、报纸、杂志、饲料、化肥、农药、农机、农膜以及国务院及其有关部门规定的其他货物，适用 9% 的低税率；提供交通运输业服务、建筑业服务、邮政业服务、基础电信服务，销售不动产、不动产租赁适用 9% 的低税率；销售无形资产、电信服务、金融服务、生活服务、现代服务等，适用 6% 的低税率。

一般纳税人出口货物和财政部、国家税务总局规定的应税服务，税率为 0。

（二）一般纳税人的账务处理

1. 采购商品与接受应税劳务和应税服务

企业从国内采购商品或接受应税劳务和应税服务等，根据增值税专用发票上记载的应计入采购成本或应计入加工、修理修配等物资成本的金额，借记“固定资产”“材料采购”“在途物资”“原材料”“库存商品”或“生产成本”“制造费用”“委托加工物资”“管理费用”等科目；根据增值税专用发票上注明的可抵扣的增值税税额，借记“应交税费—应交增值税（进项税额）”科目；按照应付或实际支付的总额，贷记“应付账款”“应付票据”“银行存款”等科目。购入货物发生的退货，作相反的会计分录。

企业购入免税农产品，按照买价和规定的扣除率计算进项税额，借记“应交税费—应交增值税（进项税额）”科目，按买价扣除按规定计算的进项税额后的差额，借记“材料采购”“原材料”“商品采购”“库存商品”等科目，按照应付或实际支付的价款，贷记“应付账款”“银行存款”等科目。

2. 进项税额转出

企业购进的货物发生非正常损失，以及将购进货物改变用途（如用于非应税项目、集体福利或个人消费等），其进项税额应通过“应交税费—应交增值税（进项税额转出）”科目转入有关科目，借记“待处理财产损益”“在建工程”“应付职工薪酬”等科目，贷记“应交税费—应交增值税（进项税额转出）”科目；属于转作待处理财产损失的进项税额，应与遭受非常损失的购进货物、在产品或库存商品的成本一并处理。

例题 6–23 天马股份有限公司 2024 年 7 月 10 日发生下列业务，原始凭证见图 6–42~图 6–44。

收料单

供货单位：长寿粮食有限公司　2024 年 07 月10日　收货仓库：成品库

材料类别	名称及规格	计量单位	数量		实际成本	
			应收	实收	单价	金额
	食用油	桶	1 000	1 000	40.00	40 000.00

记账联

质量检验：李的　收料：李的　制单：张义

图 6–42

电子发票（增值税专用发票）

发票号码：24133000000000000126

开票日期：2024 年 07 月 10 日

购买方信息	名称：天马股份有限公司 纳税人识别号：9113020275053465700	销售方信息	名称：长寿粮食有限公司 纳税人识别号：9113010852142355400

项目名称	规格型号	单位	数量	单价	金额	税率/征收率	税额
*农产品*食用油		斤	10 000	4.00	40000.00	9%	3600.00
合　计					¥40000.00		¥3600.00

价税合计（大写）	⊗肆万叁仟陆佰元整　（小写）¥43600.00
备注	

开票人：郑于

图 6–43

中国工商银行 转账支票存根	
支票号码	VI II 24071006
科　　目	
对方科目	
出票日期	2024 年 07 月 10 日
收款人	长寿粮食有限公司
金　额	¥43 600.00
用　途	付食用油买入费用
备　注	

单位主管：李丽　　会计：张义

图 6–44

解析：买入食用油，商品已验收入库，款项已支付。分录如下：

借：库存商品—食用油　　40 000

　　应交税费—应交增值税（进项税额）　　3 600

　　贷：银行存款　　43 600

例题 6–24　紧接上题，天马股份有限公司 2024 年 7 月 15 日发生下列业务，原始凭证见图 6–45、图 6–46。

出库通知单　　出字第 24071501 号

2024 年07月 15 日　　成品库

编号	名称	规格	单位	应发数量	实发数量	单位成本	总价								附注
							十	万	千	百	十	元	角	分	
	食用油		桶	1 000	1 000	40.00	¥	4	0	0	0	0	0	0	用于发放春节福利
	合计						¥	4	0	0	0	0	0	0	
备注：购买时发生增值税进项税额															

附单据 1 张

审核：李丽　　仓库主管：王慧　　保管：王唱　　经手：王唱　　制单：张义

图 6–45

春节福利分配汇总表

2024 年07月 15 日　　单位：元

部门及人员	应付职工工资
生产工人	35 000.00
车间管理人员工资	2 000.00
企业管理人员工资	1 600.00
销售部门人员工资	2 000.00
工程建设工人	3 000.00
合　计	43 600.00

审核：李丽　　制表：张义

图 6–46

解析：将购进货物改变用途（如用于非应税项目、集体福利或个人消费等），其进项税额应通过“应交税费—应交增值税（进项税额转出）”科目转入有关科目。因此本题中首先要作领用食用油的分录。分录如下：

借：应付职工薪酬—非货币福利　　43 600
　贷：库存商品—食用油　　40 000
　　　应交税费—应交增值税（进项税额转出）　　3 600

同时按照受益部门进行分配，分录如下：

借：生产成本　　35 000
　　制造费用　　2 000
　　管理费用　　1 600
　　销售费用　　2 000
　　在建工程　　3 000
　贷：应付职工薪酬—非货币福利　　43 600

3. 销售货物或者提供应税劳务和应税服务

企业销售货物或者提供应税劳务和应税服务，按照营业收入和应收取的增值税税额，借记“应收账款”“应收票据”“银行存款”等科目，按专用发票上注明的增值税税额，贷记“应交税费—应交增值税（销项税额）”科目，按照实现的营业收入，贷记“主营业务收入”“其他业务收入”等科目。发生的销售退回，作相反的会计分录。

4. 视同销售行为

企业的有些交易和事项从会计角度看不属于销售行为，但是按照税法规定，应视同对外销售处理，计算应交增值税。视同销售需要缴纳增值税的事项，如企业将自产或委托加工的货物用于非应税项目、集体福利或个人消费，将自产、委托加工或购买的货物作为投资、分配给股东或投资者、无偿赠送他人等。在这些情况下，企业应当借记“应付职工薪酬”“利润分配”“长期股权投资”“营业外支出”等科目，贷记“应交税费—应交增值税（销项税额）”科目等。

例题 6–25　天马股份有限公司 2024 年 7 月 15 日发生经济业务，原始凭证见图 6–47。

出库通知单　　出字第 24071502 号

2024 年 07 月 15 日　　成品库

编号	名称	规格	单位	应发数量	实发数量	单位成本	总价								附注
							十	万	千	百	十	元	角	分	
	衬布		吨	300	300			2	0	0	0	0	0	0	按加权平均法核算发出成本
	合计							2	0	0	0	0	0	0	
备注：衬布为本企业产品，市场售价20 000元。用于食堂建设															

附单据 1 张

审核：李丽　仓库主管：王慧　保管：王唱　经手：王唱　制单：张义

图 6–47

解析：本题领用本企业生产的产品衬布用于食堂建设，属于职工福利，按照税法规定，应视同对外销售处理，计算应交增值税。分录如下：

首先明确自产产品用于职工食堂为职工福利，视同销售，同时明确福利费用。

借：应付职工薪酬—非货币福利　　22 600
　贷：主营业务收入—衬布　　20 000
　　应交税费—应交增值税（销项税额）　　2 600（20000 × 13%）

然后转入工程成本。

借：在建工程　　22 600
　贷：应付职工薪酬—非货币福利　　22 600

5. 交纳增值税

企业计提本月缴纳的增值税时，借记“应交税费—应交增值税（转出未交增值税）”科目，贷记“应交税费—未交增值税”科目。

企业缴纳的本月应交增值税，借记“应交税费—应交增值税（已交税金）”科目，贷记“银行存款”科目。

企业缴纳的上月应交增值税，借记“应交税费—未交增值税”科目，贷记“银行存款”科目。

期末“应交税费—应交增值税”科目的贷方余额，表示企业应缴纳的增值税。

期末“应交税费—应交增值税”科目的借余额，表示当期销项税额小于当期进项税额不足抵扣时，其不足部分可以结转下期继续抵扣，一般不作账务处理。

例题 6–26　假定天马股份有限公司 2024 年 7 月 30 日如发生下列经济业务，原始凭证见图 6–48。

应交增值税计算表

2024 年 07月 30 日　　　　单位：元

当期销项税额	当期进项税额	当期进项税额转出	已交税金	应交增值税
300 000	200 000	3 400		103 400

审核：李丽　　　　制表：张义

图 6–48

解析：该公司 2024 年 7 月 30 日计算当期应交的增值税，需要说明的是，此工作必须是将涉及应交增值税的明细账全部登记完毕，才能将有关数据登好。

当期应交的增值税 = 当期销项税额 –（当期进项税额 – 当期进项税额转出）=300 000–（200 000–3 400）=103 400 元，分录如下：

借：应交税费—应交增值税（转出未交增值税）　　103 400
　贷：应交税费—未交增值税　　103 400

例题 6–27　紧接例题 6–26，天马股份有限公司 2024 年 8 月 10 日发生下列经济业务，原始凭证见图 6–49。

工商银行保定市银行电子缴税付款凭证

转账日期：2024 年 08 月 10 日

开户行账号:3227676890265489111	付款人名称:天马股份有限公司
纳税人编号:190202750534657	征收机关:保定市国家税务局新华路分局
开户行名称:中国工商银行保定市新华路分行	收款国库:国库保定支库
大写金额:壹拾万零叁仟肆佰元整	小写金额:¥103 400.00
税种名称:增值税	所属期限:2024.07.01 至 2024.07.31
	实缴金额:¥103 400.00 银行盖章

工行保定市
新华路分行
24.08.10
业务清讫章

图 6-49

解析：金鑫实业有限公司 2024 年 8 月 10 日缴纳应交的增值税，所属期限 2024 年 7 月 1 日至 2024 年 7 月 31 日，也就是本月缴纳上月的增值税。分录如下：

借：应交税费—未交增值税　　103 400
　　贷：银行存款　　103 400

（三）小规模纳税人的账务处理

小规模纳税企业应当按照不含税销售额和规定的增值税征收率计算缴纳增值税，销售货物或提供应税劳务和应税服务时只能开具普通发票，不能开具增值税专用发票。小规模纳税企业不享有进项税额的抵扣权，其购进货物或接受应税劳务和应税服务支付的增值税直接计入有关货物或劳务的成本。因此，小规模纳税企业只需在“应交税费”科目下设置“应交增值税”明细科目，不需要在“应交增值税”明细科目中设置专栏。“应交税费—应交增值税”科目贷方登记应缴纳的增值税，借方登记已缴纳的增值税；期末贷方余额反映尚未缴纳的增值税，借方余额反映多缴纳的增值税。

小规模纳税企业购进货物与接受应税劳务和应税服务时支付的增值税，直接计入有关货物和劳务的成本，借记“材料采购”“在途物资”等科目，贷记“银行存款”等科目；销售货物、提供应税劳务和应税服务，按全部价款，借记“银行存款”等科目，按不含税的销售额，贷记“主营业务收入”等科目，按应纳增值税税额，贷记“应交税费—应交增值税”科目。

小规模纳税人销售货物、提供应税劳务和应税服务，实行按照销售额和征收率计算应纳税额的简易办法，但不得抵扣进项税额。应纳税额计算公式：

应纳税额 = 销售额 × 征收率

小规模纳税人增值税征收率为 3%。

例题 6-28　2024 年 5 月，某小规模纳税人销售货物，实现含增值税销售额 41 200 元，适用增值税征收率为 3%。假定本月只有这一笔业务，月底应如何进行账务处理？

解析：因为是含税销售额，首先价税分离，分别计算销售额和应交增值税。销售额为 41 200 ÷（1+3%）=40 000（元），应交增值税为 40 000 × 3%=1 200（元）。分录如下：

销售业务发生时：

借：银行存款　　41 200
　　贷：主营业务收入　　40 000
　　　　应交税费—应交增值税　　1 200

月末缴纳增值税时：

借：应交税费—应交增值税　　1 200
　　贷：银行存款　　1 200

知识检测

一、单选题

1. 甲企业为增值税一般纳税人，2024 年 7 月购入一批农产品作为原材料核算，农产品收购发票上注明的买价为 200 000 元，规定的扣除率为 9%，货物收到并验收入库，价款已用银行存款支付，则下列说法中不正确的是（　　）。

A.“原材料”科目入账金额为 182 000 元

B. 应交增值税（进项税额）为 18 000 元

C.“原材料”科目入账金额为 200 000 元

D. 增值税不应计入农产品成本，可以抵扣销项税额

2. 2024 年 7 月 4 日，甲公司购进一栋办公楼并于当月投入使用，6 月 25 日，纳税人取得该大楼的增值税专用发票并认证相符，专用发票注明的价款为 800 000 元，增值税进项税额为 72 000 元，款项已用银行存款支付，不考虑其他相关因素。下列说法中正确的是（　　）。

A. 固定资产入账成本为 872 000 元

B. 办公楼属于动产，不属于固定资产

C. 可一次性抵扣的增值税为 72 000 元

D. 产生进项税额不允许抵扣

3. 甲公司为增值税一般纳税人，适用的增值税税率为 13%。2024 年 8 月甲公司决定将本公司生产的 500 件产品分配给股东作为现金股利发放。该批产品的成本为每件 1.2 万元，市场销售价格为每件 2 万元（不含增值税）。假定不考虑其他相关税费。实际发放时，甲公司下列会计处理中不正确的是（　　）。

A. 借记“应付股利”1 000 万元

B. 确认主营业务收入 1 000 万元

C. 计入“应交税费—应交增值税（销项税额）”科目 130 万元

D. 影响当期损益金额为 400 万元

4. 丙公司为增值税一般纳税人，2024 年 12 月 5 日将外购的材料用于建造职工食堂。该批材料的购入价款为 200 000 元。增值税税率为 13%，于 2023 年 7 月 1 日购入。则丙公司应计入在建工程的金额是（　）元。

A. 200 000　　B. 226 000　　C. 0　　D. 26 000

5. 下列各项中，需作增值税进项税额转出处理的是（　）。

A. 购买的货物因暴雨导致的非常损失　　B. 购买的货物因管理不善导致的损失

C. 自产产品因管理不善导致的损失　　D. 自产产品发生非常损失

二、多选题

1. 2024 年 8 月，某公司（一般纳税人，适用的增值税税率为 13%）发生如下事项：① 10 日，库存材料因管理不善发生意外火灾损失，有关增值税专用发票注明的材料成本为 20 000 元，增值税税额为 2 600 元。② 18 日，领用一批外购原材料用于集体福利消费，该批原材料的成本为 60 000 元，购入时支付的增值税进项税额为 7 800 元。下列说法正确的有（　）。

A. 因管理不善造成的材料毁损，进项税额应留待继续抵扣

B. 转入“待处理财产损益”科目的金额为 22 600 元

C. 借记应付职工薪酬 67 800 元

D. 应计入“应交税费—应交增值税（进项税额转出）”科目的金额为 10 400 元

2. 下列各项中，增值税的进项税额需要转出的有（　）。

A. 购买的货物用于简易计税方法计税项目　　B. 购买的货物用于集体福利

C. 购买的货物因管理不善发生损失　　D. 购买的货物用于设备安装

3. 公司 2024 年 9 月 15 日由于暴雨毁损一批原材料，该批材料系 9 月 1 日购入的，增值税发票上注明价款 200 万元，增值税税额 26 万元。报经批准后，由保险公司赔款 155 万元。甲公司下列会计处理中正确的有（　）。

A. 计入营业外支出 45 万元　　B. 计入管理费用 71 万元

C. 该批材料的增值税税额需转出　　D. 该批材料的增值税税额不需转出

4. 2024 年 8 月，甲公司（一般纳税人，适用的增值税税率为 13%）将外购的一批商品捐赠给希望中学。该批产品的成本为 20 000 元，计税价格为 25 000 元。下列说法中正确的有（　）。

A. 计入主营业务收入 20 000 元

B. 计入营业外支出 23 250 元

C. 按计税价格转入营业外支出

D. 按计税价格计算的销项税额需转入营业外支出

三、判断题

1. 一般纳税人购进货物、接受应税劳务或应税行为，用于简易计税方法计税项目、免征增值税项目、集体福利或个人消费等，其进项税额不得从销项税额中抵扣的，应将

进项税额计入相关资产成本或当期损益。(   )

2. 小规模纳税人企业购进货物和接受应税劳务时支付的增值税，计入“应交税费—应交增值税（进项税额）”科目核算。(   )

四、业务题

业务1 天马股份有限公司2024年5月在税务稽查中应补增值税200元欠税未补，若2024年5月末留抵税额50元，6月末留抵税额100元。请进行5月末和6月末用留抵税额抵减欠税的账务处理。

业务2 天马股份有限公司2024年5月10日经主管国税局检查，发现上月自产产品集体福利，企业仅以账面金额10 000元（不含税价格）结转至“应付职工薪酬”科目核算，该产品市场售价15 000元，增值税税率13%。另有上月末财产清查时有价值1 000元的乙材料由于自然原因造成的毁损作了进项税额转出，并进行全部计入相关费用处理。税务机关查账发现以上两项错误，要求该企业在本月调账并于5月31日前补交税款入库（不考虑滞纳金和罚款）。要求：对以上事项进行账务处理。

业务3 天马股份有限公司为一般纳税人，2024年5月10日，用银行存款支付初次购买增值税税控系统专用设备支付的费用880元（含税价，增值税税率13%），以及缴纳的技术维护费400元（含税价，增值税税率6%）。5月30日，收到税务部门在增值税应纳税额中全额抵减的通知。要求：请对以上业务做出购买和在增值税应纳税额中全额抵减的处理。

业务4 天马股份有限公司2024年5月15日发生业务，原始凭证见图6–50、图6–51。

出库通知单　　出字第24051501号

2024年05月15日　　成品库

编号	名称	规格	单位	应发数量	实发数量	单位成本	总价								附注
							十	万	千	百	十	元	角	分	
	衬布		公斤	1 000	1 000	35.00	¥	3	5	0	0	0	0	0	
	合计						¥	3	5	0	0	0	0	0	
备注：将自产的产品用于发放职工福利，售价40 000元															

附单据1张

审核：李丽　仓库主管：王慧　保管：王唱　经手：王唱　制单：张义

图6–50

福利分配汇总表

2024年05月15日　　单位：元

部门及人员	应付职工福利
生产工人	35 000.00
车间管理人员工资	2 000.00
企业管理人员工资	1 600.00
销售部门人员工资	2 000.00
工程建设工人	4 600.00
合　计	45 200.00

审核：李丽　制表：张义

图6–51

业务 5 天马股份有限公司 2024 年 5 月 20 日发生下列业务，见图 6-52、图 6-53。

材料盘点报告单

2024 年 05 月 20 日

材料编号	品名	单位	单位成本	账存数量	实存数量	盘盈		盘亏		盘亏原因	审批意见
						数量	金额	数量	金额		
…	塑料	公斤	8 000.00	5	4.5			0.5	4 000.00		
合计									¥4 000.00		
备注	盘亏金额中含1 000 元运费，其余3 000 元为材料价款										

审批人：李丽　　　　部门负责人：刘刚　　　　制表：张义

图 6-52

资产清查损益申报单

兹于 2024 年 5 月 20 日，进行了存货清查，发现生铁短缺 0.5 吨。盘亏金额中含 1 000元运费，其余3 000 元为材料价款。经认真核查，系管理不善造成丢失，马达赔偿 2 500元，其余转销。

天马股份有限公司 财务部 2024.05.20 财务专用章

审批人意见：　同意　　　　苏庭虎

2024.05.20

图 6-53

业务 6 天马股份有限公司 2024 年 5 月 21 日发生下列业务，见图 6-54。

电子发票（增值税专用发票）

发票号码：24133000000000002215

开票日期：2024 年 05 月 21 日

购买方信息	销售方信息
名称：保定飞翔安装公司	名称：天马股份有限公司
纳税人识别号：9113129571017864900	纳税人识别号：9113020275053465700

项目名称	规格型号	单位	数量	单价	金额	税率/征收率	税额
*货物*衬布		公斤	2 000	60.00	120000.00	13%	15600.00
合　计					¥120000.00		¥15600.00
价税合计（大写）	⊗壹拾叁万伍仟陆佰元整			（小写）	¥135600.00		
备注							

开票人：张义

图 6-54

业务 7 天马股份有限公司 2024 年 5 月 22 日发生下列业务，见图 6-55。

电子发票（增值税专用发票）						发票号码：24133000000000003760 开票日期：2024年05月22日	
购买方信息	名称：天马股份有限公司 纳税人识别号：9113020275053465700			销售方信息	名称：京琪纺织股份有限责任公司 纳税人识别号：9113125275670042763		
项目名称	规格型号	单位	数量	单价	金额	税率/征收率	税额
*货物*呢绒布		公斤	1000	50.00	50000.00	13%	6500.00
合　计					¥50000.00		¥6500.00
价税合计（大写）	⊗伍万陆仟伍佰元整			（小写）¥56500.00			
备注							

开票人：林强

图 6–55

业务 8　天马股份有限公司 2024 年 5 月 30 日编制应交增值税计算表，见图 6–56。请根据以上业务 1~ 业务 7 完善空白处，计算当月应交增值税，并进行相关账务处理。

应交增值税计算表

2024 年 05月 30 日　　　　　　单位：元

当期销项税额	当期进项税额	当期进项税额转出	已交税金	减免税	应交增值税

审批人：李丽　　　　　　制表：张义

图 6–56

业务 9　天马股份有限公司 2024 年 6 月 10 日发生下列业务，根据以上题中 5 月资料，缴纳 5 月应交增值税。原始凭证见图 6–57。

工商银行保定市银行电子缴税付款凭证

2024 年 06 月 10 日

开户行账号:3227676890265489111	付款人名称:天马股份有限公司
纳税人编号:190202750534657	征收机关:保定市国家税务局新华路分局
开户行名称:中国工商银行保定市新华路分行	收款国库:国库保定支库
大写金额:壹万伍仟贰佰贰拾元整	小写金额:¥15 220.00
税种名称:增值税	所属期限:2024.05.01 至 2024.05.31 实缴金额：¥15 220.00 银行盖章

工行保定市新华路分行 2024.06.10 业务清讫章

图 6–57

业务 10　某企业为增值税小规模纳税人，适用增值税征收率为 3%，原材料按实际成本核算。该企业 2024 年 8 月 1 日发生经济交易如下：购入原材料一批，取得增值税专用发票上注明的价款为 30 000 元，增值税额为 3 900 元，款项以银行存款支付，材料已验收入库。8 月 20 日销售产品一批，开具的普通发票注明的货款（含税）为 51 500 元，款项已存入银行。8 月 31 日用银行存款缴纳当月应交增值税。请为企业编制相关会计分录。

任务七　应交税费—其他税费的核算

任务目标

1. 掌握各项税费的规定和计算方法。
2. 正确地编制其他税费计税和纳税的会计分录。

重点难点

1. 各项税费的规定和计算方法。
2. 编制其他税费计税和纳税的会计分录。

业务认知

根据税法规定，企业应缴的各种税费除了上节讲的增值税外，还有消费税、营业税、城建税、资源税、土地增值税、所得税、房产税、车船税、土地使用税、教育费附加、矿产资源补偿费、耕地占用税、契税、车辆购置税等。

企业应通过“应交税费”科目，总括反映各种税费的应交、缴纳等情况。该科目贷方登记应缴纳的各种税费等，借方登记实际缴纳的税费；期末余额一般在贷方，反映企业尚未缴纳的税费，期末余额如在借方，反映企业多缴或尚未抵扣的税费。本科目可按应交的税费税种设置明细科目进行明细核算。图 6–58 为“应交税费”科目下设的按应交的税费税种设置的明细科目。

“应交税费”中与其他税种相关的明细科目

应交消费税	应交资源税	应交城市维护建设税
应交所得税	应交土地增值税	应交房产税
应交土地使用税	应交车船税	应交印花税
应交个人所得税	应交教育费附加	应交地方教育附加
应交矿产资源补偿费		

图 6–58

可以看出，企业缴纳的契税、耕地占用税、车辆购置税等不在表 6–58 中，即这三种税金因为不需要预计应缴数，所以不通过“应交税费”科目核算。

业务核算

一、应交消费税的核算

（一）消费税概述

消费税是指在我国境内生产、委托加工和进口应税消费品的单位和个人，按其流转额缴纳的一种税。消费税有从价定率和从量定额两种征收方法。采取从价定率方法征收的消费税，以不含增值税的销售额为税基，按照税法规定的税率计算，企业的销售收入包含增值税的，应将其换算为不含增值税的销售额。采取从量定额计征的消费税，根据按税法确定的企业应税消费品的数量和单位应税消费品应缴纳的消费税计算确定。

（二）应交消费税的账务处理

企业应在“应交税费”科目下设置“应交消费税”明细科目，核算应交消费税的发生、缴纳情况。该科目贷方登记应缴纳的消费税，借方登记已缴纳的消费税；期末贷方余额反映企业尚未缴纳的消费税，借方余额反映企业多缴纳的消费税。

1. 销售应税消费品

企业销售应税消费品应交的消费税，应借记“税金及附加”科目，贷记“应交税费—应交消费税”科目。

2. 自产自用应税消费品

企业将生产的应税消费品用于在建工程等非生产机构时，按规定应缴纳的消费税，借记“在建工程”等科目，贷记“应交税费—应交消费税”科目。

例题 6–29 海润化妆品股份有限公司 2024 年 7 月 15 日发生经济业务，原始凭证见图 6–59。

出库通知单　　出字第 24071501 号

2024 年 07 月 15 日　　成品库

编号	名称	规格	单位	应发数量	实发数量	单位成本	总价								附注
							十	万	千	百	十	元	角	分	
	高档化妆品		瓶	30	30	600.00	¥	1	8	0	0	0	0	0	按先进先出法核算发出成本
	合计						¥	1	8	0	0	0	0	0	
备注：高档化妆品为本企业产品，消费税税率15%，市场售价800元/瓶。用于职工福利															

附单据1张

审核：李静　　仓库主管：马飞　　保管：李义　　经手：李义　　制单：王丹

图 6–59

解析：化妆品为应税消费品，用于职工福利。视同销售，应计算应交增值税和应交消费税。分录如下：

借：应付职工薪酬—职工福利	27 120	
税金及附加	3 600	
贷：主营业务收入		24 000
应交税费—应交消费税		3 600
应交税费—应交增值税（销项税额）		3 120
借：主营业务成本	18 000	
贷：库存商品		18 000

3. 委托加工应税消费品

企业如有应交消费税的委托加工物资，一般应由受托方代收代缴税款。委托加工物资收回后，直接用于销售的，应将受托方代收代缴的消费税计入委托加工物资的成本，借记“委托加工物资”等科目，贷记“应付账款”“银行存款”等科目；委托加工物资收回后用于连续生产应税消费品的，按规定准予抵扣的，应按已由受托方代收代缴的消费税，借记“应交税费—应交消费税”科目，贷记“应付账款”“银行存款”等科目，待用委托加工的应税消费品生产出应纳消费税的产品销售时，再抵减应缴纳消费税。

4. 进口应税消费品

企业进口应税物资在进口环节应交的消费税，计入该项物资的成本，借记“材料采购”“固定资产”等科目，贷记“银行存款”科目。

二、其他应交税费

其他应交税费是指除上述应交税费以外的其他各种应上交国家的税费，包括应交资源税、应交城市维护建设税、应交土地增值税、应交所得税、应交房产税、应交土地使用税、应交车船税、应交教育费附加、应交矿产资源补偿费、应交个人所得税等。

企业应当在“应交税费”科目下设置相应的明细科目进行核算，贷方登记应缴纳的有关税费，借方登记已缴纳的有关税费，期末贷方余额反映尚未缴纳的有关税费。

（一）应交资源税

资源税是对在我国境内开采矿产品或者生产盐的单位和个人征收的税。对外销售应税产品应缴纳的资源税应借记“税金及附加”科目，贷记“应交税费—应交资源税”科目；自产自用应税产品应缴纳的资源税应计入“生产成本”“制造费用”等科目，借记“生产成本”“制造费用”等科目，贷记“应交税费—应交资源税”科目。

（二）应交城市维护建设税

城市维护建设税是以增值税、消费税为计税依据征收的一种税。其纳税人为缴纳增值税、消费税的单位和个人，以纳税人实际缴纳的增值税、消费税税额为计税依据，并分别与两项税金同时缴纳。税率因纳税人所在地不同，税率从1%至7%不等。公式为：

应纳税额 =（应交增值税 + 应交消费税）× 适用税率

企业按规定计算出应缴纳的城市维护建设税，借记“税金及附加”等科目，贷记“应交税费—应交城市维护建设税”科目。缴纳城市维护建设税，借记“应交税费—应交城市维护建设税”科目，贷记“银行存款”科目。

（三）应交教育费附加

教育费附加是为了发展教育事业而向企业征收的附加费用，企业按应交流转税的一定比例计算缴纳。企业按规定计算出应缴纳的教育费附加，借记“税金及附加”等科目，贷记“应交税费—应交教育费附加”科目。

（四）应交土地增值税

土地增值税是对转让国有土地使用权、地上的建筑物及其附着物（以下简称转让房地产）并取得增值性收入的单位和个人所征收的一种税。

土地增值税按照转让房地产所取得的增值额和规定的税率计算征收。转让房地产所取得的增值额是转让收入减去税法规定扣除项目金额后的余额，其中，转让收入包括货币收入、实物收入和其他收入；扣除项目主要包括取得土地使用权所支付的金额、房地产开发成本及费用、与转让房地产有关的税金、旧房及建筑物的评估价格、财政部确定的其他扣除项目等。土地增值税采用四级超率累进税率，其中最低税率为30%，最高税率为60%。

根据企业对房地产核算方法不同，企业应交土地增值税的账务处理也有所区别：

企业转让的土地使用权连同地上建筑物及其附着物一并在“固定资产”科目核算的，转让时应交的土地增值税，借记“固定资产清理”科目，贷记“应交税费—应交土地增值税”科目。

房地产开发经营企业销售房地产应缴纳的土地增值税，借记“税金及附加”科目，贷记“应交税费—应交土地增值税”科目。缴纳土地增值税，借记“应交税费—应交土地增值税”科目，贷记“银行存款”科目。

（五）应交房产税、城镇土地使用税、车船税、印花税

房产税是国家对在城市、县城、建制镇和工矿区征收的由产权所有人缴纳的一种税。房产税依照房产原值一次减除10%至30%后的余额计算缴纳。没有房产原值作为依据的，由房产所在地税务机关参考同类房产核定；房产出租的，以房产租金收入为房产税的计税依据。

城镇土地使用税是以城市、县城、建制镇、工矿区范围内使用土地的单位和人为纳税人，以其实际占用的土地面积和规定税额计算征收。

车船税是以车辆、船舶（简称车船）为课征对象，向车船的所有人或者管理人征收的一种税。

印花税是税的一种，是对合同、凭证、书据、账簿及权利许可证等文件征收的税种。纳税人通过在文件上加贴印花税票，或者盖章来履行纳税义务。现行印花税只对印花税条例列举的凭证征税，具体有五类：合同或者具有合同性质的凭证，产权转移书据，营业账簿，权利、许可证照和经财政部确定征税的其他凭证。

企业应交的房产税、城镇土地使用税、车船税、印花税，计入“税金及附加”科目，借记“税金及附加”科目，贷记“应交税费—应交房产税（应交城镇土地使用税、应交车船税、应交印花税）”等明细科目。

（六）应交个人所得税、应交企业所得税

应交个人所得税是企业职工按规定应缴纳的税金，个人所得税通常由单位代扣代缴。企业按规定计算的代扣代缴的职工个人所得税，借记“应付职工薪酬”科目，贷记“应交税费—应交个人所得税”科目；企业缴纳个人所得税时，借记“应交税费—应交个人所得税”科目，贷记“银行存款”等科目。

应交企业所得税指企业按照国家税法规定，应从生产经营等活动的所得中缴纳的税金。企业按照税法规定计算应缴纳的所得税，借记“所得税费用”等科目，贷记“应交税费—应交所得税”科目；缴纳时借记“应交税费—应交所得税”科目，贷记“银行存款”科目。

（七）契税、耕地占用税、车辆购置税的核算

企业缴纳的契税、耕地占用税、车辆购置税等不需要预计应缴纳的税金，不通过“应交税费”科目核算。这三种税金一般发生时立即缴纳，因此借记“固定资产”“在建工程”等科目，贷记“银行存款”科目。

知识检测

一、单选题

1. 甲公司出售一处厂房，取得收入 2 000 万元，该厂房账面原值 5 000 万元，已计提折旧 4 000 万元，并未提减值准备，出售过程中支付清理费用 50 万元，假定销售该厂房应交的增值税税率为 9%，则甲公司销售该厂房应交的增值税为（　）万元。

A. 250　　B. 165.14　　C. 50　　D. 47.5

2. 乙公司 2024 年度实际应交增值税 300 万元，消费税 90 万元，企业所得税 120 万元，房产税 10 万元，车船税 8 万元，该公司所在地区适用的城市维护建设税税率为 7%，教育费附加为 3%，则乙公司 2024 年度应该计入“税金及附加”科目的金额为（　）万元。

A. 200　　B. 129　　C. 205　　D. 147

3. 2024 年度，因书立购销合同而缴纳的印花税的会计分录正确的是（　）。

A. 借记“管理费用”，贷记“银行存款”

B. 借记“管理费用”，贷记“应交税费”

C. 借记“税金及附加”，贷记“应交税费—应交印花税”

D. 借记“税金及附加”，贷记“银行存款”

4. 企业按照规定应缴纳的环保费，应借记（　）科目。

A. 管理费用　　B. 税金及附加　　C. 应交税费　　D. 制造费用

二、多选题

1. 下列各项中，计入委托加工物资成本的有（　）。

A. 委托加工物资支付的加工费

B. 委托加工物资耗用的物资成本

C. 委托加工物资收回后连续加工由受托方代收代缴的消费税

D. 委托加工物资收回后直接销售由受托方代收代缴的消费税

2. 下列有关土地增值税的处理说法中，正确的有（　）。

A. 土地增值税按照转让房地产所取得的增值额和规定的税率计算征收

B. 企业转让的土地使用权连同地上建筑物及其附着物一并在“固定资产”科目核算的，转让时应缴的土地增值税通过“固定资产清理”科目核算

C. 房地产开发经营企业销售房地产应缴纳的土地增值税通过“税金及附加”科目核算

D. 土地增值税是对转让国有土地使用权、地上建筑物及其附着物并取得增值性收入的单位和个人征收的一种税

3. 下列各项中，不通过“应交税费”科目核算的有（　）。

A. 消费税　　B. 增值税　　C. 契税　　D. 耕地占用税

4. 企业购进货物发生的下列相关税金中，应计入货物取得成本的有（　）。

A. 签订购买合同缴纳的印花税

B. 小规模纳税人外购材料缴纳的增值税

C. 进口商品支付的关税

D. 一般纳税人购进生产设备支付的增值税

5. 全面实施“营改增”后，企业城市维护建设税的计税依据是企业实际缴纳的（　）之和。

A. 增值税　　B. 消费税　　C. 营业税　　D. 关税

三、判断题

1. 企业将生产的应税消费品用于在建工程等非生产机构时，按规定应缴纳的消费税计入“税金及附加”科目核算。（　）

2. 企业代扣代缴的个人所得税，需要通过“应交税费”科目进行核算，而企业缴纳的契税、耕地占用税等不需要预计应缴纳的税金，不通过“应交税费”科目进行核算。（　）

3. 企业转让的土地使用权连同地上建筑物及其附着物一并在“固定资产”科目核算的，转让时应交的土地增值税，借记“税金及附加”科目，贷记“应交税费—应交土地增值税”科目。（　）

四、业务题

业务 1　海润化妆品股份有限公司 2024 年 8 月 20 日发生经济业务，原始凭证见图 6-60。

出库通知单　　出字第 24082001 号

2024 年 08 月 20 日　　成品库

编号	名称	规格	单位	应发数量	实发数量	单位成本	总价								附注
							十	万	千	百	十	元	角	分	
	高级化妆品		瓶	60	60	300.00	¥	1	8	0	0	0	0	0	按先进先出法核算发出成本
	合计						¥	1	8	0	0	0	0	0	
备注：高级化妆品为本企业产品，消费税税率15%，市场售价450元/瓶。用于职工福利															

附单据 1 张

审核：李静　仓库主管：马飞　保管：李义　经手：李义　制单：王丹

图 6-60

业务 2 紧接上题，假定海润化妆品股份有限公司只发生以上业务，2024 年 8 月 31 日发生经济业务，原始凭证见图 6–61。

应交城建税、教育附加计算表

2024 年 08 月 31 日　　　　单位：元

税种、税目	计税依据		适用税率	应交税金
	项　目	金　额		
城建税	应交增值税		7%	
	应交消费税		7%	
教育费附加	应交增值税		3%	
	应交消费税		3%	

复核：李静　　　　制表：王丹

图 6–61

业务 3 北京天顺股份有限公司 2024 年 7 月 23 日发生业务见图 6–62~图 6–67。

固定资产验收单

2024年 07月 23日

资产编号	056			资产来源	外购		
名　称	本田汽车			规格型号		购(造)价	132000.00
安装费		使用年限	4	预计残值率	5%	预计残值	6600.00
建造单位				交工日期			
验收部门	行政部	验收人员	李文婷	管理部门	行政部	管理人员	陈玥洁
备　注							

审核：陈玥洁　　　　制表：李文婷

图 6–62

机动车销售统一发票

发票联

开票日期 2024年07月23日　　　　发票代码 1100002690　发票号码 11673501

机打代码	000065342234	税控码	*-<*>*-**55/<4+10/6-3<++</ +1>*536+>9+82-75<29+57>4+<4 +<523093+90*-+80<4824443<+ ++</+1>*536+>9+0+600<4/<4<7
机打号码	34312320		
机器编号	00898809		

购货单位（人）	北京天顺股份有限公司		身份证号码/组织机构代码	91110229053591254D	
车辆类型	小轿车	厂牌型号	HG7302A	产地	北京
合格证号	RFT993450333585I	进口证明书号		商检单号	
发动机号码	JUY702		车辆识别代号/车架号码	LJEEF8893116	
价税合计	⊗壹拾叁万伍仟陆佰圆整			小写 ¥135600.00	
销货单位名称	广汽本田汽车有限公司北京分公司			电话	010-89498152
纳税人识别号	91110000710935986G			账号	0200005909200026892
地址	北京市顺义区林河工业[illegible]			开户银行	中国工商银行北京顺义支行
增值税税率或征收率	13%	增值税税额	¥15600.00	主管税务机关及代码	国家税务总局北京市顺义区税务局 111342298
不含税价	小写 ¥120000.00	吨位		限乘人数	5

销货单位盖章　　　　开票人 王晶晶　　　　备注：一车一票

第一联 发票联（购货单位付款凭证）（手开无效）

图 6–63

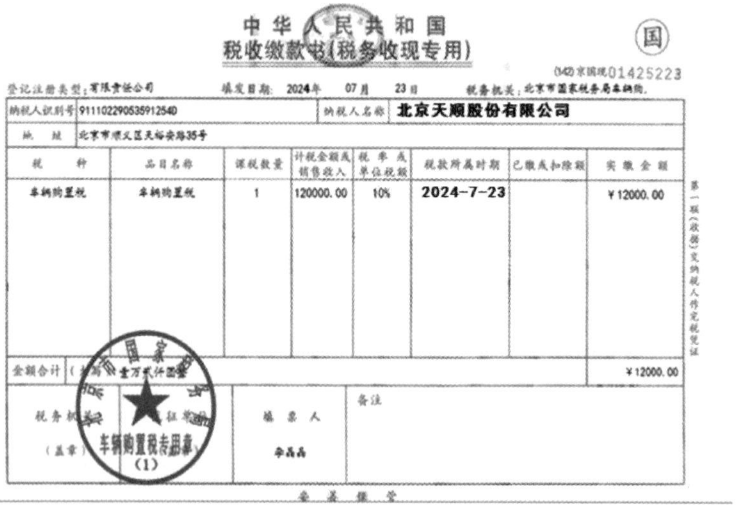

中华人民共和国
税收缴款书(税务收现专用)

(142)京国现01425223

登记注册类型：有限责任公司　　填发日期：2024年07月23日　　税务机关：北京市国家税务局车辆购.

纳税人识别号	91110229053591254D	纳税人名称	北京天顺股份有限公司
地址	北京市顺义区天裕安路35号		

税种	品目名称	课税数量	计税金额或销售收入	税率或单位税额	税款所属时期	已缴或扣除额	实缴金额
车辆购置税	车辆购置税	1	120000.00	10%	2024-7-23		¥12000.00
金额合计	（大写）壹万贰仟圆整						¥12000.00

税务机关（盖章）　　填票人：李晶晶　　备注

妥善保管

第一联(收据)交纳税人作完税凭证

图 6-64

ICBC 中国工商银行　业务回单（付款）

日期：2024年07月23日　　回单编号：21032156

付款人户名：北京天顺股份有限公司　　付款人开户行：中国工商银行北京分行
付款人账号（卡号）：1101156943065713206
收款人户名：广汽本田汽车有限公司北京分公司　　收款人开户行：中国工商银行北京顺义支行
收款人账号（卡号）：0200005909200026892
金额：壹拾肆万柒仟陆佰元整　　小写：¥147600.00
业务（产品）种类：同行转账　　凭证种类：000000008　　凭证号码：000000000005
摘要：购买汽车　　用途：购买汽车　　币种：人民币
交易机构：041000004　　记账柜员：00023　　交易代码：88794　　渠道：其他
客户附言：

汇出行：0410000298　　汇入行：0410002001
汇出行名称：中国工商银行北京分行　　指令编号：
提交人：137745551526.c.4100　　最终授权人：

本回单为第1次打印，注意重复　　打印日期：2024年07月23日　　打印柜员：1　　验证码：CDF0541BA006

图 6-65

北京增值税专用发票　　№ 45378236

1100014835

抵扣联

开票日期：2024年07月23日

购买方	名称：北京天顺股份有限公司 纳税人识别号：91110229053591254D 地址、电话：北京市顺义区天裕安路35号010-53226688 开户行及账号：中国工商银行北京分行1101156943065713206	密码区	6*+328+73>54627*0538410*001 1110001<4835<07<2645>3782<* +36**6+32/8+-735>+46<27053+ 8+41><00-011**>>+>/*<+>+>+*

货物或应税劳务、服务名称	规格型号	单位	数量	单价	金额	税率	税额
*保险服务*保险费		年	1	5000.00	5000.00	6%	300.00
合计					¥5000.00		¥300.00
价税合计（大写）	⊗伍仟叁佰圆整				（小写）¥5300.00		

销售方	名称：中国太平洋财产保险股份有限公司北京分公司 纳税人识别号：91110506076756387X 地址、电话：北京市人民北路18号010-65789222 开户行及账号：中国工商银行北京分行1100076323130563489	备注	保险单号：KIJGD09377575583 代收车船税：900.00元 税款所属期：2024年07月-12月 滞纳金：0元　总计：6200.00元

收款人：宋美娟　　复核：郑晓玲　　开票人：胡小涛　　销售方：（章）

税总函[2016]117号海南华森实业公司

第二联：抵扣联　购买方扣税凭证

图 6-66

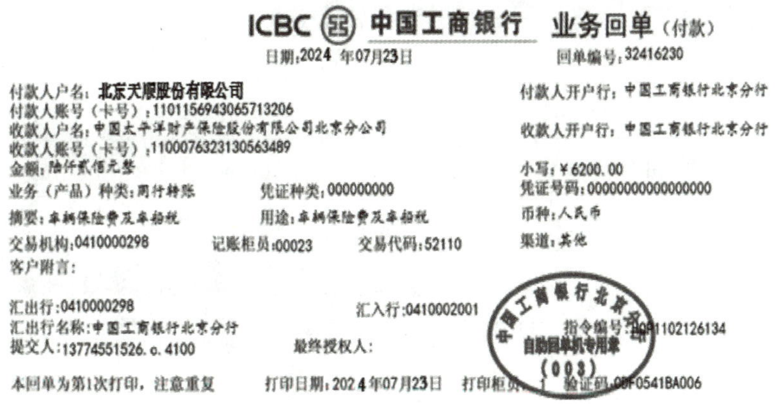

ICBC 中国工商银行　业务回单（付款）

日期：2024 年07月23日　　回单编号：32416230

付款人户名：北京天顺股份有限公司　　付款人开户行：中国工商银行北京分行

付款人账号（卡号）：1101156943065713206

收款人户名：中国太平洋财产保险股份有限公司北京分公司　　收款人开户行：中国工商银行北京分行

收款人账号（卡号）：1100076323130563489

金额：陆仟贰佰元整　　小写：¥6200.00

业务（产品）种类：同行转账　　凭证种类：000000000　　凭证号码：0000000000000000

摘要：车辆保险费及车船税　　用途：车辆保险费及车船税　　币种：人民币

交易机构：0410000298　　记账柜员：00023　　交易代码：52110　　渠道：其他

客户附言：

汇出行：0410000298　　汇入行：0410002001

汇出行名称：中国工商银行北京分行　　指令编号：1102126134

提交人：13774551526.o.4100　　最终授权人：

本回单为第1次打印，注意重复　　打印日期：2024年07月23日　　打印柜员：1　　验证码：0DF0541BA006

图 6–67

任务八　应付利息、应付股利、其他应付款的核算

任务目标

1. 了解应付利息、应付股利、其他应付款核算的内容。
2. 掌握应付利息、应付股利、其他应付款的账务处理。

重点难点

1. 应付利息、应付股利、其他应付款核算的内容。
2. 应付利息、应付股利、其他应付款的账务处理。

业务核算

一、应付利息的核算

应付利息是指企业按照合同约定应支付的利息，包括短期借款、分期付息到期还本的长期借款、企业债券等应支付的利息。

企业应通过“应付利息”科目，核算应付利息的发生、支付情况。该科目贷方登记按照合同约定计算的应付利息，借方登记实际支付的利息，期末贷方余额反映企业应付未付的利息。本科目一般应按照债权人设置明细科目进行明细核算。

企业采用合同约定的利率计算确定利息费用时，按应付合同利息金额，借记“在建工程”“财务费用”“研发支出”等科目，贷记“应付利息”科目；实际支付利息时，借记“应付利息”科目，贷记“银行存款”等科目。

例题 6–30　天马股份有限公司 2024 年 7 月 30 日发生如下业务，原始凭证见图 6–68。

银行借款利息计提表

2024 年 07 月 30 日　　　　单位：元

贷款种类	贷款用途	本　金	月利率	计息期	应计利息
流动资金贷款	日常周转	1 661 540.00	0.963%	1 个月	16 000.00
短期借款		450 000.00	1.06%	半个月	2 385.00
长期借款（分年付息）	用于工程尚未完工	1 600 000.00	1.31%	1 个月	20 960.00

会计主管：李丽　　记账：张义　　制单：张义

图 6–68

解析：流动资金贷款、短期借款发生计提利息费用应计入“财务费用”科目，而长期借款用于工程建设且尚未完工，要计入“在建工程”科目。分录如下：

借：财务费用　　18 385
　　在建工程　　20 960
　贷：应付利息　　39 345

二、应付股利的核算

应付股利是指企业根据股东大会或类似机构审议批准的利润分配方案确定分配给投资者的现金股利或利润。

企业通过“应付股利”科目，核算企业确定或宣告支付但尚未实际支付的现金股利或利润。该科目贷方登记应支付的现金股利或利润；借方登记实际支付的现金股利或利润；期末贷方余额反映企业应付未付的现金股利或利润。本科目应按照投资者设置明细科目进行明细核算。

企业根据股东大会或类似机构审议批准的利润分配方案，确认应付给投资者的现金股利或利润时，借记“利润分配—应付股利”科目，贷记“应付股利”科目；向投资者实际支付现金股利或利润时，借记“应付股利”科目，贷记“银行存款”等科目。

此外，需要说明的是，企业董事会或类似机构通过的利润分配方案中拟分配的现金股利或利润，不需要进行账务处理，但应在附注中披露。企业分配的股票股利不通过“应付股利”科目核算。

还有企业将自产的产品用于分配股利时，产品视同销售处理，计算销项税额。首先确认收入，借记“应付股利”科目，贷记“主营业务收入”（按市场售价）、“应交税费—应交增值税（销项税额）”科目；然后结转成本，借记“主营业务成本”科目，贷记“库存商品”科目。

三、其他应付款的核算

其他应付款是指企业除应付票据、应付账款、预收账款、应付职工薪酬、应交税费、应付股利等经营活动以外的其他各项应付、暂收的款项，如应付经营租赁固定资产租金、租入包装物租金、存入保证金（押金）等。

企业应通过“其他应付款”科目，核算其他应付款的增减变动及其结存情况。该科目贷方登记发生的各种应付、暂收款项；借方登记偿还或转销的各种应付、暂收款项；该科目期末贷方余额，反映企业应付未付的其他应付款项。本科目按照其他应付款的项目和对方单位（或个人）设置明细科目进行明细核算。

企业发生其他各种应付、暂收款项时，借记“管理费用”等科目，贷记“其他应付款”科目；支付或退回其他各种应付、暂收款项时，借记“其他应付款”科目，贷记“银行存款”等科目。

知识检测

一、单选题

1. 下列各项中，应通过“其他应付款”科目核算的是（　　）。

A. 应付供应商的材料采购款　　B. 应付经营租赁固定资产租金

C. 应付给投资者的股票股利　　D. 应付给投资者的现金股利

2. 甲公司准备根据2024年实现的利润600万元给股东发放现金股利，按照利润的15%进行发放，则甲公司在确认给投资者的现金股利或利润时，应借记的科目为（　　）。

A. 应付股利　　B. 未分配利润

C. 利润分配—应付股利　　D. 应付利息

二、业务题

业务1　海润化妆品股份有限公司2024年8月30日发生经济业务，原始凭证见图6–69。

出库通知单　　第43号

2024年08月30日　　成品库

编号	名称	规格	单位	应发数量	实发数量	单位成本	总价 十	万	千	百	十	元	角	分	附注
	洗浴液		瓶	300	300	60	¥	1	8	0	0	0	0	0	按先进先出法核算发出成本
	合计						¥	1	8	0	0	0	0	0	
备注：洗浴液为本企业产品，市场售价20 000元。用于分配股利															

附单据1张

审核：李静　仓库主管：马飞　保管：李义　经手：李义　制单：王丹

图6–69

业务2　北京贝伦纸业有限责任公司2024年10月20日发生下列业务，原始凭证见图6–70。

中国建设银行客户专用回单

币别：人民币　　2024 年 10 月 20 日　　流水号 110120027J0500810017

付款人	全称	北京林博纸业有限责任公司	收款人	全称	北京贝伦纸业有限责任公司
	账号	41238261167019		账号	41127742636592
	开户行	中国建设银行北京市朝阳区支行		开户行	中国建设银行北京市东城区支行
		（大写）人民币伍仟伍佰元整			（小写）¥5500.00
凭证种类		网银	凭证号码		
结算方式		转账	用途		支付租入包装物押金

打印柜员：110125584257

打印机构：中国建设银行北京市东城区支行

打印卡号：41127742636592

中国建设银行北京市东城区支行 电子回单 专用章

第二联贷方（回单）

打印时间：2024-10-20　　交易柜员：110125584268　　交易机构：110110515

图 6–70

业务 3　紧接上题，假定 2024 年 12 月 20 日，租期到了，北京林博纸业有限责任公司未按期归还租入的包装物，北京贝伦纸业有限责任公司的账务如何处理？

模块三　所有者权益

所有者权益是指企业资产扣除负债后由所有者享有的剩余权益。公司所有者权益又称为股东权益。所有者权益具有以下特征：①除非发生减资、清算或分派现金股利，企业不需要偿还所有者权益；②企业清算时，只有在清偿所有的负债后，所有者权益才返还给所有者；③所有者凭借所有者权益能够参与企业利润的分配。

项目七　所有者权益的核算

所有者权益之所有者在企业资产中享有的经济利益，其金额是全部资产减去全部负债后的余额。所有者权益来源于所有者投入的资本、直接计入所有者权益的利得和损益、留存收益等。会计上通常将所有者权益划分为实收资本（股本）、资本公积、盈余公积和未分配利润四个部分。

任务一　实收资本（股本）的核算

任务目标

1. 了解投资者投入资本的出资形式。
2. 能够编制企业接受投资者投入资本的核算分录。

重点难点

1. 投资者投入资本的出资形式。
2. 编制企业接受投资者投入资本的核算分录。

业务认知

实收资本是指企业按照章程规定或合同、协议约定，接受投资者投入企业的资本。实收资本的构成比例或股东的股份比例，是确定所有者在企业所有者权益中份额的基础，也是企业进行利润或股利分配的主要依据。

我国《公司法》规定，股东可以用货币出资，也可以用实物、知识产权、土地使用权等可以用货币估价并可以依法转让的非货币财产作价出资；但是，法律、行政法规规定不得作为出资的财产除外。企业应当对作为出资的非货币财产评估，核实财产，不得高估或者低估作价。法律、行政法规对评估作价有规定的，从其规定。全体股东的货币出资金额不得低于有限责任公司注册资本的 30%。不论以何种方式出资，投资者如在投资过程中违反投资合约或协议约定，不按规定如期缴足出资额，企业可以依法追究投资者的违约责任。

业务核算

一、账户设置

为了反映监督企业实收资本的增减变动情况，维护各所有者在企业的权益，企业应设置“实收资本”科目（股份有限责任公司为“股本”科目）。

“实收资本”科目贷方登记因接受投资、转增资本等增加的注册资本额，借方登记按法定程序报经批准减少的注册资本。期末余额在贷方，反映注册资本总额。本科目按投资者进行明细核算。

二、具体核算

（一）接受现金资产投资

1. 股份有限公司以外的企业接受现金资产投资

各投资者按照出股比例以现金方式认缴出资额，企业收到时借记“银行存款”科目，贷记“实收资本”科目。

2. 股份有限公司发行股票接受现金资产投资

股份有限公司发行股票时，既可以按面值发行股票，也可以溢价发行（我国目前不允许折价发行）。股份有限公司在核定的股本总额及核定的股份总额的范围内发行股票时，应在实际收到现金资产时进行会计处理。

股份有限公司收到发行的股票款时，按实际收到的现金借记“银行存款”科目，股份有限公司在核定的股本总额，贷记“实收资本”科目，两者若有差异，贷记“资本公积—股本溢价”科目。

例题 7–1 天马股份有限公司 2024 年 7 月发行普通股 10 000 000 股，每股面值 1 元，每股发行价格 5 元。假定股票发行成功，股款 50 000 000 元已全部收到，不考虑发行过程中的税费等因素进行核算。

解析：根据上述资料，应计入“资本公积”科目的金额为 50 000 000–10 000 000 × 1=40 000 000（元）

应编制如下分录：

借：银行存款	50 000 000	
贷：股本		10 000 000
资本公积—股本溢价		40 000 000

（二）接受非现金资产投资

1. 接受投入固定资产、存货等实物投资

企业接受投资者作价投入的房屋、建筑物、机器设备等固定资产和存货，应按投资合同或协议约定价值确定固定资产、存货的价值（但投资合同或协议约定价值不公允的除外）和在注册资本中应享有的份额。分录如下：

借：固定资产、原材料（投资合同或协议约定的公允价值）
　　应交税费—应交增值税（进项税额）
　　贷：实收资本（注册资本中应享有的份额）
　　　　贷（借）：资本公积—资本溢价

例题 7-2　金鑫实业有限公司 2024 年 7 月 20 日发生经济业务如下，原始凭证见图 7-1~图 7-3。

验资报告

一、基本情况

甲方：金鑫实业有限公司

乙方：天马股份有限公司

1. 双方本着“自愿、平等”的原则，经过协商，甲方同意乙方对本企业进行投资，采取实物形式投资，以新购入的熟铁对甲方进行投资。

2. 甲方同意乙方以新购入熟铁相应的增值税发票中列明的价格作为接收材料入账价值。乙方将货物与发票等一并送与甲方。

3. 乙方投资后，拥有增资后甲方注册资本 3%的股份。增资后甲方注册资本 1 800 000.00 元。

二、审验结果

乙方对甲方进行投资，投资款 50 000元，以新购入的熟铁对甲方进行投资。

保定市昌华会计师事务所对乙方出资的原材料进行了评估，审核乙方购买的熟铁所附所有单据，乙方提供的购买熟铁的增值税发票列明价款 50 000元，增值税6 500元，并出具了资产评估报告，认为乙方所投资产价格公允。

乙方已与甲方于 2024 年07月 18 日就出资的原材料办理了财产交接手续，乙方按照合同将货物与所附单据交给了甲方。

保定市昌华会计师事务所
2024 年07月20 日

图 7-1

电子发票（增值税专用发票）

发票号码：24133000000000003332
开票日期：2024 年 07 月 20 日

购买方信息	名称：金鑫实业有限公司 纳税人识别号：9113056247896001000	销售方信息	名称：天马股份有限公司 纳税人识别号：9113020275053465700

项目名称	规格型号	单位	数量	单价	金额	税率/征收率	税额
*货物*熟铁		吨	5	10 000.00	50000.00	13%	6500.00
合　计					¥50000.00		¥6500.00
价税合计（大写）	⊗伍万陆仟伍佰元整			（小写）	¥56500.00		
备注							

开票人：张义

图 7-2

入库通知单　　收字第24072008号

2024年07月20日　　材料库

编号	名称	规格	单位	应发数量	实发数量	单位成本	总价								附注
							十	万	千	百	十	元	角	分	
	熟铁		吨	5	5	10 000.00	¥	5	0	0	0	0	0	0	
	合计						¥	5	0	0	0	0	0	0	
备注：将自产的产品用于发放职工福利															

附单据1张

审核：李丽　　仓库主管：王慧　　保管：王唱　　经手：王唱　　制单：张义

图 7–3

解析：本题中金鑫实业有限公司接受天马股份有限公司对其投资。天马股份有限公司用新购入的熟铁对其投资，金鑫实业有限公司增资后注册资本为 1 800 000 元，天马股份有限公司占 3% 的股份，材料已经验收入库。按照规定，企业接受投资者作价投入的材料物资，应按投资合同或协议约定价值确定材料物资价值（但投资合同或协议约定价值不公允的除外）和在注册资本中应享有的份额。分录如下：

借：原材料—熟铁　　50 000（投资合同或协议约定的公允价值）
　　应交税费—应交增值税（进项税额）　　6 500
　　贷：实收资本　　54 000=1 800 000 × 3%（注册资本中享有的份额）
　　　　资本公积—资本溢价　　2 500

2. 接受投入无形资产

企业收到以无形资产方式投入的资本，应按投资合同或协议约定价值确定无形资产价值（但投资合同或协议约定价值不公允的除外）和在注册资本中应享有的份额。

借：无形资产（投资合同或协议约定的公允价值）
　　应交税费—应交增值税（进项税额）
　　贷：实收资本（注册资本中应享有的份额）
　　贷（借）：资本公积—资本溢价

（三）实收资本（或股本）的增减变动

一般情况下，企业的实收资本应相对固定不变，但在某些特定情况下，实收资本也可能发生增减变化。我国企业法人登记管理条例规定，除国家另有规定外，企业的注册资金应当与实收资本相一致，当实收资本比原注册资金增加或减少的幅度超过 20% 时，应持资金使用证明或者验资证明，向原登记主管机关申请变更登记。如擅自改变注册资本或抽逃资金，要受到工商行政管理部门的处罚。

1. 实收资本（或股本）的增加

一般企业增加资本主要有三个途径：接受投资者追加投资、资本公积转增资本和盈余公积转增资本。

需要注意的是，由于资本公积和盈余公积均属于所有者权益，用其转增资本时，如果是独资企业比较简单，直接结转即可。如果是股份有限公司或有限责任公司应该按照原投资者各自出资比例相应增加各投资者的出资额。

接受投资者追加投资时，借记“银行存款”科目，按照原投资者各自出资比例相应增加各投资者的出资额，贷记“实收资本”科目。

资本公积转增资本时，借记“资本公积”科目，按照原投资者各自出资比例相应增加各投资者的出资额，贷记“实收资本”科目。

盈余公积转增资本时，借记“盈余公积”科目，按照原投资者各自出资比例相应增加各投资者的出资额，贷记“实收资本”科目。

2. 实收资本（或股本）的减少

企业减少实收资本应按法定程序报经批准，股份有限公司采用收购本公司股票方式减资的，通过“库存股”科目核算回购股份的金额。

回购时，按照回购股份支付的款项，借记“库存股”科目，贷记“银行存款”科目。

注销减资时，按股票面值和减资的股份数借记“股本”科目，按注销库存股的账面余额贷记“库存股”科目，如果回购股票支付的价款高于减资的股票面值总额（溢价回购），按其差额，借记“资本公积—资本溢价”科目，股本溢价不足冲减的，应依次冲减“盈余公积”“利润分配—未分配利润”等科目。如果回购股票支付的价款低于面值总额的（折价回购），将所注销库存股的账面余额与所冲减股本的差额作为增加资本公积（股本溢价）处理。

例题 7–3 某上市公司 2024 年 7 月 15 日的股本为 100 000 000 元（面值为 1 元），资本公积（股本溢价）为 30 000 000 元，盈余公积为 40 000 000 元。经股东大会批准，A 上市公司以现金回购本公司股票 20 000 000 股并注销。假定 A 上市公司按每股 2 元回购股票，不考虑其他因素。应编制如下分录。

（1）回购本公司股份时：

借：库存股	40 000 000（2 × 20 000 000）	
贷：银行存款		40 000 000

（2）注销本公司股份时：按照所有者权益的顺序依次冲减，直至把“库存股”科目相应的金额冲减完。本题应冲减的资本公积 =20 000 000 × 2–20 000 000 × 1=20 000 000（元）

借：股本	20 000 000（注销股数 × 1 股面值）	
资本公积—股本溢价	20 000 000	
贷：库存股		40 000 000

例题 7–4 承上例，假定 A 上市公司按每股 0.9 元回购股票，其他条件不变，A 上市公司应如何编制会计分录？

（1）回购本公司股份时：

借：库存股　　18 000 000
　　贷：银行存款　　18 000 000
　　库存股成本 =20 000 000 × 0.9=18 000 000（元）

（2）注销本公司股份时：

借：股本　　20 000 000（注销股数 ×1 股面值）
　　贷：库存股　　18 000 000
　　资本公积—股本溢价　　2 000 000
　　应增加的资本公积 =20 000 000 × 1−20 000 000 × 0.9=2 000 000（元）

本例中，由于折价回购，股本与库存股成本的差额 2 000 000 元应作为增加资本公积处理。

知识检测

一、单选题

1. 甲股份有限公司委托乙证券公司发行普通股，股票面值总额 4 000 万元，发行总额 16 000 万元，发行费按发行总额的 2% 计算（不考虑其他因素），股票发行净收入全部收到。甲股份有限公司该笔业务计入“资本公积”科目的金额为（　）万元。

A. 4 000　　B. 11 680　　C. 11 760　　D. 12 000

2. 甲、乙公司均为增值税一般纳税人，适用的增值税税率为 13%。甲公司接受乙公司投资转入的原材料一批，账面价值 100 000 元，投资协议约定的价值 120 000 元，假定投资协议约定的价值与公允价值相符，增值税进项税额由投资方支付，并开具了增值税专用发票，该项投资没有产生资本溢价。甲公司实收资本应增加（　）元。

A. 100 000　　B. 117 000　　C. 120 000　　D. 135 600

3. 甲股份有限公司委托证券公司发行股票 1 000 万股，每股面值 1 元，每股发行价格为 8 元，向证券公司支付佣金 500 万元。该公司应计入“股本”科目的金额为（　）万元。

A. 7 500　　B. 1 000　　C. 8 000　　D. 6 500

4. 股份有限公司采用收购本公司股票方式减资的，按注销股票的面值总额减少股本，购回股票支付的价款超过面值的部分，应依次冲减的会计科目是（　）。

A. 盈余公积、资本公积、利润分配—未分配利润

B. 利润分配—未分配利润、资本公积、盈余公积

C. 利润分配—未分配利润、盈余公积、资本公积

D. 资本公积、盈余公积、利润分配—未分配利润

二、多选题

1. 企业实收资本或股本增加的途径有（　　）。

A. 接受固定资产捐赠　　B. 经批准用盈余公积转增

C. 发放股票股利　　D. 经批准用资本公积转增

2. 企业吸收投资者出资时，下列会计科目的余额可能发生变化的有（　　）。

A. 盈余公积　　B. 资本公积

C. 实收资本　　D. 利润分配

3. 股份有限公司采用回购本公司股票方式减资，在注销的时候，下列说法中不正确的有（　　）。

A. 应按股票面值和注销股数计算的股票面值总额减少股本

B. 应按股票面值和注销股数计算的股票面值总额减少库存股

C. 应按股票面值和注销股数计算的股票面值总额增加股本

D. 应按股票面值和注销股数计算的股票面值总额增加库存股

4. 某股份有限公司按法定程序报经批准后采用收购本公司股票方式减资，购回股票支付价款高于股票面值总额，所注销库存股账面余额与冲减股本的差额可能涉及的会计科目有（　　）。

A. 盈余公积　　B. 利润分配—未分配利润

C. 营业外收入　　D. 资本公积

三、业务题

业务 1　景宏股份有限公司 2024 年 8 月 20 日发生经济业务，原始凭证见图 7–4~图 7–6。

验资报告

一、基本情况

甲方：景宏股份有限公司

乙方：宝丰股份有限公司

1. 双方本着“自愿、平等”的原则，经过协商，甲方同意乙方对本企业进行投资，采取无形资产形式投资，以新购入地热水泵专利技术对甲方进行投资。

2. 甲方同意乙方以新购入地热水泵专利技术相应的增值税发票中列明的价格作为接收投资入账价值。乙方将资料与发票等一并送与甲方。

3. 乙方投资后，拥有增资后甲方注册资本 3% 的股份。增资后甲方注册资本 1 800 000.00元。

二、审验结果

乙方对甲方进行投资，以新购入的地热水泵专利技术对甲方进行投资。

程建资产评估有限公司已对乙方出资新购入的地热水泵专利技术进行了评估，审核乙方购买的地热水泵专利技术所附所有单据，乙方提供的购买地热水泵专利技术的增值税发票列明价款 50 000 元，增值税 3 000 元，并出具了资产评估报告，认为乙方所投资产价格公允。

乙方已与甲方于2024年08月18日就出资新购入的地热水泵专利技术办理了交接手续，乙方按照合同将所有资料与所附单据交给了甲方。

保定市昌华会计师事务所

2024 年 08月 20 日

图 7–4

电子发票（增值税专用发票）

发票号码：24133000000000004032

开票日期：2024年08月20日

购买方信息	名称：景宏股份有限公司 纳税人识别号：9113122278883465921	销售方信息	名称：宝丰股份有限公司 纳税人识别号：9113023647109600100

项目名称	规格型号	单位	数量	单价	金额	税率/征收率	税额
*无形资产*专利权					50000.00	6%	3000.00
合　计					¥50000.00		¥3000.00

价税合计（大写）	⊗伍万叁仟元整　　（小写）　¥53000.00
备注	

开票人：林强

图 7–5

无形资产验收单

2024 年 08 月 20 日

日期	名称	价值	使用年限	取得方式
2024 年 8 月	地热水泵专利技术	50 000.00	10	投资

负责人：马祁阳　　财务主管：马谦　　审核：刘洋　　验收：王真

图 7–6

业务 2　天马股份有限公司 2024 年 8 月 30 日发生经济业务，原始凭证见图 7–7、图 7–8。

中国工商银行 转账支票存根	
支票号码	VI II 24083001
科　　目	
对方科目	
出票日期	2024 年 08 月 30 日
收款人	大德实业建筑有限公司
金　额	¥40 000.00
用　途	回购 2 000股，每股市价 20元
备　注	购回全部注销

单位主管：李丽　　会计：张义

图 7–7

天马股份有限公司所者权益表　　单位：元

名　称	金　额
股本	120 000.00（12 000股，每股面值 10 元）
资本公积	40 000.00
盈余公积	40 000.00
未分配利润	40 000.00
合　计	240 000.00

单位主管：李丽　　会计：张义

图 7–8

任务二　资本公积的核算

任务目标

1. 了解资本公积概念和有关规定。
2. 掌握资本公积相关账务处理。

重点难点

1. 资本公积概念和有关规定。
2. 资本公积相关账务处理。

业务认知

一、资本公积的来源

资本公积是企业收到投资者出资额超出其在注册资本（或股本）中所占份额的部分，以及其他资本公积等。资本公积包括资本溢价（或股本溢价）和其他资本公积等。

形成资本溢价（或股本溢价）的原因有溢价发行股票、投资者超额缴入资本等。

其他资本公积是指除净损益、其他综合收益和利润分配以外所有者权益的其他变动。如企业的长期股权投资采用权益法核算时，因被投资单位除净损益、其他综合收益和利润分配以外所有者权益的其他变动，投资企业按应享有份额而增加或减少的资本公积。

二、资本公积与实收资本（或股本）、留存收益的区别

（一）资本公积与实收资本（或股本）的区别

1. 从来源和性质看

实收资本（或股本）是指投资者按照企业章程或合同、协议的约定，实际投入企业并依法进行注册的资本，它体现了企业所有者对企业的基本产权关系。资本公积是投资者的出资额超出其在注册资本中所占份额的部分，以及直接计入所有者权益的利得和损失，它不直接表明所有者对企业的基本产权关系。

2. 从用途看

实收资本（或股本）的构成比例是确定所有者参与企业财务经营决策的基础，也是企业进行利润分配或股利分配的依据，同时还是企业清算时确定所有者对净资产的要求权的依据。资本公积的用途主要是用来转增资本（或股本）。资本公积不体现各所有者的占有比例，也不能作为所有者参与企业财务经营决策或进行利润分配（或股利分配）的依据。

（二）资本公积与留存收益的区别

资本公积的来源不是企业实现的利润，而主要来自资本溢价（或股本溢价）等。

留存收益是企业从历年实现的利润中提取或形成的留存于企业的内部积累，来源于企业生产经营活动实现的利润。

业务核算

资本公积的核算包括资本溢价（或股本溢价）的核算、其他资本公积的核算和资本公积转增资本的核算等内容。

一、资本溢价（或股本溢价）

（一）资本溢价

除股份有限公司外的其他类型的企业，在企业创立时，投资者认缴的出资额与注册资本一致，一般不会产生资本溢价。但在企业重组或有新的投资者加入时，常常会出现资本溢价。因为在企业进行正常生产经营后，其资本利润率通常要高于企业初创阶段，另外，企业有内部积累，新投资者加入企业后，对这些积累也要分享，所以新加入的投资者往往要付出大于原投资者的出资额，才能取得与原投资者相同的出资比例。投资者多缴的部分就形成了资本溢价。分录如下：

借：银行存款（实际出资额）
　　贷：实收资本（应出资部分）
　　　　资本公积—资本溢价（多缴的部分）

（二）股本溢价

股份有限公司是以发行股票的方式筹集股本的，股票可按面值发行，也可按溢价发行，我国目前不准折价发行。与其他类型的企业不同，股份有限公司在成立时可能会溢价发行股票，因而在成立之初，就可能会产生股本溢价。股本溢价的数额等于股份有限公司发行股票时实际收到的款额超过股票面值总额的部分。

在按面值发行股票的情况下，企业发行股票取得的收入，应全部作为股本处理；在溢价发行股票的情况下，企业发行股票取得的收入，等于股票面值部分作为股本处理，超出股票面值的溢价收入应作为股本溢价处理。发行股票相关的手续费、佣金等交易费用，如果是溢价发行股票的，应从溢价中抵扣，冲减资本公积（股本溢价）；无溢价发行股票或溢价金额不足以抵扣的，应将不足以抵扣的部分冲减盈余公积和未分配利润。见例题 7–1。

二、资本公积转增资本

经股东大会或类似机构决议，用资本公积转增资本时，应冲减资本公积，同时按照转增资本前的实收资本（或股本）的结构或比例，将转增的金额计入“实收资本”（或“股本”）科目下各所有者的明细分类账。此时会计分录借记“资本公积”科目，按照原投资者各自出资比例相应增加各投资者的出资额，贷记“实收资本”科目。

相关例题和实训题见上一任务中例题和实训，本任务中不再重复。

知识检测

业务题

华月股份有限公司 2024 年 2 月 28 日发生下列业务，见图 7–9。

> **股东会决议**
>
> 时间：2024 年 02 月 28 日
>
> 经全体股东审议，一致通过如下决议：以资本公积（资本溢价）转增资本 8 000.00 元。将公司注册资本由 4 000 000.00 元增加到 4 008 000.00 元。公司增加注册资本后，股东的出资额和持股比例如下：
>
> 黄霞锐：出资额由 300 000.00 元变为 300 600.00 元，持股比例为 7.50%；
>
> 博文制造有限责任公司：出资额由 3 700 000.00 元变为 3 707 400.00 元，持股比例为 92.50%。
>
> 股东签名：黄霞锐　郑松涛
>
> 华月股份有限公司
> 2024-02-28

图 7–9

任务三　留存收益的核算

任务目标

1. 了解留存收益的概念及有关规定。
2. 掌握不同情况下盈余公积、未分配利润的核算。

重点难点

不同情况下盈余公积、未分配利润的核算。

业务认知

留存收益是指企业从历年实现的利润中提取或形成的留存于企业的内部积累，包括盈余公积和未分配利润两类。

盈余公积是指企业按照有关规定从净利润中提取的积累资金。公司制企业的盈余公积包括法定盈余公积和任意盈余公积。法定盈余公积是指企业按照规定的比例从净利润中提取的盈余公积。任意盈余公积是指企业按照股东会或股东大会决议提取的盈余公积。企业提取的盈余公积经批准可用于弥补亏损、转增资本或发放现金股利或利润等。

未分配利润是指企业实现的净利润经过弥补亏损、提取盈余公积和向投资者分配利润后留存在企业的历年结存的利润。相对于所有者权益的其他部分来说，企业对于未分配利润的使用有较大的自主权。

业务核算

一、盈余公积的核算

按照《公司法》有关规定，公司制企业应按照净利润（减弥补以前年度亏损，下同）的10%提取法定盈余公积。非公司制企业法定盈余公积的提取比例可超过净利润的10%。法定盈余公积累计额已达注册资本的50%时可以不再提取。

值得注意的是，如果以前年度未分配利润有盈余（即年初未分配利润余额为正数），在计算提取法定盈余公积的基数时，不应包括企业年初未分配利润；如果以前年度有亏损（即年初未分配利润余额为负数），应先弥补以前年度亏损再提取盈余公积。

公司制企业可根据股东会或股东大会的决议提取任意盈余公积。非公司制企业经类似权力机构批准，也可提取任意盈余公积。法定盈余公积和任意盈余公积的区别在于其各自计提的依据不同，前者以国家的法律法规为依据；后者由企业的权力机构自行决定。

企业提取的盈余公积经批准可用于弥补亏损、转增资本、发放现金股利或利润等。

1. 提取盈余公积

企业按规定提取盈余公积时，应通过“利润分配—提取盈余公积”和“盈余公积”等科目核算。

2. 盈余公积补亏

如果上年度有亏损（即年初未分配利润余额为负数），可用以后税前利润连续五年弥补亏损；如果仍不能弥补亏损，则可用盈余公积弥补亏损。分录为：借记“盈余公积”科目，贷记“利润分配—盈余公积补亏“科目。

3. 盈余公积转增资本

盈余公积转增资本时：借记“盈余公积”科目，贷记“资本公积”科目。

4. 用盈余公积发放现金股利或利润

盈余公积转增资本时：借记“盈余公积”科目，贷记“应付利润”科目。

二、未分配利润的核算

未分配利润是企业未作分配的利润，指企业实现的净利润经过弥补亏损、提取盈余公积和向投资者分配利润后留存在企业的历年结存的利润。它在以后年度可继续进行分配，在未进行分配之前，属于所有者权益的组成部分。从数量上来看，未分配利润是期初未分配利润加上本期实现的净利润，减去提取的各种盈余公积和分出的利润后的余额。

企业当年实现的利润总额可按以下顺序进行分配：

第一步　弥补以前年度的亏损，但不得超过税法规定的弥补期限。

第二步　缴纳所得税。

第三步　弥补在税前利润弥补亏损之后仍存在的亏损。

（指超过用所得税前的利润抵补亏损的法定期限后，仍未补足的亏损）

第四步　计提法定盈余公积：

法定盈余公积 =（本年净利润 – 年初未弥补亏损）× 10%

当不存在年初累计亏损时，应当按照本年的税后利润计算应提取数。

第五步　计提任意盈余公积：

任意盈余公积 =（本年净利润 – 年初未弥补亏损）× 提取比例

第六步　向股东分配股利：

可供股东分配的利润 = 本年净利润 +（–）年初未分配利润（或未弥补亏损）– 计提的法定盈余公积 – 计提的任意盈余公积

公司股东会或董事会违反上述利润分配顺序，在抵补亏损和提取法定盈余公积之前向股东分配利润的，必须将违反规定发放的利润退还公司。

第七步　最后剩下的就是年终未分配利润。

企业未分配利润通过“利润分配—未分配利润”明细科目进行核算。该科目借方反映期末自“本年利润”科目借方转入事项（亏损）和年终利润分配各事项的转入，表示未分配利润的金额减少；该科目贷方反映期末自“本年利润”科目贷方转入事项（盈利）和年终盈余公积弥补亏损等事项的转入，表示未分配利润的金额增加。

年度终了，企业应将全年实现的净利润或发生的净亏损，自“本年利润”科目转入“利润分配—未分配利润”科目，并将“利润分配”科目所属其他明细科目的余额，转入“未分配利润”明细科目。结转后，“利润分配—未分配利润”科目如为贷方余额，表示累积未分配的利润数额；如为借方余额，则表示累积未弥补的亏损数额。

知识检测

一、单选题

1. 某企业盈余公积年初余额为 70 万元，本年利润总额为 600 万元，所得税费用为 150 万元，按净利润的 10% 提取法定盈余公积，并将盈余公积 10 万元转增资本。该企业盈余公积年末余额为（　）万元。

A. 60　　B. 105　　C. 115　　D. 130

2. 下列各项中，能够导致企业留存收益减少的是（　）。

A. 宣告分配现金股利　　B. 以资本公积转增资本

C. 提取盈余公积　　D. 以盈余公积弥补亏损

3. 某企业 2024 年初未分配利润的贷方余额为 400 万元，本年度实现的净利润为 200 万元，分别按 10% 和 5% 提取法定盈余公积和任意盈余公积。假定不考虑其他因素，该企业 2024 年末未分配利润的贷方余额应为（　）万元。

A. 410　　B. 510　　C. 540　　D. 57

4. 下列各项中，能够导致企业盈余公积减少的是（　）。

A. 股东大会宣告分配股票股利　　B. 以资本公积转增资本

C. 提取盈余公积　　D. 以盈余公积弥补亏损

5. 下列各项中，能够导致企业留存收益总额减少的是（　）。

A. 宣告派发现金股利　　B. 以资本公积转增资本

C. 提取盈余公积　　D. 以盈余公积弥补亏损

6. 不影响当年可供分配利润的是（　）。

A. 当年资本公积转增资本　　B. 年初未弥补亏损

C. 当年盈余公积弥补亏损　　D. 当年实现净利润

7. 下列各项中，能够引起企业所有者权益减少的是（　）。

A. 股东大会宣告派发现金股利　　B. 向投资者发放股票股利

C. 提取盈余公积　　D. 以资本公积转增资本

二、多选题

1. 下列项目中，能引起盈余公积发生增减变动的有（　）。

A. 提取任意盈余公积　　B. 以盈余公积转增资本

C. 用任意盈余公积弥补亏损　　D. 用盈余公积派发新股

2. 下列各项中，仅引起所有者权益内部结构发生变动而不影响所有者权益总额的有（　）。

A. 用盈余公积弥补亏损　　B. 用盈余公积转增资本

C. 股东大会宣告分配现金股利　　D. 实际发放股票股利

3. 下列各项中，能够引起企业留存收益总额发生变动的有（　）。

A. 以盈余公积弥补亏损　　B. 提取任意盈余公积

C. 向投资者宣告分配现金股利　　D. 用盈余公积转增资本

4. 下列各项中，不会引起留存收益总额发生增减变动的有（　）。

A. 资本公积转增资本　　B. 盈余公积转增资本

C. 盈余公积弥补亏损　　D. 税后利润弥补亏损

5. 下列各项中，最终不会引起留存收益总额发生增减变动的有（　）。

A. 资本公积转增资本　　B. 盈余公积转增资本

C. 盈余公积弥补亏损　　D. 发生业务招待费

三、业务题

大兴有限公司 2024 年发生有关经济业务如下：（1）用盈余公积 37.5 万元弥补以前年度亏损。（2）从税后利润中提取法定盈余公积 19 万元。要求：根据经济业务（1）（2）编制大兴公司的相关会计分录，计算 2024 年盈余公积发生额和未分配利润发生额。

模块四　收入、成本、费用、利润

企业存在的最终目的就是获取利润，有了这一目的，才有了企业的创立、资产的投入和负债的发生。企业的利润主要来源于企业取得收入和费用的差额。

项目八　收入的核算

收入是企业命脉所在。一个企业要想在同行竞争中站稳脚跟，就要对企业的收入进行严密细致的核算，以便随时掌握收入情况。企业的收入大致分为三种情况：销售商品的收入、提供劳务形成的收入、让渡资产所有权取得收入。

任务一　销售商品收入核算

任务目标

1. 掌握收入实现的标准。
2. 掌握销售商品所发生各种情况的账务处理。

重点难点

1. 判断收入实现的标准。
2. 销售商品所发生各种情况的账务处理。

业务认知

一、收入的概念

收入是指企业在日常活动中形成的、会导致所有者权益增加的、与所有者投入资本无关的经济利益的总流入。收入具有以下特征。

（一）收入是企业日常活动形成的经济利益的总流入

收入来源于企业的日常活动，而不是偶发的交易或事项。所谓日常活动，是指企业为完成其经营目标所从事的经常性活动。如工业企业收入是从销售商品、提供劳务等日常活动中产生的，而不是从处置固定资产等非日常活动中产生的。

（二）收入可能表现为企业资产的增加或负债的减少，或者两者兼而有之

收入通常表现为企业资产的增加，如在实现商品销售收入时增加银行存款、应收账款、应收票据等；有时也可能表现为企业负债的减少，如以企业的库存商品或劳务抵偿债务；或者两者兼而有之。但不包括为第三方或客户代收的款项，如代收的运费、增值税等。

（三）收入能导致企业所有者权益的增加

根据会计等式“资产 = 负债 + 所有者权益”，所有者权益数额从数量上等于资产的数额减去负债的数额。而收入表现为资产的增加或负债的减少，或两者兼而有之，所以收入通常能够增加所有者权益。但应注意，收入扣除相关成本费用后的净额，可能增加所有者权益，也可能减少所有者权益。

（四）收入不包括所有者向企业投入资本导致的经济利益的流入

收入只包括企业自身活动获得的经济利益流入，而不包括企业的所有者向企业投入资本导致的经济利益流入。所有者向企业投入的资本，在增加资产的同时，直接增加所有者权益，不能作为企业的收入。

二、销售商品收入的确认

销售商品收入的确认和计量大致分为五步。

（一）识别与客户订立的合同

1. 收入的确认原则

企业已将商品所有权上的主要风险和报酬转移给购货方，构成确认销售商品收入的重要条件。

判断企业是否已将商品所有权上的主要风险和报酬转移给购货方，应当关注交易的实质，并结合所有权凭证的转移进行判断。如果与商品所有权有关的任何损失均不需要销货方承担，与商品所有权有关的任何经济利益也不归销货方所有，就意味着商品所有权上的主要风险和报酬转移给了购货方。

下面几种情况仍保留着商品所有权上的主要风险和报酬，不能确认收入。

（1）企业销售的商品在质量、品种、规格等方面不符合合同规定的要求，又未根据正常的保证条款予以弥补，因而仍负有责任。

（2）企业销售商品的收入是否能够取得，取决于代销方或受托方销售该商品的收入是否能够取得。

（3）尚未完成售出商品安装或检验工作，而此项安装或检验任务又是销售合同的重要组成部分。

（4）销售合同中规定了购货方在既定条件下有权退货的条款，而企业又不能确定退货的可能性。

2. 收入的前提条件

企业与客户之间的合同同时满足下列条件的，企业应当在客户取得相关商品控制权时确认收入。

（1）合同各方已批准该合同并承诺将履行各自义务。

（2）该合同明确了合同各方与所转让的商品（或提供的服务，以下简称转让的商品）相关的权利和义务。

（3）该合同有明确的与所转让的商品相关的支付条款。

（4）该合同具有商业实质，即履行该合同将有改变企业未来现金流量的风险、时间分布或金额。

（5）企业因向客户转让商品而有权取得的对价很可能收回。

（二）识别合同中的单项履约义务

履约义务是指合同中企业向客户转让可明确区分商品或服务的承诺。企业应当向客户转让可区分商品（或者商品的组合）的承诺以及向客户转让一系列实质相同且转让模式相同、可明确区分商品的承诺作为单项履约义务。例如，某企业与客户签订合同，向其销售商品并提供运输服务，该产品的运输服务没有特殊要求，其他运输企业也能做，该合同中销售商品和提供运输服务为两项单项履约业务。若该产品是特殊产品，运输服务需要专业车辆，一般运输企业不具备这样的运输条件，只有该企业具备这样的运输条件，则合同中销售产品和运输服务合并为单项履约业务，因为这种商品销售承诺对客户来说没有可选择性。

（三）确定交易价格

所谓交易价格，是指企业因向客户转让商品而预期有权收取的对价金额。交易价格，是指企业因向客户转让商品而预期有权收取的对价金额。企业代第三方收取的款项（例如增值税）以及企业预期将退还给客户的款项，应当作为负债进行会计处理，不计入交易价格。合同标价并不一定代表交易价格，在确定交易价格时，企业应当考虑可变对价、合同中存在的重大融资成分、非现金对价以及应付客户对价等因素的影响，并应当假定将按照现有合同的约定向客户转移商品，且该合同不会被取消、续约或变更。

（四）将交易价格分摊至各单项履约义务

当合同中包含两项或多项履约义务时，为了使企业分摊至每一单项履约义务的交易价格能够反映其因向客户转让已承诺的相关商品（或提供已承诺的相关服务）而预期有权收取的对价金额，企业应当在合同开始日，按照各单项履约义务所承诺商品的单独售价的相对比例，将交易价格分摊至各单项履约义务。

（五）履行每一单项履约义务时确认收入

企业应当根据实际情况，首先判断履约义务是否满足在某一时段内履行的条件，如不满足，则该履约义务属于在某一时点履行的履约义务。对于在某一时段内履行的履约义务，企业应当选取恰当的方法来确定履约进度；对于在某一时点履行的履约义务，企业应当综合分析控制权转移的迹象，判断其转移时点。

业务核算

销售商品收入的会计处理主要涉及一般销售商品业务、已经发出商品但不符合收入确认条件的销售业务、销售折让、销售退回、采用预收款方式销售商品、采用支付手续费方式委托代销商品等情况。

一、一般销售商品业务收入的处理

企业一般销售商品属于某一时点的履约义务。首先要考虑销售商品收入是否符合收入确认条件。如果符合收入准则所规定的五项确认条件的，企业应确认收入并结转相关销售成本。

（一）一般销售商品业务收入确认

1. 一般销售商品业务收入确认条件

企业判断销售商品收入满足确认条件的，应当提供确凿的证据。通常情况下，会计人员应在销售货物已经转移给买方且款项已经取得或已经取得收款的权利时确认收入。

除以上所述，企业应当综合分析控制权转移的迹象，判断其转移时点，转移时点即收入的确认时间，而收入的确认时间与销售方式有密切关系。

采用托收承付方式销售商品的，在办妥托收手续时确认收入实现。

采用交款提货方式销售商品的，在开出发票账单收到货款时确认收入。

采用预收款方式销售商品的，销售方通常在发出商品时确认收入实现，收入确认前预收的货款应确认为预收账款。

采用委托代销方式销售商品的，销售方通常在收到受托方发来的代销清单时确认收入实现。

2. 会计科目设置

企业为了核算与客户之间产生的收入及相关的成本费用，在确认实现销售收入和需要结转相关成本时，一般需要设置“主营业务收入”“主营业务成本”“其他业务收入”“其他业务成本”等几个主要科目。

（二）一般销售商品业务收入的会计处理

企业销售商品满足收入确认条件时，应当按照已收或应收合同或协议价款的公允价值确定销售商品收入金额。通常情况下，购货方已收或应收的合同或协议价款即为公允价值，应当以此确定销售商品收入的金额。企业销售商品所实现的收入以及结转的相关销售成本，通过“主营业务收入”“主营业务成本”等科目核算。

企业取得因销售商品、提供劳务经常性活动所发生的收入，借记“银行存款”“应收账款”“应收票据”“预收账款”等科目，贷记“主营业务收入”“应交税费—应交增值税（销项税额）”科目；发生销售退回，作与销售相反会计处理；结转相关销售成本时，借记“主营业务成本”科目，贷记“库存商品”科目。

例题 8–1 金鑫实业有限公司 2024 年 7 月 10 日发生下列业务，原始凭证见图 8–1、图 8–2。

商业承兑汇票　2

签发日期贰零贰肆年柒月零壹拾日

收款人	全　称	金鑫实业有限公司	付款人	全　称	北京长虹有限公司
	账　号	3227676890893646693		账　号	1001345109207852021
	开户银行	中国工商银行保定市桥东路分行		开户银行	中国工商银行北京市长安路支行
汇票金额		人民币（大写）壹拾壹万叁仟元整			千 百 十 万 千 百 十 元 角 分 ¥ 1 1 3 0 0 0 0 0
汇票到期日		2024 年 09 月 10 日	交易合同号码		第 23071001 号
本汇票已经本单位承兑,到期日无条件支付票款。			付购货款 汇票签发人盖章: 负责: 经办: 高虎		

图 8–1

电子发票（增值税专用发票）　发票号码：24133000000000004554

开票日期：2024 年 07 月 10 日

购买方信息	名称：北京长虹有限公司 纳税人识别号：9111011270449534500	销售方信息	名称：金鑫实业有限公司 纳税人识别号：9113056247896001000

项目名称	规格型号	单位	数量	单价	金额	税率/征收率	税额
*泵*排水泵		台	5	20000.00	100000.00	13%	13000.00
合　计					¥100000.00		¥13000.00
价税合计（大写）	⊗壹拾壹万叁仟元整			（小写） ¥113000.00			
备注							

开票人：郑薇

图 8–2

解析： 金鑫实业有限公司 2024 年 7 月 10 日向北京长虹有限公司销售排水泵 5 台，价款 100 000 元，税费 13 000 元。于当日收到一张由北京长虹有限公司签发同意到期兑现的商业承兑汇票。由于按全月一次加权平均法核算发出成本，只有到月底才能计算出产品销售成本。分录如下：

借：应收票据—北京长虹有限公司	113 000	
贷：主营业务收入		100 000
应交税费—应交增值税（销项税额）		13 000

二、已经发出但不符合销售商品收入确认条件的商品的处理

如果企业按照合同发出商品的对价很可能收不回时，在发出商品时不应确认收入，而应将发出商品的成本计入“发出商品”科目，借记“发出商品”科目，贷记“库存商

品”科目。如已发出商品被客户退回，编制相反的分录。

这里应注意的一个问题是，尽管发出的商品不符合收入确认条件，但如果销售该商品的纳税义务已经发生，比如已经开出增值税专用发票，则应确认应交的增值税销项税额。借记“应收账款”等科目，贷记“应交税费—应交增值税（销项税额）”科目。如果纳税义务没有发生，则不需要进行上述处理。

例题 8–2 A 公司于 2024 年 7 月 3 日采用托收承付结算方式向 B 公司销售一批商品，开出的增值税专用发票上注明售价为 100 000 元，增值税税额为 13 000 元；该批商品成本为 60 000 元。A 公司在销售该批商品时已得知 B 公司资金流转发生暂时困难，但为了减少存货积压，同时为了维持与 B 公司长期以来建立的商业关系，A 公司仍将商品发出，并办妥托收手续。同时向 B 公司开出增值税发票，即 A 公司销售该批商品的纳税义务已经发生。如何进行账务处理？

解析： A 公司知道 B 公司资金流转发生暂时困难，要回款项的可能性很小，相关的经济利益很可能不会流入企业，不符合收入的确认条件，不能确认收入。A 公司销售该批商品的纳税义务已经发生，应确认应交的增值税（销项税额）。分录如下：

发出商品时：

借：发出商品	60 000	
贷：库存商品		60 000

同时，因 A 公司销售该批商品的纳税义务已经发生，应确认应交的增值税（销项税额）：

借：应收账款—B 公司	13 000	
贷：应交税费—应交增值税（销项税额）		13 000

注：如果销售该批商品的纳税义务尚未发生，则不作这笔处理。

三、商业折扣、现金折扣和销售折让的处理

企业销售商品收入的金额通常由从购货方已收或应收的合同或协议价款确定。在确定销售商品收入的金额时，应注意区分商业折扣、现金折扣和销售折让及其不同的账务处理方法。总的来讲，确定销售商品收入的金额时，不应考虑预计可能发生的现金折扣、销售折让，即应按总价确认收入，但商业折扣应是扣除商业折扣后的净额确认收入。商业折扣、现金折扣和销售折让的区别以及处理方法如下。

（一）商业折扣

商业折扣是指企业为促进商品销售而给予的价格扣除。例如，企业为鼓励客户多买商品可能规定，购买 10 件以上商品给予客户 10% 的折扣，或客户每买 10 件送 1 件。此外，企业为了尽快出售一些残次、陈旧、冷清的商品，也可能降价（即打折）销售。

商业折扣在销售时即已发生，并不构成最终成交价格的一部分。企业销售商品涉及商业折扣的，应当按照扣除商业折扣后的金额确定销售商品收入金额。

需要注意的是，《国家税务总局关于折扣额抵减增值税应税销售额问题通知》规定，商业折扣下销售额和折扣额在同一张发票上分别注明，指销售额和折扣额在同一张发票上的“金额”栏分别注明的，可按折扣后的销售额征收增值税。未在同一张发票“金额”栏注明折扣额，而仅在发票的“备注”栏注明折扣额的，折扣额不得从销售额中减除。

（二）现金折扣

现金折扣是指债权人为鼓励债务人在规定的期限内付款而向债务人提供的债务扣除。

现金折扣一般用符号“折扣率 / 付款期限”表示，例如，“2/10，1/20，n/30”表示：销货方允许客户最长的付款期限为 30 天，如果客户在 10 天内付款，销货方可按商品售价给予客户 2% 的折扣；如果客户在 11~20 天内付款，销货方可按商品售价给予客户 1% 的折扣；如果客户在 21~30 天内付款，将不能享受现金折扣。

现金折扣发生在企业销售商品形成应收账款之后，企业销售商品形成应收账款之后现金折扣是否发生以及发生多少要视买方的付款情况而定，关键在于销售企业给的折扣对购货企业是否有吸引力。所以企业在确认销售商品收入时不能确定现金折扣金额。因此，企业销售商品涉及现金折扣的，应当按照扣除现金折扣前的金额确定销售商品收入金额。现金折扣实际上是企业为了尽快回笼资金而发生的理财费用，应在实际发生时计入当期财务费用。

在计算现金折扣时，还应注意销售方式是按不包含增值税的价款提供现金折扣，还是按包含增值税的价款提供现金折扣，两种情况下购买方享有的折扣金额不同。例如，销售价格为 1 000 元的商品，增值税税额为 130 元，如不包含增值税，按 1% 折扣率计算，购买方享有的现金折扣金额为 10 元；如果购销双方约定计算现金折扣时一并考虑增值税，则购买方享有的现金折扣金额为 11.3 元。

销售形成应收账款时，借记“应收账款”科目，贷记“主营业务收入”“应交税费—应交增值税（销项税额）”科目；购货方在折扣期内还款时，按照给予对方的现金折扣，借记“财务费用”科目，按照实际收回的款项，借记“银行存款”科目，同时冲减应收账款，贷记“应收账款”科目。

例题 8–3 金鑫实业有限公司 2024 年 7 月 11 日发生下列业务，原始凭证见图 8–3~图 8–6。

购 销 合 同(240711)

销货方：金鑫实业有限公司(甲方)

购货方：北京长虹有限公司(乙方)

甲方于2024年07月11日向乙方发售潜水泵八台，每台售价(不含增值税)贰万伍仟元人民币，价税共计人民币贰拾贰万陆仟元整。

运杂费由甲方代垫，共计伍仟元整，乙方验货后随货款偿付。乙方付款期30天（从2024年07月12日起计），提早付款甲方将给予现金折扣，现金折扣条件为：2/10，1/20，n/30（计算现金折扣时不考虑增值税和代垫运杂费）。未尽事宜，双方应本着互利原则协商解决。

甲方(盖章)：金鑫实业有限公司　　乙方(盖章)：北京长虹有限公司

2024年07月11日　　2024年07月11日

图 8–3

电子发票（增值税专用发票）		发票号码：24133000000000004555 开票日期：2024年07月11日	
购买方信息	名称：北京长虹有限公司 纳税人识别号：9111011270449534500	销售方信息	名称：金鑫实业有限公司 纳税人识别号：9113056247896001000

项目名称	规格型号	单位	数量	单价	金额	税率/征收率	税额
*泵*潜水泵		台	8	25000.00	200000.00	13%	26000.00
合　计					¥200000.00		¥26000.00
价税合计（大写）	⊗贰拾贰万陆仟元整			（小写） ¥226000.00			
备注							

开票人：郑薇

图 8–4

中国工商银行 转账支票存根	
支票号码	VI II 24071103
科　　目	
对方科目	
出票日期	2024年07月11日
收款人	保定联运运输公司
金　额	¥5 000.00
用　途	代垫运费
备　注	

单位主管：苏瑞　　会计：郑薇

图 8–5

中国工商银行托收承付款凭证(回单)　1

委托日期2024年07月11日

付款人	全　称	北京长虹有限公司	收款人	全　称	金鑫实业有限公司
	账　号	1001345109207852021		账　号	3227676890893646693
	开户银行	中国工商银行北京市长安路支行		开户银行	中国工商银行保定市桥东路分行
托收金额	人民币(大写)贰拾叁万壹仟元整			百十万千百十元角分	¥ 2 3 1 0 0 0 0 0
附件		商品发运情况	合同名称号码	中国工商银行保定市桥东路分行 ★2024.07.11★ 业务清讫（02）	
附寄单证张数或册数：4		已发运	(№240711)		
备注：			款项收妥日期　年　月　日	收款人开户行（银行盖章）	

单位主管：　　会计：　　复核：　　记账：

图 8–6

解析：金鑫实业有限公司 2024 年 7 月 11 日签订合同当日即根据合同向北京长虹有限公司销售潜水泵 8 台，属于同一时点履行的履约义务。价款 200 000 元，税金 26 000 元，运费 5 000 元由金鑫实业有限公司代垫，总款项 231 000 元，采用异地托收承付方式结算，已通过银行办好异地托收手续。分录如下：

借：应收账款—北京长虹有限公司	231 000
贷：主营业务收入	200 000
应交税费—应交增值税（销项税额）	26 000
银行存款	5 000

例题 8–4　紧接上题，金鑫实业有限公司 2023 年 7 月 18 日发生业务如下，原始凭证见图 8–7。

中国工商银行托收承付款凭证(收账通知) 4

委托日期 2023 年 07 月 11 日

付款人	全　称	北京长虹有限公司	收款人	全　称	金鑫实业有限公司
	账　号	1001345109207852021		账　号	3227676890893646693
	开户银行	中国工商银行北京市长安路支行		开户银行	中国工商银行保定市桥东路分行

托收金额		百	十	万	千	百	十	元	角	分
	人民币（大写）贰拾贰万柒仟元整	¥	2	2	7	0	0	0	0	0

附件	商品发运情况	合同名称号码	中国工商银行保定市桥东路分行
附寄单证张数或册数：4	已发运	（№240711）	★ 2024.07.18 ★
备注：		款项收妥日期 2024 年 07 月 18 日	业务清讫（02） 收款人开户行（银行盖章）

图 8–7

解析：本题和例题 8–3 紧密联系，金鑫实业有限公司 2024 年 7 月 18 日收到北京长虹有限公司支付的货款，从 2024 年 7 月 11~18 日，按照合同，应给予北京长虹有限公司 2% 的现金折扣，而且计算现金折扣不考虑增值税和代垫运杂费，因此应给予北京长虹有限公司现金折扣为 200 000 × 2%=4 000（元），所以收回的货款为 231 000–4 000=227 000（元），分录如下：

借：银行存款	227 000
财务费用	4 000
贷：应收账款—北京长虹有限公司	231 000

（三）销售折让

销售折让是指企业因售出商品质量不符合要求等在售价上给予的减让。企业将商品销售给买方后，如买方发现商品在质量、规格等方面不符合要求，可能要求卖方在价格上给予一定的减让。销售折让如发生在确认销售收入之前，则应在确认销售收入时直接按扣除销售折让后的金额确认；已确认销售收入的售出商品发生销售折让，且不属于资产负债表日后事项的，应按税法规定开具红字增值税专用发票，在发生时用红字冲减当期“主营业务收入”科目，用红字冲减已确认的“应交税费—应交增值税（销项税额）”科目，同时用红字冲减“银行存款”或“应收账款”科目。

（四）销售退回的处理

企业售出商品发生的销售退回，应当分不同情况进行会计处理：一是尚未确认销售收入的售出商品发生销售退回的，应当冲减“发出商品”科目，同时增加“库存商品”科目；二是已确认销售收入的售出商品发生销售退回的，除属于资产负债表日后事项外，应按税法规定开具红字增值税专用发票，在发生时用红字冲减当期“主营业务收入”科目，用红字冲减已确认的“应交税费—应交增值税（销项税额）”科目，同时用红字冲减“银行存款”或“应收账款”科目，同时冲减当期销售商品成本。如该项销售退回已发生现金折扣，应同时调整相关财务费用的金额。

例题 8–5 紧接例题 8–3、例题 8–4，假设金鑫实业有限公司 2024 年 7 月 28 日发生经济业务，原始凭证见图 8–8~ 图 8–10。

电子发票（增值税专用发票）

发票号码：24133000000000004616

开票日期：2024 年 07 月 28 日

购买方信息	名称：北京长虹有限公司 纳税人识别号：9111011270449534500	销售方信息	名称：金鑫实业有限公司 纳税人识别号：9113056247896001000

项目名称	规格型号	单位	数量	单价	金额	税率/征收率	税额
*泵*排水泵		台	-3	25000.00	-75000.00	13%	-9750.00
合 计					¥-75000.00		¥-9750.00
价税合计（大写）	⊗捌万肆仟柒佰伍拾元整			（小写） ¥-84750.00			
备注							

开票人：郑薇

图 8–8

中国工商银行 转账支票存根
支票号码 VI II 24072801 科 目 对方科目 出票日期 2024 年 07 月 28 日
收款人 北京长虹有限公司
金 额 ¥83 250.00
用 途 退回购货款
备 注

单位主管：苏瑞 会计：郑薇

图 8–9

入库通知单

第 0111 号

2024 年 07月 28 日　　　　成品库

编号	名称	规格	单位	应收数量	实收数量	单位成本	总价											附注
							亿	千	百	十	万	千	百	十	元	角	分	
	潜水泵		台	3	3													
	合计								¥									
备注：销售退回商品																		

附单据 张

审核：苏瑞　　仓库主管：李飞　　保管：李梦　　经手：李梦　　制单：郑薇

图 8–10

解析：本题因为是红字增值税发票，对于金鑫实业有限公司而言属于部分产品销售退回，又在此之前款项已经收到，并且有现金折扣。随着销售退回的发生，金鑫实业有限公司要向购货方退还退回产品相应的价税款，同时还应冲减相对应的现金折扣费用；对退回的商品验收入库，由于产品销售成本未结转，此时暂不作分录，只是对退回的产品进行保管。分录如下：

发生销售退回时：

借：银行存款　　-83 250

　　财务费用　　-1 500（75 000 × 2%=1 500）

　　贷：主营业务收入　　-75 000

　　　　应交税费—应交增值税（销项税额）　　-9 750

四、采用预收款方式销售商品的处理

预收款销售方式下，销售方直到收到最后一笔款项才将商品交付购货方，表明商品所有权上的主要风险和报酬只有在收到最后一笔款项时才转移给购货方，销售方通常应在发出商品时确认收入，在此之前预收的货款应确认为预收账款。

按照合同，向购货方收取预收款时，对于销货企业而言，此时借记“银行存款”科目，贷记“预收账款”科目；按照合同向购买方发货时，确认收入，借记“预收账款”科目，贷记“主营业务收入”“应交税费—应交增值税（销项税额）”科目；补收货款时，借记“银行存款”科目，贷记“预收账款”科目；退回多收款时，作相反的分录。

五、采用支付手续费方式委托代销商品的处理

采用支付手续费委托代销方式下，委托方在发出商品时，商品所有权上的主要风险和报酬并未转移给受托方，委托方在发出商品时通常不应确认销售商品收入，而应在收到受托方开出的代销清单时确认为销售商品收入，同时将应支付的代销手续费计入销售费用；受托方应在代销商品销售后，按合同或协议约定的方式计算确定代销手续费，确认劳务收入。

受托方可通过“受托代销商品”“受托代销商品款”或“应付账款”等科目，进行收到受托代销商品、售出受托代销商品、确认代销手续费收入等处理。

委托方的账务处理如下：

（1）发出商品时，不确认收入：

借：委托代销商品
　　贷：库存商品

（2）收到代销清单时，确认收入，结转销售成本：

借：应收账款
　　贷：主营业务收入
　　　　应交税费—应交增值税（销项税额）
借：主营业务成本
　　贷：委托代销商品

（3）发生手续费时：

借：销售费用
　　应交税费—应交增值税（进项税额）
　　贷：应收账款

（4）收到受托方支付的货款时：

借：银行存款
　　贷：应收账款

受托方的账务处理如下：

（1）收到商品时：

借：受托代销商品
　　贷：受托代销商品款

（2）对外销售时：

借：银行存款
　　贷：受托代销商品
　　　　应交税费—应交增值税（销项税额）

（3）收到委托方交来的增值税专用发票时：

借：受托代销商品款
　　应交税费—应交增值税（进项税额）
　　贷：应付账款

（4）支付货款并计算代销手续费时：

借：应付账款

　　贷：银行存款

　　　　其他业务收入

　　　　应交税费—应交增值税（销项税额）

例题 8–6　鸿天股份有限公司 2024 年 7 月 2~31 日发生业务如下，原始凭证见图 8–11~图 8–15。

出库通知单　　　出字第 24070201 号

2024 年 07月 02 日　　　成品库

编号	名称	规格	单位	应收数量	实收数量	单位成本	总价 亿	千	百	十	万	千	百	十	元	角	分	附注
	电视机		台	20	20	1 500. 00				¥	3	0	0	0	0	0	0	
	合计									¥	3	0	0	0	0	0	0	
备注：根据委托销售合同向宝鼎实业有限公司发出，每台对外售价2 000元，按照销售价格5%支付手续费。委托销售合同号码：2024071801																		

附单据 1 张

审核：苏梅　　仓库主管：李红　　保管：李新　　经手：李新　　制单：郑静

图 8–11

宝鼎实业有限公司代销清单

2024年 07月 30 日

日期	产品名称	数量	单价	金额	税额
7 月 30 日	电视机	10	2 000.00	20 000.00	2 6[illegible].00

审核：马斯　　会计：杨虎　　销售主管：潘军

图 8–12

中国工商银行 转账支票存根	
支票号码	VI II 24073001
科　　目	
对方科目	
出票日期	2024 年 7 月 30 日
收款人	宝鼎实业有限公司
金　额	¥1 060.00
用　途	按照销售价格 5%支付手续费
备　注	

图 8–13

电子发票（增值税专用发票）		发票号码：24133000000000004650 开票日期：2024 年 07 月 30 日	
购买方信息	名称：鸿天股份有限公司 纳税人识别号：9131234270449534760	销售方信息	名称：宝鼎实业有限公司 纳税人识别号：911303621789600111

项目名称	规格型号	单位	数量	单价	金额	税率/征收率	税额
*服务*手续费					1000.00	6%	60.00
合　计					¥1000.00		¥60.00
价税合计（大写）	⊗壹仟零陆拾元整			（小写）	¥1060.00		
备注							

开票人：杨虎

图 8–14

银行进账单

（收账通知）

2024 年 07 月 31 日 3

付款人	全　　称	宝鼎实业有限公司										
	账　　号	602734567890321403										
	开户银行	中国工商银行常德市德山分行										
人民币		千	百	十	万	千	百	十	元	角	分	
				¥	2	1	5	4	0	0	0	
收款人	全　　称	鸿天股份有限公司										
	账　　号	6322767689089364669										
	开户银行	中国工商银行保定市桥东路分行										
款项用途		结清货款										

图 8–15

解析：从出库单的备注中我们看出这是一笔委托代销的业务。要分清谁是受托方，谁是委托方，明确主体是核算的关键。显然鸿天股份有限公司是委托方，宝鼎实业有限公司是受托方，然后按步骤一步步处理，首先 7 月 2 日向宝鼎实业有限公司发出货物；7 月 30 日收到宝鼎实业有限公司的代销清单要确认收入，同时支付手续费；7 月 31 日收到代销款。分录如下：

鸿天股份有限公司：

（1）7 月 2 日发出商品时，不确认收入：

借：委托代销商品	30 000	
贷：库存商品		30 000

（2）7 月 30 日收到代销清单时，确认收入，结转销售成本：

借：应收账款—宝鼎实业有限公司	22 600
贷：主营业务收入	20 000
应交税费—应交增值税（销项税额）	2 600
借：主营业务成本	15 000
贷：委托代销商品	15 000

（3）7 月 30 日发生手续费时：

借：销售费用	1 000
应交税费—应交增值税（进项税额）	60
贷：应收账款—宝鼎实业有限公司	1 060

（4）7 月 31 日收到受托方支付的货款时：

借：银行存款	21 540
贷：应收账款—宝鼎实业有限公司	21 540

宝鼎实业有限公司：

（1）收到商品时：

借：受托代销商品	40 000
贷：受托代销商品款	40 000

（2）对外销售时：

借：银行存款	22 600
贷：受托代销商品	20 000
应交税费—应交增值税（销项税额）	2 600

（3）收到鸿天股份有限公司交来的增值税专用发票时：

借：受托代销商品款	20 000
应交税费—应交增值税（进项税额）	2 600
贷：应付账款—鸿天股份有限公司	22 600

（4）支付货款并计算代销手续费时：

借：应付账款—鸿天股份有限公司	22 600
贷：银行存款	21 540
其他业务收入	1 000
应交税费—应交增值税（销项税额）	60

六、销售材料等存货的处理

企业在日常活动中还可能发生对外销售不需用的原材料、随同商品对外销售单独计价的包装物等业务。企业销售原材料、包装物等存货也视同商品销售，其收入确认和计量原则比照商品销售。企业销售原材料、包装物等存货实现的收入作为其他业务收入处理，结转的相关成本作为其他业务成本处理。

企业销售原材料、包装物等存货实现的收入以及结转的相关成本，通过“其他业务收入”“其他业务成本”科目核算。

“其他业务收入”科目核算企业除主营业务活动以外的其他经营活动实现的收入，包括销售材料、出租包装物和商品、出租固定资产、出租无形资产等实现的收入。该科目贷方登记企业实现的各项其他业务收入；借方登记期末转入“本年利润”科目的其他业务收入；结转后该科目应无余额。

“其他业务成本”科目核算企业除主营业务活动以外的其他经营活动所产生的成本，包括销售材料的成本、出租固定资产的折旧额、出租无形资产的摊销额、出租包装物的成本或摊销额。该科目借方登记企业结转或发生的其他业务成本；贷方登记期末结转入“本年利润”科目的其他业务成本；结转后该科目应无余额。

企业销售原材料、包装物等存货实现收入时，借记“应收账款”“银行存款”“应收票据”科目，贷记“主营业务收入”“应交税费—应交增值税（销项税额）”科目；结转的相关成本，借记“其他业务成本”科目，贷记“原材料”科目。

知识检测

一、单选题

1. 企业 2024 年 4 月售出产品并已确认收入，2024 年 5 月发生销售退回时，其冲减的销售收入应在退回当期计入（　　）。

A. 营业外收入　　B. 营业外支出

C. 利润分配　　D. 红字冲销“主营业务收入”

2. 甲企业委托乙企业代销一批商品 6 000 件，代销价款为 100 元 / 件。该商品成本为 60 元 / 件，甲企业适用增值税税率为 13%。2024 年 5 月，甲企业收到乙企业开来的代销清单上列明已销售代销商品的 50%，甲企业向乙企业开具增值税专用发票。甲企业按售价的 3% 支付给乙企业手续费。甲企业 2024 年 5 月应确认的销售收入为（　　）元。

A. 300 000　　B. 188 000　　C. 400 000　　D. 388 000

3. 企业对于已经发出但尚未确认销售收入的商品的成本，应借记的会计科目是（　　）。

A. 在途物资　　B. 主营业务成本　　C. 发出商品　　D. 库存商品

4. 企业已确认销售收入的售出商品发生销售折让，且不属于资产负债表日后事项的，应（　　）。

A. 增加销售费用　　B. 冲减主营业务成本

C. 冲减主营业务收入　　D. 增加营业外支出

5. 某工业企业销售产品每件 120 元，若客户购买 100 件（含 100 件）以上，每件可得到 20 元的商业折扣。某客户 2024 年 12 月 10 日购买该企业产品 100 件，按规定现金折扣条件为：2/10，1/20，n/30。适用的增值税税率为 13%，假定计算现金折扣时考虑增值税。该企业于 12 月 29 日收到该笔款项时，应给予客户的现金折扣为（　）元。

A. 0　　B. 100　　C. 113　　D. 1 100

6. 甲公司销售商品一批，商品的销售价款为 2 000 元，商业折扣 10%，增值税税率为 13%，现金折扣条件为 2/10，1/20，n/30。甲公司销售商品时为对方代垫运费 150 元（不考虑运费的增值税抵扣问题），则应收账款的入账金额为（　）元。

A. 2 490　　B. 2 184　　C. 2 106　　D. 2 340

7. 某小规模纳税企业销售产品一批，所开出的普通发票中注明的货款（含税）为 10 300 元，增值税征收率为 3%，款项已经存入银行。该企业应该确认的收入为（　）元。

A. 10 600　　B. 10 000　　C. 9 400　　D. 11 200

8. 2024 年 5 月 1 日，A 公司采用预收款方式销售甲商品，预收货款 20 万元，总价 50 万元。并约定于 7 月 1 日交付剩余款项并发出商品。下列说法正确的是（　）。

A. A 公司应于 5 月 1 日确认收入 50 万元　　B. A 公司应于 5 月 1 日确认收入 20 万元

C. A 公司应于 7 月 1 日确认收入 50 万元　　D. A 公司应于 5 月 1 日确认成本 20 万元

9. 发出不符合收入确认条件的商品时，应借记（　）。

A. 主营业务成本　　B. 库存商品　　C. 发出商品　　D. 在途物资

10. 甲公司采用托收承付方式销售一批商品，开出的增值税专用发票上注明售价为 100 万元，增值税税额为 13 万元，商品已经发出，并已向银行办妥托收手续，该批商品的成本为 80 万元，甲公司销售该商品影响损益的金额为（　）万元。

A. 20　　B. 80　　C. 40　　D. 100

11. 企业购买商品入库后，对于享受的现金折扣，应当（　）。

A. 冲减商品入账成本　　B. 计入营业外收入

C. 冲减财务费用　　D. 冲减管理费用

12. 甲公司于 2023 年 7 月向乙公司提供某专利权的使用权，合同规定的使用期为 20 年，一次性收取使用费 500 000 元，且不提供后续服务，款项已经收到。则甲公司当年应确认的使用费收入为（　）元。

A. 0　　B. 6 250　　C. 500 000　　D. 250 000

二、多选题

1. 甲企业 2023 年 7 月售出产品一批，并确认了收入，2017 年 12 月由于质量问题被退回时，在做相关处理时不会涉及的科目有（　）。

A. 库存商品　　B. 营业外支出　　C. 利润分配　　D. 主营业务收入

2. 下列事项不能确认收入的有（　　）。

A. 采用预收款方式销售发出商品时

B. 采用托收承付方式销售商品的，在办妥托收手续时确认收入实现

C. 收到商品预收款时

D. 采用支付手续费方式委托代销商品发出商品时

3. 关于商业折扣的处理，下列表述不正确的有（　　）。

A. 销售企业应当将实际发生的商业折扣计入销售费用

B. 销售企业应当按照扣除商业折扣后的金额确定销售商品收入金额

C. 购买企业应按扣除商业折扣后的含税价款计入应付账款

D. 购买企业应当将享受的商业折扣冲减财务费用

4. 下列有关销售商品收入的处理中，正确的有（　　）。

A. 在采用支付手续费的委托代销方式下销售商品，发出商品时就确认收入

B. 已经确认收入的售出商品被退回时（不属于资产负债表日后期间），直接冲减退回当期的收入、成本、税金等相关项目

C. 当期已经确认收入的售出商品发生销售折让时（不属于资产负债表日后期间），直接将发生的销售折让作为当期的销售费用处理

D. 在采用预收款方式下销售商品的，在发出商品时确认收入

5. 下列业务发生时不能确认收入的有（　　）。

A. 采用预收款方式销售发出商品时

B. 采用支付手续费方式委托代销商品收到代销清单时

C. 采用预收款方式销售商品，收到商品款时

D. 采用支付手续费方式委托代销商品发出商品时

6. 确认商品销售收入时所指的商品所有权上的主要风险和报酬包括（　　）。

A. 商品可能发生的减值风险　　B. 商品可能发生的毁损风险

C. 商品增值或使用形成的经济利益　　D. 商品由于质量问题的退货风险

7. 甲公司在 2024 年 4 月 8 日向乙公司销售一批商品，开出的增值税专用发票上注明的售价为 50 万元，增值税税额为 8.5 万元。该批商品成本为 30 万元。为及早收回货款，甲公司和乙公司约定的现金折扣条件为：2/10，1/20，n/30。乙公司在 2024 年 4 月 11 日支付货款。2024 年 5 月 11 日，该批商品因质量问题被乙公司退回，甲公司当日支付有关退货款。假定计算现金折扣时不考虑增值税，则甲公司在 2024 年 5 月 11 日的处理正确的有（　　）。

A. 甲公司应冲减当期主营业务收入 50 万元

B. 甲公司应冲减主营业务成本 30 万元

C. 甲公司应贷记“财务费用”1 万元

D. 甲公司应向乙公司支付退货款 58.5 万元

8. 下列项目中，一般应计入企业的“其他业务收入”科目的有（　　）。

A. 销售原材料的收入

B. 经营性租出固定资产的租金收入

C. 随同商品出售不单独计价的包装物取得的收入

D. 随同商品出售单独计价的包装物取得的收入

三、判断题

1. 企业采用支付手续费方式委托代销商品，委托方应在发出商品时确认销售商品收入。（　　）

2. 企业销售商品后实际发生销售退回时，如果已经发生现金折扣的，则应同时调整相关财务费用。（　　）

3. 企业发生的销售退回，均应在发生时冲减发生当期的销售商品收入，同时冲减当期销售商品成本以及税金。（　　）

4. 如果合同或协议规定一次性收取使用费，且提供后续服务的，应在合同或协议规定的有效期内分期确认收入。（　　）

5. 销售收入已经确认后发生的现金折扣和销售折让，均应在实际发生时计入当期财务费用。（　　）

6. 企业在销售商品时，虽然收入确认的其他条件满足，但估计价款收回可能性不大，也不应确认收入。（　　）

7. 企业在销售商品时如提供有商业折扣的，在确认收入时应将商业折扣的部分扣除。（　　）

四、业务题

业务 1　天马股份有限公司 2024 年 8 月 15 日发生下列业务，原始凭证见图 8–16~图 8–18。

购销合同

合同编号：P0810

卖方：天马股份有限公司

买方：三源股份有限公司

为保护买卖双方的合法权益，买卖双方根据《中华人民共和国合同法》的有关规定，经友好协商，一致同意签订本合同，共同遵守。

一、货物的名称、数量及价格

货物的名称	规格型号	计量单位	数量	单　价（不含税）	金　额（不含税）	税率	价税合计
衬布		吨	1 500	300.00	450 000.00	13%	508 500.00

二、运输费用承担方式：由销货方送货，运输费用由购货方承担。

三、合同总金额：合同总金额为人民币伍拾万零捌仟伍佰元整（¥508 500.00）。

四、付款期限：2/10，1/20，n/30，按价款结算。

卖方：　天马股份有限公司　　买方：　三源股份有限公司

日　期：　2024 年 08 月 15 日　　日　期：　2024 年 08 月 15 日

图 8–16

电子发票（增值税专用发票）

发票号码：24133000000000000351

开票日期：2024 年 08 月 15 日

购买方信息	名称：三源股份有限公司 纳税人识别号：9113440102345678910	销售方信息	名称：天马股份有限公司 纳税人识别号：9113020275053465700

项目名称	规格型号	单位	数量	单价	金额	税率/征收率	税额
*纺织产品*衬布		吨	1500	300.00	450000.00	13%	58500.00
合　计					¥450000.00		¥58500.00
价税合计（大写）	⊗伍拾万零捌仟伍佰元整			（小写）	¥508500.00		
备注							

开票人：张义

图 8–17

出库通知单　　出字第 24081501 号

2024 年 08月 15 日　　成品库

编号	名称	规格	单位	应发数量	实发数量	单位成本	总价 亿	千	百	十	万	千	百	十	元	角	分	附注
	衬布		吨	1 500	1 500	200.00			¥	3	0	0	0	0	0	0	0	按先进先出法核算发出成本
	合计								¥	3	0	0	0	0	0	0	0	
备注：																		

附单据 1 张

审核：李丽　仓库主管：王慧　保管：王唱　经手：王唱　制单：张义

图 8–18

业务 2　紧接业务 1，天马股份有限公司 2024 年 8 月 18 日发生下列业务，原始凭证见图 8–19。

中国工商银行**进账单**（收账通知）

填制日期 2024 年08月 18 日 **3** 第 013 号

付款人	全　称	三源股份有限公司	收款人	全　称	天马股份有限公司
	账　号	6223676890890564529		账　号	3227676890265489111
	开户银行	中国工商银行广州市中山路分行		开户银行	中国工商银行保定市新华路分行

人民币（大写）	肆拾玖万玖仟伍佰元整	千	百	十	万	千	百	十	元	角	分
			¥	4	9	9	5	0	0	0	0
票据种类	转账支票	此联不作收款用									
票据张数	1 张										
单位主管：　会计：　复核：　记账：		受理银行盖章									

中国工商银行保定市新华路分行 24.08.18 转讫

此联是收款人开户行交给收款人的收账通知

图 8–19

业务 3 紧接业务 1、业务 2，2024 年 8 月 20 日天马股份有限公司发生业务如下，原始凭证见图 8-20~图 8-22。

入库通知单

收字第 24082001 号

2024 年 08月 20 日　　成品库

编号	名称	规格	单位	应收数量	实收数量	单位成本	总价 亿	千	百	十	万	千	百	十	元	角	分	附注
	衬布		吨	100	100	200.00				¥	2	0	0	0	0	0	0	按先进先出法核算发出成本
	合计									¥	2	0	0	0	0	0	0	
备注：销售退回商品																		

附单据 1 张

审核：李丽　　仓库主管：王慧　　保管：王唱　　经手：王唱　　制单：张义

图 8-20

电子发票（增值税专用发票）

发票号码：24133000000000000359
开票日期：2024 年 08 月 20 日

购买方信息	销售方信息
名称：三源股份有限公司 纳税人识别号：9113440102345678910	名称：天马股份有限公司 纳税人识别号：9113020275053465700

项目名称	规格型号	单位	数量	单价	金额	税率/征收率	税额
*纺织产品*衬布		吨	-100	300.00	-30000.00	13%	-3900.00
合　计					¥-30000.00		¥-3900.00
价税合计（大写）	⊗叁万叁仟玖佰元整			（小写）¥-33900.00			
备注							

开票人：张义

图 8-21

中国工商银行
转账支票存根

支票号码　VI II 24082001
科　　目
对方科目
出票日期　2024 年 08 月 20 日

收款人	三源股份有限公司
金　额	¥33 300.00
用　途	退回购货款
备　注	

单位主管：李丽　　会计：张义

图 8-22

业务4 天马有限责任公司2024年8月21日发生下列经济业务，原始凭证见图8–23~图8–25。

出库通知单　　　　出字第24082101号

2024年08月21日　　　　成品库

编号	名称	规格	单位	应发数量	实发数量	单位成本	总价：亿	千	百	十	万	千	百	十	元	角	分	附注
	衬布		吨	500	500	180.00				¥	9	0	0	0	0	0	0	按先进先出法核算发出成本
	合计									¥	9	0	0	0	0	0	0	
备注：																		

附单据1张

审核：李丽　仓库主管：王慧　保管：王唱　经手：王唱　制单：张义

图8–23

电子发票（增值税专用发票）

发票号码：24133000000000000360

开票日期：2024年08月21日

购买方信息	销售方信息
名称：恒源技术有限公司	名称：天马股份有限公司
纳税人识别号：9113101127044953480	纳税人识别号：9113020275053465700

项目名称	规格型号	单位	数量	单价	金额	税率/征收率	税额
*纺织产品*衬布		吨	500	300.00	150000.00	13%	19500.00
合　计					¥150000.00		¥19500.00
价税合计（大写）	⊗壹拾陆万玖仟伍佰元整			（小写）¥169500.00			
备注							

开票人：张义

（印章：全国统一发票监制章 河北省税务局）

图8–24

银行承兑汇票 2　　　　汇票号码 第55484号

出票日期（大写）**贰零贰肆**年**捌**月**贰拾壹**日

出票人全称	恒源技术有限公司	收款人	全　称	天马股份有限公司
出票人账号	1638656109207852021		账　号	3227676890265489111
付款行全称	中国工商银行上海市浦东路分行		开户银行	中国工商银行保定市新华路分行
汇票金额	人民币（大写）壹拾陆万玖仟伍佰元整		千 百 十 万 千 百 十 元 角 分	¥ 1 6 9 5 0 0 0 0
汇票到期日	2024年11月21日	本汇票已经承兑，到期日由本行付款 承兑日期　年　月　日	承兑协议编号	086
本汇票请你行承兑，到期无条件付款 出票人签章 2024年08月21日			科目（借） 对方科目（贷） 转账年月日 复核记账	

（印章：恒源技术有限公司 财务专用章；张恒江印；中国工商银行上海市浦东路分行 汇票专用章）

图8–25

业务 5 天马股份有限公司 2024 年 8 月 22 日发生业务如下，原始凭证见图 8-26~图 8-28。

出库通知单

出字第 24082201 号

2024 年 08 月 22 日　　　　成品库

编号	名称	规格	单位	应发数量	实发数量	单位成本	总价 亿	千	百	十	万	千	百	十	元	角	分	附注
	衬布		吨	100	100	180.00				¥	1	8	0	0	0	0	0	按先进先出法核算发出成本
	合计									¥	1	8	0	0	0	0	0	
备注：																		

附单据 1 张

审核：李丽　仓库主管：王慧　保管：王唱　经手：王唱　制单：张义

图 8-26

电子发票（增值税专用发票）

发票号码：24133000000000000361

开票日期：2024 年 08 月 22 日

购买方信息	名称：长辰有限责任公司 纳税人识别号：9143010852142355400	销售方信息	名称：天马股份有限公司 纳税人识别号：9113020275053465700

项目名称	规格型号	单位	数量	单价	金额	税率/征收率	税额
*纺织产品*衬布		吨	100	300.00	30000.00	13%	3900.00
合　计					¥30000.00		¥3900.00
价税合计（大写）	⊗叁万叁仟玖佰元整			（小写）¥33900.00			
备注	**已预收汇款 40000 元**						

开票人：张义

图 8-27

中国工商银行电汇凭证(回　单) 1

委托日期：2024 年 08月 22 日　　　　第 006430 号

付款人				收款人			
全　称	天马股份有限公司			全　称	长辰有限责任公司		
账　号或住址	3227676890265489111 中国工商银行保定市新华路分行			账　号或住址	6790351604852132276 中国工商银行常德市德山分行		
汇　出地　点	保定市	汇出行名　称	中国工商银行保定市新华路分行	汇　入地　点	常德市	汇入行名　称	中国工商银行常德市德山分行

人民币(大写)	陆仟壹佰元整	百	十	万	千	百	十	元	角	分
				¥	6	1	0	0	0	0

汇款用途：已预收汇款 40 000 元，结清购料款

上列款项已根据委托办理，如需查询，请持此回单来行面洽

单位主管　　会计　　复核　　记账

(汇出行盖章)

中国工商银行保定市新华路分行 24.08.22 业务讫清章

2024 年 08 月 22 日

此联是汇出银行给收款人的回单

图 8-28

业务 6 天马股份有限公司 2024 年 8 月 1~31 日发生业务如下，原始凭证见图 8–29~图 8–33。

出库通知单

出字第 24080101 号

2024 年08月01日　　成品库

编号	名称	规格	单位	应收数量	实收数量	单位成本	总价 亿	千	百	十	万	千	百	十	元	角	分	附注
	衬布		台	200	200	180.00				¥	3	6	0	0	0	0	0	
	合计									¥	3	6	0	0	0	0	0	
备注：根据委托销售合同向宝鼎实业有限公司发出，每吨对外售价200元，按照销售价格5%支付手续费。委托销售合同号码：2024080101																		

附单据 1 张

审核：李丽　仓库主管：王慧　保管：王唱　经手：王唱　制单：张义

图 8–29

宝鼎实业有限公司代销清单

2024 年 08 月 30 日

日期	产品名称	数量	单位	单价	金额	税额
8 月 30 日	衬布	50	吨	200.00	10 000.00	1 300.00

审核：马斯　会计：杨虎　销售主管：潘军

（印章：宝鼎实业有限公司 财务专用章）

图 8–30

电子发票（增值税专用发票）

（印章：全国统一发票监制章 国家税务总局 河北省税务局）

发票号码：24133000000000004321

开票日期：2024 年 08 月 30 日

购买方信息　名称：天马股份有限公司　纳税人识别号：911302027505346570

销售方信息　名称：宝鼎实业有限公司　纳税人识别号：911303621789600111

项目名称	规格型号	单位	数量	单价	金额	税率/征收率	税额
*服务*手续费					500.00	6%	30.00
合　计					¥500.00		¥30.00
价税合计（大写）	⊗伍佰叁拾元整			（小写）¥530.00			
备注							

开票人：杨虎

图 8–31

中国工商银行 转账支票存根	
支票号码	VI II 24082301
科　　目	
对方科目	
出票日期	2024 年 08 月 30 日
收款人	宝鼎实业有限公司
金　额	¥530.00
用　途	按照销售价格 5%支付手续费
备　注	

图 8–32

银行进账单

（收账通知）

2024 年 08 月 31 日 3

付款人	全　称	宝鼎实业有限公司									
	账　号	602758321890323045									
	开户银行	中国工商银行保定市莲池分行									
人民币		千	百	十	万	千	百	十	元	角	分
				¥	1	0	7	7	0	0	0
收款人	全　称	天马股份有限公司									
	账　号	3227676890265489111									
	开户银行	中国工商银行保定市新华路分行									
款项用途		结清货款									

图 8–33

任务二　提供劳务收入的核算

任务目标

1. 熟悉劳务收入核算的各种情况。
2. 掌握劳务收入核算中各种情况的收入的确定。
3. 掌握根据完工进度确定履约进度确认收入的计算。

重点难点

1. 劳务收入中合同履约成本、合同负债、合同增量成本的确定。
2. 根据完工进度确定履约进度确认收入的计算。

业务认知

一、劳务合同

企业提供劳务的种类很多，如旅游、运输、饮食、广告、咨询、代理、培训、产品安装等，有的劳务一次就能完成，且一般为现金交易，如饮食、理发、照相等；有的劳务需要花费一段较长的时间才能完成，如安装、旅游、培训、远洋运输等。企业提供劳务收入的确认原则因劳务完成时间的不同而不同。会计人员应根据劳务完成的时间跨度来确定会计处理方法。劳务收入的核算一般耗费时间较长，符合按照某一时段内完成的商品销售收入来处理。

与劳务合同有关的需设置“合同取得成本”“合同履约成本”“合同资产”“合同负债”等科目。这里我们重点介绍与劳务合同有关的几个科目。

"合同取得成本"科目核算企业取得合同发生的、预计能够收回的增量成本。增量成本是指企业不取得合同就不会发生的成本，也就是企业发生的与合同直接相关，但又不是所签订合同的对象和内容（如建造商品和提供服务）本身直接发生的费用。该科目借方登记发生的合同取得成本，贷方登记摊销的合同取得成本，期末借方余额反映尚未结转的合同取得成本。该科目可按合同进行明细核算。

"合同履约成本"科目核算企业为履行合同可能会发生各种成本，该成本与一份当前或预期取得的合同直接相关，明确客户承担的成本以及因该合同发生的其他成本，该成本增加了企业未来履行履约义务的资源，该成本预期能收回。该科目借方登记发生的合同履约成本，贷方登记摊销的合同履约成本，期末借方余额反映尚未结转的合同履约成本。该科目可按合同分别设置"服务成本""工程施工"等明细科目进行明细核算。

"合同资产"科目核算企业已向客户转让商品而有权收取对价的权利，且该权利取决于时间流逝之外的其他因素（如履行合同中的其他履约义务）。该科目借方登记因已向客户转让商品而有权收取对价金额，贷方登记取得无条件收款权的金额，期末借方余额反映企业已向客户转让商品而有权收取对价的金额。该科目可按合同进行明细核算。该科目类似于"预付账款"科目。

"合同负债"科目核算企业已收或应收客户对价而应向客户转让商品的义务。该科目贷方登记企业在向客户转让商品之前，已经收到或已经取得无条件收取合同对价权利的金额。借方登记企业向客户转让商品时冲销的金额，期末贷方余额反映企业在向客户转让商品前已经收到的对价或已经取得无条件收取合同对价权利的金额。该科目可按合同进行明细核算。该科目类似于"预收账款"科目。

二、在同一会计期间内开始并完成的劳务

在同一会计期间内开始并完成的劳务，应在提供劳务交易完成时确认收入，确认的金额通常为从接受劳务方已收或应收的合同或协议价款，确认原则可参照销售商品收入的确认原则。

三、劳务的开始和完成分属不同的会计期间

提供劳务交易结果能够可靠估计。如劳务的开始和完成分属不同的会计期间，且企业在资产负债表日提供劳务交易结果能够可靠估计的，企业应当根据实际测量的完工进度、时间进度、已完工或交付的产品等支出，或根据投入的材料数量、花费的人工工时、机器工时、发生的成本和时间进度等投入指标确定恰当的履约进度，根据履约进度确定每期的收入。

业务核算

一、在同一会计期间内开始并完成的劳务

企业对外提供劳务发生的支出一般通过"合同履约成本"科目予以归集，待确认为

费用时，从“合同履约成本”科目转入“主营业务成本”或“其他业务成本”科目。

对于持续一段时间但在同一会计期间内开始并完成的劳务，企业应在为提供劳务发生相关支出时确认劳务成本，劳务完成时再确认劳务收入，并结转相关劳务成本。产生的收入，借记“应收账款（或银行存款）”科目，贷记“主营业务收入”科目；产生的成本，借记“合同履约成本”科目，贷记“银行存款”等科目；等劳务全部完成时，将“合同履约成本”科目归集费用转入“主营业务成本”科目，借记“主营业务成本”科目，贷记“合同履约成本”等科目。

例题 8-7 宏天设备安装公司接受金鑫实业有限公司一项设备安装任务，安装任务于 2024 年 7 月 1 日开始，至 2024 年 7 月 31 日结束。有关原始凭证见图 8-34~图 8-38。

设备安装合同

合同编号：P24070501

甲方：金鑫实业有限公司

乙方：宏天设备安装公司

为保护甲、乙双方的合法权益，双方根据《中华人民共和国合同法》的有关规定，经友好协商，一致同意签订本设备安装合同，共同遵守。

一、甲方委托乙方，进行设备安装，完工后由甲方向乙方支付安装费用总计人民币陆万伍仟肆佰元整(¥65 400.00)。

二、安装工程期间发生的各种费用由乙方负责，甲方不负责支付任何费用

三、为保障设备及时交付使用，乙方必须保障最晚07月31日完工，否则，甲方以违约为由，不再支付安装费用。

四、甲方验收合格，必须当日一次性支付合同规定的安装费用，不得拖欠。

五、合同签订日即生效。

甲方：金鑫实业有限公司　　乙方：宏天设备安装公司

日　期：2024 年 07 月 01 日　　日　期：2024 年 07 月 01 日

图 8-34

中国工商银行
转账支票存根

支票号码	VI II 24070201
科　　目	
对方科目	
出票日期	2024 年 07 月 02 日
收款人	宏运设计有限公司
金　额	¥3 000.00
用　途	支付设计费
备　注	

单位主管：李从　　会计：张纪

图 8-35

中国工商银行
转账支票存根

支票号码	VI II 24072501
科　　目	
对方科目	
出票日期	2024 年 07 月 25 日
收款人	保定市南市区城建局
金　额	¥3 500.00
用　途	支付质检费
备　注	

单位主管：李从　　会计：张纪

图 8-36

中国工商银行 转账支票存根
支票号码 VI II 24072801 科　　目 对方科目 出票日期 2024 年 07 月 28 日
收款人　宏天设备安装公司
金　额　¥35 000.00
用　途　提取现金，支付安装工人工资
备　注

单位主管：李从　　会计：张纪

图 8–37

中国工商银行**进账单**（收账通知）

填制日期 2024 年07月31日 **3**

收款人	全　称	宏天设备安装公司	付款人	全　称	金鑫实业有限公司
	账　号	3227676890893276861		账　号	3227676890893646693
	开户银行	中国工商银行保定市五四路分行		开户银行	中国工商银行保定市桥东路分行

人民币（大写）	陆万伍仟肆佰元整	千	百	十	万	千	百	十	元	角	分
				¥	6	5	4	0	0	0	0
票据种类	转账支票	此联不作收款用 受理银行盖章									
票据张数	1张										
单位主管：　会计：　复核：　记账：											

此联是收款人开户行交给收款人的收账通知

中国工商银行保定市五四路分行 24.07.31 转讫

图 8–38

解析：本题宏天设备安装公司接受金鑫实业有限公司的劳务，劳务从 7 月 1 日开始，7 月 31 日结束。只有安装完毕对方验收合格才能确认收入，属于持续一段时间但在同一会计期间（同一个月内）开始并完成的劳务。宏天设备安装公司应在为提供劳务发生相关支出时确认劳务成本，劳务完成时再确认劳务收入，并结转相关劳务成本。产生的成本，借记“合同履约成本”科目，贷记“银行存款”等科目；安装完毕确认收入时，借记“应收账款（或银行存款）”科目，贷记“主营业务收入”科目；同时将“合同履约成本”科目归集费用转入“主营业务成本”科目，借记“主营业务成本”科目，贷记“合同履约成本”等科目。分录如下：

（1）7 月 2 日，支付设计费：

借：合同履约成本	3 000	
贷：银行存款		3 000

（2）7月25日，支付质检费：

借：合同履约成本	3 500	
贷：银行存款		3 500

（3）7月30日，支付安装工人工资：

借：合同履约成本	35 000	
贷：银行存款		35 000

（4）7月30日，安装完毕，确认劳务收入，存入银行：

借：银行存款	65 400	
贷：主营业务收入		60 000
应交税费—待转销项税额		5 400

（5）同时，归集汇总并结转劳务成本：

借：主营业务成本	41 500	
贷：合同履约成本		41 500

二、劳务的开始和完成分属不同的会计期间

提供劳务交易结果能够可靠估计。如劳务的开始和完成分属不同的会计期间，且企业在资产负债表日提供劳务交易结果能够可靠估计的，应采用一定的方法确认提供劳务收入。

1. 提供劳务交易的结果能够可靠估计的条件

提供劳务交易的结果能够可靠估计，是指同时满足下列三个条件：

（1）收入的金额能够可靠地计量，是指提供劳务收入的总额能够合理地估计。通常情况下，企业应当按照从接受劳务方已收或应收的合同或协议价款确定提供劳务收入总额。随着劳务的不断提供，可能会根据实际情况增加或减少已收或应收的合同或协议价款，此时，企业应及时调整提供劳务收入总额。

（2）相关的经济利益很可能流入企业，是指提供劳务收入总额收回的可能性大于不能收回的可能性。企业在确定提供劳务收入总额能否收回时，应当进行定性分析，即结合接受劳务方的信誉、以前的经验以及双方就结算方式和期限达成的合同或协议条款等因素，综合进行判断。通常情况下，企业提供的劳务符合合同或协议要求、接受劳务方承诺付款，就表明提供劳务收入总额收回的可能性大于不能收回的可能性。否则，应当提供确凿证据。

（3）交易的完工进度能够可靠地确定，是指交易的完工进度能够合理地估计。企业确定提供劳务交易的完工进度，可以选用下列方法。

①已完工作的测量，这是一种比较专业的测量方法，由专业测量师对已经提供的劳务进行测量，并按一定方法计算确定提供劳务交易的完工程度。

②已经提供的劳务占应提供劳务总量的比例，这种方法主要以劳务量为标准确定提供劳务交易的完工程度。

③已经发生的成本占估计总成本的比例，这种方法主要以成本为标准确定提供劳务交易的完工程度。只有已提供劳务的成本才能包括在已经发生的成本中，只有已提供或将提供劳务的成本才能包括在估计总成本中。

2. 根据完工进度（履约进度）确定确认收入的具体应用

根据完工进度（履约进度）确认收入是指按照提供劳务交易的完工进度确认收入和费用的方法。在这种方法下，确认的提供劳务收入金额能够提供各个会计期间关于提供劳务交易及其业绩的有用信息。

企业应在资产负债表日用下列公式确认当期提供劳务收入并结转当期提供劳务成本。

本期的完工进度（履约进度）（本期末止劳务的完工进度）= 累计实际发生成本 ÷ 预计总成本

本期确认的收入 = 劳务总收入 × 本期末止劳务的完工进度（履约进度）– 以前期间已确认的收入

本期结转的成本 = 劳务总成本 × 本期末止劳务的完工进度（履约进度）– 以前期间已确认的费用

企业采用完工进度（履约进度）确认提供劳务收入时，产生的劳务成本，借记“合同履约成本”科目，贷记“银行存款”等科目；应按计算确定的提供劳务收入金额，借记“应收账款”“银行存款”等科目，贷记“主营业务收入”科目，同时结转提供劳务成本时，借记“主营业务成本”科目，贷记“劳务成本”科目。

例题 8–8 2024 年 7 月 1 日，保定天德冶金建设公司接受保定大江钢铁股份有限公司一项机电设备安装工程，安装期为 3 个月，合同暂估总价 600 000 元，预收安装费 300 000 元，其余款项安装完毕验收合格后一次性支付。2024 年 7 月 15 日实际发生安装费用为 100 000 元（假定均为安装人员薪酬），估计还会发生安装费用 300 000 元。2024 年 8 月 15 日发生安装费 150 000 元（假定均为安装人员薪酬），预计还会发生安装费用 150 000 元。2024 年 9 月 15 日发生安装费 150 000 元（假定均为安装人员薪酬），9 月 30 日工程完工，验收合格，收到工程款 600 000 元。假定天德公司按实际发生的成本占估计总成本的比例，确定劳务的完工进度确定履约进度并确认收入，不考虑相关税费，分别通过计算确定 2024 年 7 月、2024 年 8 月、2024 年 9 月的收入和成本，并对相关事项进行账务处理。

解析：保定天德冶金建设公司的此项业务跨月完成，属于不同会计期间，符合同一时段内完成的劳务，且企业在资产负债表日提供劳务交易结果能够可靠估计的，应根据完工进度（履约进度）确认收入，预收账款在未确认收入之前理解为合同负债，确认收入之后要对合同负债进行冲销。应作如下计算和账务处理：

2024 年 7 月 31 日完工进度确定履约进度（本期末止劳务的完工进度）=100 000÷（100 000+300 000）=25%

2024 年 7 月 31 日确认的主营业务收入 =600 000×25%−0=150 000（元）

2024 年 7 月 31 日结转的主营业务成本 =（100 000+300 000）×25%−0=100 000（元）

（1）2024 年 7 月 1 日预收安装费：

借：银行存款	300 000	
贷：合同负债		300 000

（2）2024 年 7 月 15 日实际发生劳务成本：

借：合同履约成本	100 000	
贷：应付职工薪酬		100 000

（3）2024 年 7 月 31 日确认劳务收入并结转劳务成本：

借：合同负债	150 000	
贷：主营业务收入		150 000
借：主营业务成本	100 000	
贷：合同履约成本		100 000

2024 年 8 月 31 日确认本期的完工进度确定履约进度（本期末止劳务的完工进度）= 累计实际发生成本 ÷ 预计总成本 =（100 000+150 000）÷（100 000+150 000+150 000）=62.5%

2024 年 8 月 31 日确认的主营业务收入 =600 000×62.5%−150 000=225 000（元）

2024 年 8 月 31 日确认的主营业务成本 =（100 000+150 000+150 000）×62.5%−100 000=150 000（元）

（4）2024 年 8 月 15 日实际发生劳务成本：

借：合同履约成本	150 000	
贷：应付职工薪酬		150 000

（5）2024 年 8 月 31 日确认劳务收入并结转劳务成本：

借：合同负债	225 000	
贷：主营业务收入		225 000
借：主营业务成本	150 000	
贷：合同履约成本		150 000

2024年9月30日确认完工进度确定履约进度（本期末止劳务的完工进度）= 累计实际发生成本 ÷ 预计总成本 =（100 000+150 000+150 000）÷（100 000+150 000+150 000）=100%

2024年9月30日确认的主营业务收入 =600 000 × 100%–150 000–225 000=225 000（元）

2024年9月30日确认的主营业务成本 =（100 000+150 000+150 000）× 100%–100 000–150 000=150 000（元）

（6）2024年9月实际发生劳务成本：

借：合同履约成本　150 000
　　贷：应付职工薪酬　150 000

（7）2024年9月30日确认劳务收入并结转劳务成本：

借：合同负债　225 000
　　贷：主营业务收入　225 000
借：主营业务成本　150 000
　　贷：合同履约成本　150 000

同时收取余款：

借：银行存款　300 000
　　贷：合同负债　300 000

知识检测

一、单选题

1. 大明公司于2024年8月接受一项产品安装任务，安装期5个月，合同收入200 000元，当年实际发生成本120 000元，预计已完工80%，则该企业2024年度确认收入为（　）元。

A. 120 000　　B. 160 000　　C. 200 000　　D. 0

2. 某企业于2024年9月接受一项产品安装任务，安装期5个月，合同总收入30万元，年度预收款项20万元，余款在安装完成时收回，当年实际发生成本15万元，预计还将发生成本3万元。2024年末请专业测量师测量，产品安装程度为60%。则年末应确认的劳务收入为（　）万元。

A. 30　　B. 20　　C. 18　　D. 15

3. 某企业2023年7月承接一项设备安装劳务，劳务合同总收入为200万元，预计合同总成本为140万元，合同价款在签订合同时已收取，采用完工百分比法确认劳务收入。2023年已确认劳务收入80万元，截至2024年12月31日，该劳务的累计完工进度为 60%。2024 年该企业应确认的劳务收入为（　）万元。

A. 36　　B. 40　　C. 72　　D. 120

4. 2024 年 9 月 1 日，某公司与客户签订一项安装劳务合同，预计 2025 年 12 月 31 日完工；合同总金额为 2 400 万元，预计总成本为 2 000 万元。截至 2024 年 12 月 31 日，该公司实际发生成本 600 万元，预计将要发生成本 1 400 万元。假定该合同的结果能够可靠地估计，采用已经发生的成本占估计总成本的比例确认收入。2024 年度对该项合同确认的收入为（　）万元。

A. 720　　B. 640　　C. 350　　D. 600

二、多选题

1. 下列各项中，可用于确定所提供劳务完工进度的方法有（　）。

A. 根据测量的已完工作量加以确定

B. 按已经发生的成本占估计总成本的比例计算确定

C. 按已经收到的金额占合同总金额的比例计算确定

D. 按已经提供的劳务占应提供劳务总量的比例计算确定

2. 企业跨期提供劳务的，期末可以按照完工百分比法确认收入的条件包括（　）。

A. 劳务总收入能够可靠地计量

B. 相关的经济利益能够流入企业

C. 劳务的完成程度能够可靠地确定

D. 总成本能够可靠地计量

三、业务题

业务 1　天德建设有限公司 2024 年 8 月 10 日发生经济业务，原始凭证见图 8-39、图 8-40。

劳务合同

接受方：天德建设有限公司(甲方)

委托方：金鑫实业有限公司(乙方)

1. 甲方于 2024 年 08月 10 日接受乙方一项机电设备安装工程，安装期为 2 个月，合同总价 600 000 元。工程施工开始时乙方向甲方预付安装费 200 000 元，以便工程开工。

2. 第二次在 2024 年 09 月 10 日支付 200 000 元，

3. 第三次在工程结束时支付 200 000 元。

4. 其间乙方可随时派质检人员进行质量检查，对于不合格或没有按图纸设计要求的，有权要求甲方重新施工，费用由甲方自行负担。

未尽事宜，双方应本着互利原则协商解决。

甲方(盖章)：天德建设有限公司　　乙方(盖章)：金鑫实业有限公司

2024 年 08 月 10 日　　2024 年 08 月 10 日

图 8-39

中国工商银行**进账单**（收账通知）

填制日期 2024年08月10日 **3**

收款人	全　称	天德建设有限公司	付款人	全　称	金鑫实业有限公司
	账　号	3227676890489156731		账　号	3227676890893646693
	开户银行	中国工商银行保定市七一路分行		开户银行	中国工商银行保定市桥东路分行

人民币（大写）	贰拾万元整	千	百	十	万	千	百	十	元	角	分
			¥	2	0	0	0	0	0	0	0

票据种类	转账支票	票据张数	1张
用途	预收款		
单位主管：　会计：　复核：　记账：			

此联不作收款用

中国工商银行保定市七一路分行 24.08.10 转讫

受理银行盖章

此联是收款人开户行交给收款人的收账通知

图 8-40

业务 2　紧接上题，天德建设有限公司 2024 年 8 月 31 日发生经济业务，原始凭证见图 8-41。

中国工商银行
转账支票存根

支票号码	VI II 24083101
科　目	
对方科目	
出票日期	2024 年 08 月 31 日
收款人	天德建设有限公司
金　额	¥120 000.00
用　途	提取现金，支付安装工人工资
备　注	估计还会发生180 000元的费用

天德建设 财务专

单位主管：李宏　　会计：张虎

图 8-41

业务 3　紧接上题，天德建设有限公司 2024 年 9 月 10 日发生经济业务，原始凭证见图 8-42。

中国工商银行**进账单**（收账通知）

填制日期 2024年9月 10日 **3**

收款人	全　称	天德建设有限公司	付款人	全　称	金鑫实业有限公司
	账　号	3227676890489156731		账　号	3227676890893646693
	开户银行	中国工商银行保定市七一路分行		开户银行	中国工商银行保定市桥东路分行

人民币（大写）	贰拾万元整	千	百	十	万	千	百	十	元	角	分
			¥	2	0	0	0	0	0	0	0

票据种类	转账支票	票据张数	1张
用途	预收款		
单位主管：　会计：　复核：　记账：			

此联不作收款用

中国工商银行保定市七一路分行 24.09.10 转讫

受理银行盖章

此联是收款人开户行交给收款人的收账通知

图 8-42

业务 4 紧接上题，天德建设有限公司 2024 年 9 月 30 日发生经济业务，原始凭证见图 8–43。

中国工商银行
转账支票存根

支票号码 VI II 24093001
科　　目
对方科目
出票日期 2024 年 9 月 30 日

收款人	天德建设有限公司
金　额	¥12 000.00
用　途	提现支付，安装工人工资
备　注	估计还会发生 60 000 元的费用

单位主管：李宏　　会计：张虎

（印章：天德建设……财务专……）

图 8–43

业务 5 紧接上题，天德建设有限公司 2024 年 10 月 1 日发生经济业务，原始凭证见图 8–44。

中国工商银行
转账支票存根

支票号码 VI II 24100101
科　　目
对方科目
出票日期 2024 年 10 月 01 日

收款人	保定市质监局
金　额	¥60 000.00
用　途	支付质检费
备　注	

单位主管：李宏　　会计：张虎

（印章：天德建设……财务专……）

图 8–44

业务 6 紧接上题，天德建设有限公司 2024 年 10 月 10 日发生经济业务，原始凭证见图 8–45。

中国工商银行**进账单**（收账通知）

进账日期 2024 年 10 月 10 日 **3**

收款人	全　称	天德建设有限公司	付款人	全　称	金鑫实业有限公司
	账　号	3227676890489156731		账　号	3227676890893646693
	开户银行	中国工商银行保定市七一路分行		开户银行	中国工商银行保定市桥东路分行

人民币（大写）贰拾万元整	百	十	万	千	百	十	元	角	分
	¥	2	0	0	0	0	0	0	0

票据种类	转账支票
票据张数	1
用途	收取余款
单位主管：　会计：　复核：　记账：	

中国工商银行保定市七一路分行
收款单位开户银行盖章
★ 2024.10.10 ★
业务清讫（02）

此联是开户银行交给收款人的收账通知

图 8–45

项目九　成本、费用、利润的核算

任务一　成本、费用的核算

任务目标

1. 了解成本、费用核算内容和区别。
2. 掌握生产成本核算中生产费用的归集、计算方法及账务处理。
3. 掌握期间费用核算的账务处理。

重点难点

1. 生产成本核算方法及账务处理。
2. 生产成本核算中生产费用的归集、计算方法及账务处理。

业务认知

成本即生产成本，是为生产某种产品而发生的各种耗费的总和，是对象化的费用。要按成本核算对象归集生产费用，确定成本核算项目，计算产品成本。对于工业企业而言，一般可设置“直接材料”“燃料及动力”“直接人工”和“制造费用”等成本核算项目。

费用主要指期间费用，核算内容包括销售费用、管理费用和财务费用。期间费用是指企业日常活动发生的不能计入特定核算对象的成本，而应计入发生当期损益的费用。期间费用是企业日常活动中所发生的经济利益的流出。之所以不计入特定的成本核算对象，主要是因为期间费用是企业为组织和管理整个经营活动所发生的费用，与可以确定特定成本核算对象的材料采购、产成品生产等没有直接关系，因而期间费用不计入有关核算对象的成本，而是直接计入当期损益。

业务核算

一、生产成本的核算

（一）成本核算的科目设置

1. “生产成本”科目

该科目核算企业进行工业性生产发生的各项生产成本，包括生产各种产品（产成品、自制半成品等）、自制材料、自制工具、自制设备等。该科目借方反映所发生的各项生产费用，贷方反映完工转出的产品成本，期末借方余额反映尚未加工完成的各项在产品的成本。该科目应按产品品种等成本核算对象设置基本生产成本和辅助生产成本明细科目，并按规定的成本项目设置专栏，账页格式为多栏式。

2.“制造费用”科目

本科目核算企业生产车间（部门）为生产产品和提供劳务而发生的各项间接费用，以及虽然直接用于产品生产但管理上不要求或不便于单独核算的费用。该科目借方反映所发生的各项间接费用，贷方反映期末结转至生产成本的费用，期末无余额。

（二）确定成本核算对象，按成本核算项目归集生产费用

1. 材料、燃料、动力的归集和分配

无论是外购的，还是自制的，发生材料、燃料和动力等各项要素费用时，对于直接用于产品生产、构成产品实体的原材料，一般分产品领用，应根据领、退料凭证直接计入相应产品成本的“直接材料”项目。

对于不能分产品领用的材料，如化工生产中为几种产品共同耗用的材料，需要采用适当的分配方法，分配计入各相关产品成本的“直接材料”成本项目。分配标准的选择可依据材料消耗与产品的关系，对于材料、燃料耗用量与产品重量、体积有关的，按其重量或体积分配，燃料也可以按照所耗用的原材料作为分配标准，动力一般按用电（或水）度（或吨）数，也可按产品的生产工时或机器工时进行分配。在消耗定额比较准确的情况下，原材料、燃料也可按照产品的材料定额消耗量比例或材料定额费用比例进行分配。一般月末通过编制发料凭证汇总表进行账务处理。

例题 9–1 金鑫实业有限公司 2024 年 7 月 31 日根据材料耗用汇总表进行账务处理，原始凭证见图 9–1。

材料耗用汇总表

2024 年 07 月 31 日

应借科目	生铁			熟铁			包装箱			塑料桶			合计
	单位	数量	金额（元）	单位	数量	金额（元）	单位	数量	金额（元）	单位	数量	金额（元）	金额（元）
潜水泵	吨	1.5	12 000.00	吨	0. 5	5 000.00	个						17 000.00
排水泵	吨	1	8 000.00	吨	0. 3	3 000.00							11 000.00
销售部门							个	6	6 000.00				6 000.00
合　计		2.5	20 000.00		0.8	8 000.00		6	6 000.00				34 000.00

财务负责人：苏瑞　　制表：郑薇

图 9–1

解析：根据图 9–1 可看出，潜水泵、排水泵分别为成本计算对象，生产中发生领料，应分别计入各自的生产成本，车间一般耗用属于间接费用，计入制造费用，其他部门也有领料，分别计入各部门的费用。分录如下：

借：生产成本—基本生产（潜水泵）　　17 000

　　生产成本—基本生产（排水泵）　　11 000

销售费用　　6 000
贷：原材料—生铁　　20 000
原材料—熟铁　　8 000
周转材料—包装箱　　6 000

例题 9–2　金鑫实业有限公司 2024 年 7 月 31 日编制水电费分配表，进行账务处理，原始凭证见图 9–2。

水电费分配表

2024 年 07月 31 日　　单位：元

分配对象	水费			电费			合　计
	使用量（吨）	分配率	分配金额	耗电度数	分配率	分配金额	
排水泵	9 800		12 250.00	9 900		14 850.00	27 100.00
潜水泵	10 000		12 500.00	10 000		15 000.00	27 500.00
车间一般耗用	100		125.00	600		900.00	1 025.00
管理部门	60		75.00	300		450.00	525.00
销售部门	40		50.00	200		300.00	350.00
合　计	20 000	1.25	25 000.00	21 000	1.50	31 500.00	56 500.00

审核：苏瑞　　制表人：郑薇

图 9–2

解析：根据水电费分配表可看出，潜水泵、排水泵分别为成本计算对象，各自发生的费用应分别计入各自的生产成本，车间一般耗用属于间接费用，计入制造费用，其他部门分别计入各部门的费用。分录如下：

借：生产成本—基本生产（潜水泵）　　27 500
生产成本—基本生产（排水泵）　　27 100
制造费用　　1 025
销售费用　　350
管理费用　　525
贷：应付账款—水费　　25 000
应付账款—电费　　31 500

2. 职工薪酬的归集和分配

工资结算和支付的凭证为工资结算单或工资单，为便于成本核算和管理，一般按车间、部门分别填制，是职工薪酬分配的依据，最后由工资部门汇总形成工资分配汇总表。直接进行产品生产的生产工人的职工薪酬，直接计入产品成本的“直接人工”项目；不能直接计入产品成本的职工薪酬，按工时、产品产量、产值比例等方式进行合理分配，计入各有关产品成本的“直接人工”项目。

例题 9-3 金鑫实业有限公司 2024 年 7 月 31 日根据工资分配汇总表进行账务处理，原始凭证见图 9-3。

工资分配汇总表

2024 年 07 月 31 日　　　　单位：元

部门及人员	应付职工工资
生产工人	40 500.00
排水泵	18 000.00
潜水泵	22 500.00
车间管理人员工资	2 300.00
企业管理人员工资	9 040.00
销售部门人员工资	9 840.00
合　计	61 680.00

审核：苏瑞　　　　制表人：郑薇

图 9-3

解析： 根据图 9-3 可看出，潜水泵、排水泵分别为成本计算对象，各自发生的工资费用应分别计入各自的生产成本；车间一般耗用属于间接费用，计入制造费用；其他部门分别计入各部门的费用。分录如下：

借：生产成本—基本生产（潜水泵）　　22 500
　　生产成本—基本生产（排水泵）　　18 000
　　制造费用　　2 300
　　销售费用　　9 840
　　管理费用　　9 040
　　贷：应付职工薪酬—应付工资　　61 680

3. 制造费用的归集和分配

制造费用属于车间的间接费用，为生产提供服务产生。“制造费用”科目应当根据有关付款凭证、转账凭证和前述各种成本分配表登记；此外，还应按不同的车间设立明细账，账内按照成本项目设立专栏，分别反映各车间各项制造费用的发生情况和分配转出情况。月末，应按照一定的方法将通过“制造费用”科目归集的制造费用从贷方分配转入有关成本计算对象。

一般情况下，到月底查询制造费用明细账（多栏式），结出每个成本项目中的数额，采用工时费分配法、生产工人工资分配法等进行分配。金鑫实业有限公司 2024 年 7 月制造费用明细账见图 9-4。

制造费用明细账

车间名称：基本生产车间　　　　2024 年 07 月 31 日　　　　单位：元

2024 年		凭证		摘要	成本项目			
月	日	类别	号数		直接材料	直接工资	制造费用	合　计
7	30	记	23	计提折旧			7 478.00	
7	31	记	41	分配水电费	1 025.00			
7	31	记	42	分配工资		2 300.00		
7	31			合　计	1 025.00	2 300.00	7 478.00	10 803.00

图 9-4

例题 9–4　接上题，金鑫实业有限公司 2024 年 7 月 31 日根据制造费用分配表进行账务处理，原始凭证见图 9–5。

制造费用分配表

2024 年 07 月 31 日　　　　单位：元

产品名称	制造费用总额	制造费用		
		分配标准（工时）	分配率	应分配金额
潜水泵产品		12 000	0.50	6 000.00
排水泵产品		9 606		4 803.00
合　计	10 803.00	21 606		10 803.00

财务负责人：苏瑞　　　　制表：郑薇

图 9–5

解析：经查询制造费用的明细账成本项目中制造费用的数据，因为是为生产潜水泵、排水泵共同发生的，因此采用一定的方法在两种产品之间进行分配，本题采用工时法进行分配，确定各自的制造费用，应分别计入各自的生产成本，分录如下：

借：生产成本—基本生产（潜水泵）　　6 000
　　生产成本—基本生产（排水泵）　　4 803
　　贷：制造费用　　10 803

（三）计算结转完工产品成本

1. 完工产品和在产品之间费用的分配

每月月末，当月生产成本明细账中按照成本项目归集了本月生产成本以后，这些成本就是本月发生的生产成本，并不是本月完工产品的成本。计算本月完工产品成本，还需要将本月发生的生产成本，加上月初在产品成本，然后再将其在本月完工产品和月末在产品之间进行分配，以求得本月完工产品成本。

完工产品、在产品成本之间的关系如下：

本月完工产品成本 = 本月发生成本 + 月初在产品成本 – 月末在产品成本

根据这一关系，结合生产特点，企业应当根据在产品数量的多少、各月在产品数量变化的大小、各项成本比重的大小，以及定额管理基础的好坏等具体条件，采用适当的分配方法将生产成本在完工产品和在产品之间进行分配。常用的分配方法有：不计算在产品成本法、在产品按固定成本计价法、在产品按所耗直接材料成本计价法、约当产量比例法、在产品按定额成本计价法、定额比例法等。这里我们主要讲解不计算在产品成本法、约当产量比例法、在产品按定额成本计价法。

（1）不计算在产品成本法。

采用不计算在产品成本法时，虽然月末有在产品，但不计算其成本。也就是说，这种产品每月发生的成本，全部由完工产品负担，其每月发生的成本之和即为每月完工产品成本。这种方法适用于各月末在产品数量很小的产品。

（2）约当产量比例法。

采用约当产量比例法，应将月末在产品数量按其完工程度折算为相当于完工产品的产量，即约当产量，然后将产品应负担的全部成本按照完工产品产量与月末在产品约当产量的比例分配计算完工产品成本和月末在产品成本。这种方法适用于产品数量较多，各月在产品数量变化也较大，且生产成本中直接材料成本和直接人工等加工成本的比重相差不大的产品。公式如下：

在产品约当产量 = 在产品数量 × 完工程度

某种生产费用单位成本 =（月初在产品该费用 + 本月发生生产该费用）÷（完工产品产量 + 在产品约当产量）

完工产品分配某生产费用 = 完工产品产量 × 某种生产费用单位成本

在产品分配某生产费用 = 在产品约当产量 × 某种生产费用单位成本

完工产品成本 = 完工产品分配的各生产费用之和

在产品成本 = 在产品分配的各生产费用之和

例题 9–5 某公司 C 产品本月完工产品产量 3 000 个，在产品数量 400 个，完工程度按平均 50% 计算；材料在开始生产时一次投入，其他成本按约当产量比例分配。C 产品本月初在产品和本月耗用直接材料成本共计 1 360 000 元，直接人工成本 640 000 元，制造费用 960 000 元。计算 C 产品月末完工产品成本和在产品成本。

解析：各项成本的分配计算如下：

由于材料在开始生产时一次投入，因此，应按完工产品和在产品的实际数量比例进行分配，不必计算约当产量。

直接材料成本的分配：

完工产品应负担的直接材料成本 =1 360 000 ÷（3 000+400）× 3 000=1 200 000（元）

在产品应负担的直接材料成本 =1 360 000 ÷（3 000+400）× 400=160 000（元）

直接人工成本的分配：直接人工成本和制造费用均应按约当产量进行分配，在产品 400 个折合约当产量 200 个（400 × 50%）。

完工产品应负担的直接人工成本 =640 000 ÷（3 000+200）× 3 000=600 000（元）

在产品应负担的直接人工成本 =640 000 ÷（3 000+200）× 200=40 000（元）

制造费用的分配：

完工产品应负担的制造费用 =960 000 ÷（3 000+200）× 3 000=900 000（元）

在产品应负担的制造费用 =960 000 ÷（3 000+200）× 200=60 000（元）

通过以上按约当产量法分配计算的结果，可以汇总 C 产品完工产品成本和在产品成本。

C 产品本月完工产品成本 =1 200 000+600 000+900 000=2 700 000（元）

C 产品本月在产品成本 =160 000+40 000+60 000=260 000（元）

特别说明的是，在很多加工生产中，材料是在生产开始时一次投入的，这时，分配材料费用时，在产品应和完工产品负担同样材料成本，即不必把在产品数量按照完工程度折合成产成品数量，而分配人工费用、制造费用时，需要把在产品数量按照完工程度折合成产成品数量再分配。

但如果材料是随着生产过程陆续投入的，不管分配哪种费用，都需要把在产品数量按照完工程度折合成产成品数量后再分配。

（3）在产品按定额成本计价法。

采用在产品按定额成本计价法，月末在产品成本按定额成本计算，该种产品的全部成本（如果有月初在产品，包括月初在产品成本在内）减去按定额成本计算的月末在产品成本，余额作为完工产品成本；每月生产成本脱离定额的节约差异或超支差异全部计入当月完工产品成本。这种方法是事先经过调查研究、技术测定或按定额资料，对各个加工阶段上的在产品直接确定一个单位定额成本。这种方法适用于各项消耗定额或成本定额比较准确、稳定，而且各月末在产品数量变化不是很大的产品。

这种方法的计算公式如下：

月末在产品成本 = 月末在产品数量 × 在产品单位定额成本

完工产品总成本 =（月初在产品成本 + 本月发生生产成本）– 月末在产品成本

完工产品单位成本 = 完工产品总成本 ÷ 产成品产量

例题 9–6 某公司 C 产品本月完工产品产量 3 000 个，在产品数量 400 个。C 产品本月初在产品和本月耗用直接材料成本共计 1 360 000 元，直接人工成本 640 000 元，制造费用 960 000 元。计算 C 产品月末完工产品成本和在产品成本。在产品单位定额成本为：直接材料 400 元，直接人工 100 元，制造费用 150 元。按定额成本计算在产品成本及完工产品成本。

解析：由于知道 C 产品在产品单位定额成本为：直接材料 400 元，直接人工 100 元，制造费用 150 元。所以可按定额成本求出在产品的成本项目中各项定额费用，然后利用定额成本计价法的公式，求出期末完工产品各成本项目费用。计算结果见图 9–6。

项　目	在产品定额成本	完工产品成本
直接材料	400 × 400=160 000	1360 000 – 160 000=1 200 000
直接人工	100 × 400=40 000	640 000– 40 000=600 000
制造费用	150 × 400=60 000	960 000– 60 000=900 000
合　计	260 000	2 700 000

图 9–6

2. 完工产品入库

企业完工产品经产成品仓库验收入库后，其成本应从“生产成本—基本生产成本”科目及所属产品成本明细账的贷方转出，转入“库存商品”科目的借方，“生产成本—基本生产成本”科目的月末余额，就是基本生产在产品的成本，也就是在基本生产过程中占用的生产资金，应与所属各种产品成本明细账中月末在产品成本之和核对相符。

“生产成本—基本生产成本”明细账按照成本计算对象设置，并按规定的成本项目设置专栏，账页格式为多栏式。

例题 9–7 金鑫实业有限公司 2024 年 7 月生产潜水泵、排水泵。潜水泵月末完工产品 4 台，月末在产品 1 台，完工程度为 50%。排水泵月末完工产品 5 台，月末在产品 2 台，完工程度为 50%。潜水泵的原材料在开工时一次性投入，排水泵原材料随生产进度陆续投入。采用约当比例法计算各自期末完工产品成本和月末在产品成本。完善两产品生产成本明细账相关数据，两产品生产成本明细账见图 9–7、图 9–8，并进行完工产品入库的账务处理。

生产成本明细账

产品名称：潜水泵　　2024 年 07月 31 日　　完工程度 50%

2024 年		摘　　要	成　本　项　目			
月	日		直接材料	直接工资	制造费用	合　计
7	1	期初在产品成本	15 500.00	11 250.00	3 000.00	29 750.00
7	31	根据图 9-1 材料耗用汇总表				
7	31	根据图 9-2 水电费分配表				
7	31	根据图 9-3 工资分配汇总表				
7	31	根据图 9-5 制造费用分配表				
7	31	本月累计				
7	31	完工产品数量是 4 台				
7	31	在产品数量 1 台，按完工程度 50%，折合完工产品数量				
7	31	产品约当产量合计				
7	31	结转完工产品成本（4 台）				
7	31	月末在产品成本（1 台）				

图 9–7

生产成本明细账

产品名称：排水泵　　2024 年 07月 31 日　　完工程度 50%

2024 年		摘　　要	成　本　项　目			
月	日		直接材料	直接工资	制造费用	合　计
7	1	期初在产品成本	21 900.00	18 000.00	3 597.00	43 497.00
7	31	根据图 9-1 材料耗用汇总表				
7	31	根据图 9-2 水电费分配表				
7	31	根据图 9-3 工资分配汇总表				
7	31	根据图 9-5 制造费用分配表				
7	31	本月累计				
7	31	完工产品数量是 5 台				
7	31	在产品数量 2 台，按完工程度 50%，折合完工产品数量				
7	31	产品约当产量合计				
7	31	结转完工产品成本（5 台）				
7	31	月末在产品成本（2 台）				1

图 9–8

解析：本题有以下几个注意点。

（1）两产品的生产成本明细账中给出了期初在产品的成本项目各项数据，而本月发生的成本项目各项数据需要根据相关表格中的数据填入。然后将各成本项目中的本月合计数采用约当比例法在完工产品和在产品之间进行分配，从而求出完工产品成本和期末在产品成本。

（2）计算约当产量时，要注意潜水泵、排水泵由于原材料一开始投入方式不一样，所以分配各成本项目费用，约当产量的数量是不一样的。潜水泵原材料是在生产开始时一次投入的，这时，分配材料费用，在产品应和完工产品负担同样材料成本，即不必把在产品数量折合成产成品数量，而分配人工费用、制造费用，需要把在产品数量折合成产成品数量再分配。排水泵原材料是随着生产进度陆续投入的，不管分配哪种费用，都需要把在产品数量折合成产成品数量后再分配。两产品生产成本明细账见图 9–9、图 9–10。

生产成本明细账

产品名称：潜水泵　　　　2024 年 07 月 31 日　　　　完工程度 50%

2024 年		摘　　要	成　本　项　目			
月	日		直接材料	直接工资	制造费用	合　计
7	1	期初在产品成本	15 500.00	11 250.00	3 000.00	29 750.00
7	31	根据图 9-1 材料耗用汇总表	17 000.00			17 000.00
7	31	根据图 9-2 水电费分配表	27 500.00			27 500.00
7	31	根据图 9-3 工资分配汇总表		22 500.00		22 500.00
7	31	根据图 9-5 制造费用分配表			6 000.00	6 000.00
7	31	本月累计	60 000.00	33 750.00	9 000.00	102 750.00
7	31	完工产品数量是 4 台	4	4	4	
7	31	在产品数量 1 台，按完工程度 50%，折合完工产品数量	1	0.5	0.5	
7	31	产品约当产量合计	5	4.5	4.5	
7	31	结转完工产品成本（4 台）	48 000.00	30 000.00	8 000.00	86 000.00
7	31	月末在产品成本（1 台）	12 000.00	3 750.00	1 000.00	16 750.00

图 9–9

生产成本明细账

产品名称：排水泵　　　　2024 年 07 月 31 日　　　　完工程度 50%

2024 年		摘　　要	成　本　项　目			
月	日		直接材料	直接工资	制造费用	合　计
7	1	期初在产品成本	21 900.00	18 000.00	3 597.00	43 497.00
7	31	根据图 9-1 材料耗用汇总表	11 000.00			11 000.00
7	31	根据图 9-2 水电费分配表	27 100.00			27 100.00
7	31	根据图 9-3 工资分配汇总表		18 000.00		18 000.00
7	31	根据图 9-5 制造费用分配表			4 803.00	4 803.00
7	31	本月累计	60 000.00	36 000.00	8 400.00	104 400.00
7	31	完工产品数量是 5 台	5	5	5	
7	31	在产品数量 2 台，按完工程度 50%，折合完工产品数量	1	1	1	
7	31	产品约当产量合计	6	6	6	
7	31	结转完工产品成本（5 台）	50 000.00	30 000.00	7 000.00	87 000.00
7	31	月末在产品成本（2 台）	10 000.00	6 000.00	1 400.00	17 400.00

图 9–10

产品完工入库：

借：库存商品—潜水泵	86 000	
—排水泵	87 000	
贷：生产成本—潜水泵		86 000
—排水泵		87 000

二、期间费用的核算

期间费用包括销售费用、管理费用和财务费用。

（一）销售费用

销售费用是指企业销售商品和材料、提供劳务的过程中发生的各种费用，包括保险费、包装费、展览费和广告费、商品维修费、预计产品质量保证损失、运输费、装卸费等，以及为销售本企业商品而专设的销售机构（含销售网点、售后服务网点等）的职工薪酬、业务费、折旧费等经营费用。企业发生的与专设销售机构相关的固定资产修理费用等后续支出也属于销售费用。

销售费用是与企业销售商品活动有关的费用，但不包括销售商品本身的成本和劳务成本。销售的商品的成本属于“主营业务成本”，提供劳务的成本属于“劳务成本”。

企业应通过“销售费用”科目，核算销售费用的发生和结转情况。该科目借方登记企业所发生的各项销售费用，贷方登记期末转入“本年利润”科目的销售费用，结转后该科目应无余额。该科目应按销售费用的费用项目进行明细核算。

（二）管理费用

管理费用是指企业为组织和管理生产经营发生的各种费用，包括企业在筹建期间内发生的开办费、董事会和行政管理部门在企业的经营管理中发生的以及应由企业统一负担的公司经费（包括行政管理部门职工工资及福利费、物料消耗、低值易耗品摊销、办公费和差旅费等）、行政管理部门负担的工会经费、董事会费（包括董事会成员津贴、会议费和差旅费等）、聘请中介机构费、咨询费（含顾问费）、诉讼费、业务招待费、技术转让费、矿产资源补偿费、研究费用、排污费等。企业生产车间（部门）和行政管理部门发生的固定资产修理费用等后续支出，也作为管理费用核算。

企业应设置“管理费用”科目，核算管理费用的发生和结转情况。该科目借方登记企业发生的各项管理费用，贷方登记期末转入“本年利润”科目的管理费用，结转后该科目应无余额。该科目按管理费用的费用项目进行明细核算。商品流通企业管理费用不多的，可不设本科目，相关核算内容可并入“销售费用”科目核算。

三、财务费用

财务费用是指企业为筹集生产经营所需资金等而发生的筹资费用，包括利息支出（减利息收入）、汇兑损益以及相关的手续费、企业发生的现金折扣等。

企业应通过“财务费用”科目，核算财务费用的发生和结转情况。该科目借方登记企业发生的各项财务费用，贷方登记期末转入“本年利润”科目的财务费用，结转后该科目应无余额。该科目应按财务费用的费用项目进行明细核算。

知识检测

一、单选题

1. 下列各项中，应在发生时确认为“销售费用”的是（　　）。

A. 车间管理人员的薪酬

B. 对外出租的投资性房地产的折旧

C. 专设销售机构固定资产的折旧

D. 厂部管理人员的薪酬

2. 某企业 2024 年 7 月发生以下经济业务：车间管理部门应分摊的固定资产折旧 30 万元；因收发差错造成的存货短缺净损失 10 万元；管理部门机器设备日常维修支出 40 万元；办公楼应摊销的土地使用权 300 万元。该企业 7 月应计入管理费用的金额是（　　）万元。

A. 380　　B. 350　　C. 310　　D. 50

3. 企业的业务招待费应计入（　　）。

A. 其他业务成本　　B. 营业外支出　　C. 管理费用　　D. 财务费用

4. 企业筹建期间发生的长期借款利息支出不能资本化的部分应该计入（　　）。

A. 财务费用　　B. 营业外收入　　C. 管理费用　　D. 在建工程

5. 下列各项中，不通过财务费用核算的是（　　）。

A. 企业发行股票支付的手续费

B. 企业支付的银行承兑汇票手续费

C. 企业购买商品时取得的现金折扣

D. 企业销售商品时发生的现金折扣

6. 下列各项中，应该通过“销售费用”科目核算的是（　　）。

A. 销售方发生的现金折扣

B. 出售固定资产支付的清理费用

C. 销售商品过程中发生的保险费用

D. 业务招待费

7. 下列各项中，不应计入销售费用的是（　　）。

A. 已售商品预计保修费用

B. 为推广新产品而发生的广告费用

C. 随同商品出售且单独计价的包装物成本

D. 随同商品出售而不单独计价的包装物成本

8. 甲工业企业产品不含税售价每件 460 元，若客户购买达到 200 件及以上的，可得到40元/件的商业折扣。某客户2024年12月10日购买该企业产品200件，按规定现金折扣条件为：2/10、1/20、n/30（假定计算现金折扣时考虑增值税）。适用的增值税税率为13%。该企业于12月26日收到该笔款项时，应确认的财务费用金额为（　）元。

A. 840　　B. 0　　C. 1 965.6　　D. 949.2

9. 产品成本项目中的“直接人工”指的是（　）。

A. 直接参加产品生产的工人工资及福利费　　B. 车间辅助工人的工资及福利费

C. 车间管理人员的工资及福利费　　D. 全厂职员和工人的工资及福利费

10. 计入“制造费用”成本项目的费用（　）。

A. 都是间接计入费用

B. 都是间接生产费用

C. 既是间接生产费用又是间接计入费用

D. 既包括直接生产费用又包括间接生产费用

11. 下列各项中，不能计入产品成本的是（　）。

A. 生产车间管理人员工资　　B. 生产过程中发生的废品损失

C. 生产车间固定资产的折旧修理费　　D. 厂部行政管理人员工资

12. 下列各项中，应计入产品成本的是（　）。

A. 销售人员工资　　B. 利息支出

C. 生产车间的劳动保护费　　D. 按规定支付的房产税

13. 某产品生产费用采用约当比例法进行分配。原材料生产开始一次性投入。月末完工产品数量为10件，月末在产品数量4件，产品完工程度50%，分配材料费用该产品的产品约当数量为（　）件。

A. 14　　B. 12　　C. 4　　D. 10

14. 假定上题原材料伴随生产进度陆续投入，其他条件不变，月末完工产品数量为10件，月末在产品数量4件，产品完工程度50%，分配材料费用该产品的产品约当数量为（　）件。

A. 14　　B. 12　　C. 4　　D. 10

15. 约当比例分配法适用条件是（　）。

A. 这种方法适用于各项消耗定额或成本定额比较准确、稳定，而且各月末在产品数量变化不是很大的产品

B. 这种方法适用于各月末在产品数量很少的产品

C. 这种方法适用于产品数量较多，各月在产品数量变化也较大，且生产成本中直接材料成本和直接人工等加工成本的比重相差不大的产品

D. 这种方法适用于各月末在产品数量较多，各月在产品数量变化也较大，直接材料成本在生产成本中所占比重较大且材料在生产开始时一次就全部投入的产品

二、多选题

1. 下列各项中，应计入财务费用的有（　　）。

A. 应付财务人员的工资　　B. 生产经营用短期借款支付的利息

C. 汇兑业务支付的手续费　　D. 发生的现金折扣

2. 下列各项中，不应在发生时确认为销售费用的有（　　）。

A. 车间管理人员的工资　　B. 投资性房地产的折旧额

C. 专设销售机构固定资产的维修费　　D. 预计产品质量保证损失

3. 下列各项中属于期间费用的是（　　）。

A. 管理部门的劳动保险费　　B. 董事会会费

C. 季节性停工损失　　D. 销售人员的工资

4. 下列各项中，关于管理费用会计处理表述正确的有（　　）。

A. 无法查明原因的现金短缺应计入管理费用

B. 转销确实无法支付的应付账款应冲减管理费用

C. 行政管理部门负担的工会经费应计入管理费用

D. 企业在筹建期间内发生的开办费应计入管理费用

5. 下列各项中，应计入财务费用的有（　　）。

A. 银行承兑汇票手续费　　B. 购买交易性金融资产手续费

C. 外币应收账款汇兑损失　　D. 商业汇票贴现发生的贴现息

6. 在进行成本总分类核算时应设置的会计科目主要有（　　）。

A. 生产成本　　B. 制造费用　　C. 销售费用　　D. 财务费用

7. 下列各项费用中，不应计入产品生产成本的有（　　）。

A. 销售费用　　B. 管理费用　　C. 财务费用　　D. 制造费用

8. 下列各项费用属于成本项目费用的是（　　）。

A. 直接材料　　B. 直接人工　　C. 财务费用　　D. 制造费用

三、判断题

1. 企业在确认商品销售收入后发生的销售折让（不考虑日后事项），应在实际发生时计入财务费用。（　　）

2. 制造费用与管理费用不同，本期发生的管理费用直接影响本期损益，而本期发生的制造费用不一定影响本期的损益。（　　）

3. 企业生产经营期间计提的短期借款的利息费用均计入财务费用中。（　　）

4. 产品成本和费用的概念是不一样的，费用的概念涵盖范围较宽，产品成本是费用总额的一部分，不包括期间费用和期末未完工产品的费用等。（　　）

四、业务题

业务1　金鑫实业有限公司2024年8月归集生产费用，相关资料见图9-11~图9-13。要求：对生产费用作分录书写。

人工费用汇总表

2024 年 08 月 31 日　　　　单位：元

项　目		应付工资	应付社保费	支付房租分配	发放福利分配	合　计
生产成本	排水泵	95 000.00	29 735.00	2 025.00	17 500.00	144 260.00
	潜水泵	105 000.00	32 865.00	2 025.00	17 500.00	157 390.00
制造费用		4 000.00	1 252.00	230.00	4 400.00	9 882.00
管理费用		45 000.00	14 085.00	904.00	2 000.00	61 989.00
销售费用		31 000.00	9 703.00	984.00	3 000.00	44 687.00
合　计		280 000.00	87 640.00	6 168.00	44 400.00	418 208.00

主管：苏瑞　　会计：郑薇　　复核：苏瑞　　制表：郑薇

图 9–11

材料、水电耗用汇总表

2024 年 08 月 31 日

应借科目	生铁			熟铁			水费			电费			合计金额
	单位	数量	金额	单位	数量	金额	使用量（吨）	分配率	分配	耗电度数	分配率	分配	
潜水泵	吨	3	24 000.00	吨	2	20 000.00	15 000	1.25	18 750.00	15 000	1.5	22 500.00	85 250.00
排水泵	吨	2	16 000.00	吨	1	10 000.00	10 000	1.25	12 500.00	10 000	1.5	15 000.00	53 500.00
车间耗用	吨	0.2	1 600.00	吨	0.1	1 000.00	200	1.25	250.00	800	1.5	1 200.00	4 050.00
合计		5.2	41 600.00		3.1	31 000.00	25 200	1.25	31 500.00	25 800	1.5	38 700.00	142 800.00

财务负责人：苏瑞　　　　制表：郑薇

图 9–12

金鑫实业有限公司8月固定资产折旧计算表

2024 年 08 月 31 日　　　　单位：元

使用单位和固定资产类别	月初计提折旧额	上月增加的固定资产应计提的折旧额	上月减少的固定资产应计提的折旧额	本月应计提折旧额
销售部门	15 000.00	3 000.00	5 000.00	13 000.00
出租部门	30 000.00		1 000.00	29 000.00
生产车间	75 000.00	4 600.00		79 600.00
厂部管理部门	15 000.00			15 000.00
合　计	135 000.00	7 000.00	6 000.00	137 000.00

会计：苏瑞　　　　制表：郑薇

图 9–13

业务 2 紧接上题，金鑫实业有限公司 2024 年 8 月 31 日，根据业务 1 中的数据归集制造费用，按工时法在产品进行分配。见图 9–14。

制造费用分配表

2024 年 08 月 31 日　　　　单位：元

产品名称	制造费用总额	制造费用		
		分配标准（工时）	分配率	应分配金额
潜水泵产品		13 000		
排水泵产品		10 000		
合　计		23 000		

会计：苏瑞　　　　制表：郑薇

图 9–14

业务 3 金鑫实业有限公司 8 月生产潜水泵、排水泵。潜水泵月末完工产品 30 台，月末在产品 20 台，完工程度为 50%。排水泵月末完工产品 20 台，月末在产品 10 台，完工程度为 50%。潜水泵的原材料在开工时一次性投入，排水泵原材料随生产进度陆续投入。采用约当比例法计算各自期末完工产品成本和月末在产品成本。完善两产品生产成本明细账相关数据，两产品生产成本明细账见图 9–15、图 9–16，并进行完工产品入库的账务处理。

生产成本明细账

产品名称：潜水泵　　　　2024 年 08 月 31 日　　　　完工程度 50%

2024 年		摘　　要	成　本　项　目			
月	日		直接材料	直接工资	制造费用	合　计
8	1	期初在产品成本	12 000.00	3 750.00	1 000.00	16 750.00
8	31	根据图 9–11 人工费用汇总表				
8	31	根据图 9–12 材料、水电耗用汇总表				
8	31	根据图 9–14 制造费用分配表				
8	31	本月累计				
8	31	完工产品数量 30 台				
8	31	在产品数量 20 台，按完工程度 50%，折合完工产品数量				
8	31	产品约当产量合计				
8	31	结转完工产品成本（30 台）				
8	31	月末在产品成本（20 台）				

图 9–15

生产成本明细账

产品名称：排水泵　　2024 年 08 月 31 日　　完工程度 50%

2024 年		摘　要	成　本　项　目			
月	日		直接材料	直接工资	制造费用	合　计
8	1	期初在产品成本	10 000.00	6 000.00	1 400.00	17 400.00
8	31	根据图 9-11 人工费用汇总表				
8	31	根据图 9-12 材料、水电耗用汇总表				
8	31	根据图 9-14 制造费用分配表				
8	31	本月累计				
8	31	完工产品数量 20 台				
8	31	在产品数量 10 台，按完工程度 50%，折合完工产品数量				
8	31	产品约当产量合计				
8	31	结转完工产品成本（20 台）				
8	31	月末在产品成本（10 台）				

图 9–16

任务二　营业成本、税金及附加的核算

任务目标

1. 了解营业成本、税金及附加的核算内容。
2. 营业成本、税金及附加相关账务处理。

重点难点

营业成本、税金及附加相关账务处理。

业务核算

营业成本是指企业为生产产品、提供劳务等发生的可归属于产品成本、劳务成本等的费用，应当在确认销售商品收入、提供劳务收入等时，将已销售商品、已提供劳务的成本等计入当期损益。营业成本包括主营业务成本和其他业务成本。税金及附加是指企业经营活动应负担的相关税费，包括消费税、城市维护建设税、教育费附加、资源税、房产税、城镇土地使用税、车船税、印花税等。

一、主营业务成本

主营业务成本是指企业销售商品、提供劳务等经常性活动所发生的成本。企业一般在确认销售商品、提供劳务等主营业务收入时，或在月末，将已销售商品、已提供劳务的成本转入主营业务成本。

企业应当设置“主营业务成本”科目，按主营业务的种类进行明细核算，用于核算企业因销售商品、提供劳务或让渡资产使用权等日常活动而发生的实际成本，借记该科目，贷记“库存商品”“劳务成本”等科目。期末，将主营业务成本的余额转入“本年

利润”科目，借记“本年利润”，贷记该科目，结转后该科目无余额。

如果发出产品计价采用全月一次加权平均法，产品销售成本的确定只有在月末进行，随着产品完工入库后，此时就可以按照公式计算产品销售成本并进行账务处理；如果发出产品计价采用先进先出法、移动加权平均法，产品销售成本可随时确定并进行账务处理。

例题 9–8 金鑫实业有限公司 2024 年 7 月采用全月一次加权平法计算产品销售成本，完善图 9–17 相关数据，计算产品销售成本和期末结存成本，并进行财务处理。计算结果保留两位小数。

销售产品成本计算表

2024 年 07 月 31 日　　单位：元

产品名称	计量单位	月初结存		本月入库		加权平均单价	本月销售		期末结存		
		数量	总成本	数量	总成本		数量	总成本	数量	单位成本	总成本
排水泵	台	15	225 000. 00				5				
潜水泵	台	20	400 000. 00				14				
合计		35	625 000. 00								

审核：苏瑞　　制表：郑薇

图 9–17

解析：加权平均单价 =（月初结存成本 + 本月入库成本）÷（月初结存数量 + 本月入库数量）

产品销售成本 = 销售数量 × 加权平均单价

期末结存成本 = 期末结存数量 × 加权平均单价

公式中本月入库数量及成本指完工产品数量及成本，需要查生产成本明细账，具体到本题需要根据图 9–9、图 9–10 来填入。本月销售数量需要根据两个产品各自的销售业务汇总，期末结存数量 = 月初结存数量 + 本月入库数量 – 本月销售量。完整数据填制及计算见图 9–18。

销售产品成本计算表

2024 年 07 月 31 日　　单位：元

产品名称	计量单位	月初结存		本月入库		加权平均单价	本月销售		期末结存		
		数量	总成本	数量	总成本		数量	总成本	数量	单位成本	总成本
排水泵	台	15	225 000. 00	5	87 000. 00	15 600. 00	5	78 000. 00	15	15 600. 00	234 000. 00
潜水泵	台	20	400 000. 00	4	86 000. 00	20 250. 00	14	283 500. 00	10	20 250. 00	202 500. 00
合计			625 000. 00		173 000. 00			361 500. 00			436 500. 00

审核：苏瑞　　制表：郑薇

图 9–18

账务处理如下：

借：主营业务成本—潜水泵　283 500
　　主营业务成本—排水泵　78 000
　　贷：库存商品—潜水泵　283 500
　　　　库存商品—排水泵　78 000

二、其他业务成本

其他业务成本是指企业确认的除主营业务活动以外的其他经营活动所发生的支出。

其他业务成本包括销售材料的成本、出租固定资产的折旧额、出租无形资产的摊销额、出租包装物的成本或摊销额等。企业应当设置“其他业务成本”科目，核算企业确认的除主营业务活动以外的其他经营活动所发生的支出，包括销售材料的成本、出租固定资产的折旧额、出租无形资产的摊销额、出租包装物的成本或摊销额等。

企业发生的其他业务成本，借记本科目，贷记“原材料”“周转材料”“累计折旧”“累计摊销”“应付职工薪酬”“银行存款”等科目。本科目按其他业务成本的种类进行明细核算。期末，本科目余额转入“本年利润”科目，结转后本科目无余额。

三、税金及附加

税金及附加是指企业经营活动应负担的相关税费，包括消费税、城市维护建设税、教育费附加和资源税、房产税、城镇土地使用税、车船税、印花税等。

消费税是对生产、委托加工及进口应税消费品（主要指烟、酒、化妆品、高档次及高能耗的消费品）征收的一种税。消费税的计税方法主要有从价定率、从量定额和复合计税三种。从价定率是根据商品销售价格和规定的税率计算应交消费税；从量定额是根据商品销售数量和规定的单位税额计算应缴的消费税；复合计税是两者的结合。

城市维护建设税（以下简称城建税）和教育费附加是对从事生产经营活动的单位和个人，以其实际缴纳的增值税、消费税为依据，按纳税人所在地适用的不同税率计算征收的一种税。

资源税是对在我国境内开采国家规定的矿产资源和生产用盐单位、个人征收的一种税，按应税数量和规定的单位税额计算。如开采石油、煤炭、天然气企业需按开采的数量计算缴纳资源税。

房产税、车船税、城镇土地使用税、印花税通过“税金及附加”科目核算。

企业应当设置“税金及附加”科目，核算企业经营活动发生的营业税、消费税、城市维护建设税、资源税、教育费附加、房产税、车船税、城镇土地使用税、印花税等相关税费。按规定计算确定的与经营活动相关的税费，企业应借记本科目，贷记“应交税费”科目。期末，应将“税金及附加”科目余额转入“本年利润”科目，结转后本科目无余额。

例题 9–9 2024 年 7 月，某公司当月实际应交增值税 350 000 元，应交消费税 150 000 元，城建税税率为 7%，教育费附加为 3%。该公司应编制与城建税、教育费附加有关的会计分录如下：

解析：

（1）计算应交城建税和教育费附加时：

城建税：（350 000+150 000）×7%=35 000（元）

教育费附加：（350 000+150 000）×3%=15 000（元）

借：税金及附加 50 000
　贷：应交税费—应交城建税 35 000
　　应交税费—应交教育费附加 15 000

（2）实际缴纳城建税和教育费附加时：

借：应交税费—应交城建税 35 000
　应交税费—应交教育费附加 15 000
　贷：银行存款 50 000

知识检测

一、单选题

1. 2024 年 7 月 1 日 A 公司经营租出管理用设备一台，每月该设备折旧金额 100 万元，租期为两年，租金在每季末收取。则 2024 年 7 月末针对计提的折旧金额应编制的会计分录为（　）。（分录中的金额单位为万元）

A. 借：其他业务成本 100
　贷：预付账款 100

B. 借：其他业务成本 100
　贷：银行存款 100

C. 借：其他业务成本 100
　贷：累计折旧 100

D. 借：管理费用 100
　贷：累计折旧 100

2. 某企业某月销售生产的商品确认销售成本 100 万元，销售原材料确认销售成本 10 万元，本月发生现金折扣 1.5 万元。不考虑其他因素，该企业该月计入其他业务成本的金额为（　）万元。

A. 100　　B. 110　　C. 10　　D. 11.5

3. 某工业企业为增值税一般纳税人，2024 年 8 月应交的各种税金如下：增值税 700

万元，消费税（全部为销售应税消费品发生）300万元，城市维护建设税60万元，教育费附加10万元，房产税20万元，所得税费用500万元。上述各项税金应计入税金及附加的金额为（　）万元。

A. 70　　B. 390　　C. 90　　D. 460

4. 下列日常经营活动涉及的税金中，计入税金及附加科目的是（　）。

A. 增值税、车船税　　B. 城市维护建设税、教育费附加

C. 消费税、增值税　　D. 印花税、增值税

二、多选题

1. 企业的营业成本包括（　）。

A. 主营业务成本　　B. 其他业务成本　　C. 营业外支出　　D. 生产成本

2. 下列各项业务中，不会影响主营业务成本金额的有（　）。

A. 工业企业计提经营出租固定资产折旧　　B. 销售原材料成本

C. 用于对外投资的自产产品成本　　D. 发生的销售折让

3. 下列各项中，属于“其他业务成本”科目核算的内容有（　）。

A. 经营租出固定资产计提的折旧

B. 经营租出无形资产的服务费

C. 销售材料结转的材料成本

D. 出售无形资产结转的无形资产的摊余价值

三、业务题

业务1　金鑫实业有限公司2024年8月结合销售、产品完工入库，采用全月一次加权平均法计算并结转产品销售成本。完善图9-19中的数据，计算产品销售成本并进行账务处理。

销售产品成本计算表

2024年08月31日　　单位：元

产品名称	计量单位	月初结存		本月入库		加权平均单价	本月销售		期末结存		
		数量	总成本	数量	总成本		数量	总成本	数量	单位成本	总成本
排水泵	台	15	234 000.00				10				
潜水泵	台	10	202 500.00				11				
合　计											

审核：苏瑞　　制表：郑薇

图9-19

业务2　金鑫实业有限公司2024年8月31日月末计算本月应交增值税，完善图9-20中相关数据并进行账务处理。

应交增值税计算表

2024 年 08 月 31 日　　　　单位：元

当期销项税额	当期进项税额	当期进项税额转出	已交税金	减免税	应交增值税

审核：苏瑞　　　　制表：郑薇

图 9–20

业务 3　紧接上题，金鑫实业有限公司 2024 年 8 月 31 日月末计算本月应交城建税、教育费附加，完善图 9–21 中相关数据并进行账务处理。

应交城建税、教育费附加计算表

2024 年 08 月 31 日　　　　单位：元

税种、税目	计税依据		适用税率	应交税金
	项目	金额		
城建税	应交增值税		7%	
	应交消费税		3%	
教育费附加	应交增值税		7%	
	应交消费税		3%	

审核：苏瑞　　　　制表：郑薇

图 9–21

任务三　利润及利润分配的核算

任务目标

1. 熟练掌握利润的公式和各组成部分的公式。
2. 掌握编制常见营业外收支项目的会计核算分录。
3. 掌握计算应纳税所得额，进行简单的所得税费用核算。
4. 掌握编制结转损益、本年利润、利润分配的会计分录。

重点难点

1. 利润的公式和各组成部分的公式。
2. 常见营业外收支项目的会计核算分录。
3. 计算应纳税所得额，进行简单的所得税费用核算。
4. 编制结转损益、本年利润、利润分配的会计分录。

业务核算

一、利润的核算

利润是指企业在一定会计期间的经营成果。利润包括收入减去费用后的净额、直接计入当期利润的利得和损失等（此处的利得指营业外收入，损失指营业外支出）。

未计入当期利润的利得和损失扣除所得税影响后的净额计入其他综合收益项目。净利润与其他综合收益的合计金额为综合收益总额。

利得是指由企业非日常活动所形成的、会导致所有者权益增加的、与所有者投入资本无关的经济利益的流入。损失是指由企业非日常活动所发生的、会导致所有者权益减少的、与向所有者分配利润无关的经济利益的流出。

与利润相关的计算公式主要如下。

（一）营业利润

营业利润 = 营业收入 – 营业成本 – 营业税金及附加 – 销售费用 – 管理费用 – 财务费用 – 资产减值损失 + 公允价值变动收益（– 公允价值变动损失）+ 投资收益（– 投资损失）

其中：

营业收入是指企业经营业务所确认的收入总额，包括主营业务收入和其他业务收入。

营业成本是指企业经营业务所发生的实际成本总额，包括主营业务成本和其他业务成本。

资产减值损失是指企业计提各项资产减值准备所形成的损失。

公允价值变动收益（– 损失）是指企业交易性金融资产等公允价值变动形成的应计入当期损益的利得（– 损失）。

投资收益（– 损失）是指企业以各种方式对外投资所取得的收益（– 发生的损失）。

（二）利润总额

利润总额 = 营业利润 + 营业外收入（直接计入当期利润的利得）– 营业外支出（直接计入当期利润的损失）

其中：

营业外收入是指企业发生的与其日常活动无直接关系的各项利得。

营业外支出是指企业发生的与其日常活动无直接关系的各项损失。

（三）净利润

净利润 = 利润总额 – 所得税费用

其中，所得税费用是指企业确认的应从当期利润总额中扣除的所得税费用。

二、营业外支出

（一）营业外支出的核算内容

营业外支出是指企业发生的与其日常活动无直接关系的各项损失，主要包括公益性捐赠支出、盘亏损失、罚款支出、非常损失、债务重组损失、非流动资产毁损报废损失等。

公益性捐赠支出，指企业对外进行公益性捐赠发生的支出。

盘亏损失，主要指对于财产清查盘点中盘亏的资产，查明原因并报经批准计入营业外支出的损失。

非常损失，指企业对于因客观因素（如自然灾害等）造成的损失，扣除保险公司赔偿后应计入营业外支出的净损失。

罚款支出，指企业支付的行政罚款、税务罚款，以及其他因违反法律法规、合同协议等支付的罚款、违约金、赔偿金等支出。

（二）营业外支出的账务处理

企业应通过“营业外支出”科目，核算营业外支出的发生及结转情况。该科目可按营业外支出项目进行明细核算。期末，应将“营业外支出”科目余额转入“本年利润”科目，借记“本年利润”科目，贷记“营业外支出”科目。结转后本科目应无余额。

三、营业外收入的核算

（一）营业外收入核算的内容

营业外收入是指企业确认的与其日常活动无直接关系的各项利得。营业外收入并不是企业经营资金耗费所产生的，不需要企业付出代价，实际上是经济利益的净流入，不可能也不需要与有关的费用进行配比。营业外收入主要包括与企业日常活动无关的政府补助、盘盈利得、罚没利得、捐赠利得、确实无法支付而按规定程序经批准后转作营业外收入的应付款项等。

其中：政府补助是指企业从政府无偿取得货币性资产或非货币性资产形成的利得，不包括政府作为所有者对企业的资本投入且与日常活动无关的政府补助。

盘盈利得是指企业对现金等资产清查盘点时发生盘盈，报经批准后计入营业外收入的金额。

罚没利得是指企业取得的各项罚款，在弥补由于对违反合同或协议而造成的经济损失后的罚款净收益。

捐赠利得是指企业接受捐赠产生的利得。

（二）营业外收入的账务处理

企业应通过“营业外收入”科目，核算营业外收入的取得及结转情况。该科目贷方登记企业确认的各项营业外收入，借方登记期末结转入本年利润的营业外收入。结转后该科目应无余额。该科目应按照营业外收入的项目进行明细核算。

企业确认现金盘盈利得、捐赠利得计入营业外收入时，借记“库存现金”“待处理财产损益”等科目，贷记“营业外收入”科目。

政府补助利得，不论与资产相关的政府补助，还是与收益相关的政府补助，必须和企业的日常经营活动无关，才能通过“营业外收入”科目核算。如果和企业的日常经营活动有关，通过“其他收益”科目核算。

与资产相关的政府补助，指企业取得的、用于购建或以其他方式形成长期资产的政府补助。确认与资产相关的政府补助，借记“银行存款”等科目，贷记“递延收益”科目，分配递延收益时，借记“递延收益”科目，贷记“营业外收入”科目。

与收益相关的政府补助，是指除与资产相关的政府补助之外的政府补助。企业确认与收益相关的政府补助，借记“银行存款”等科目，贷记“营业外收入”科目，或通过“递延收益”科目分期计入当期损益。

期末，应将“营业外收入”科目余额转入“本年利润”科目，借记“营业外收入”科目，贷记“本年利润”科目。

例题 9–10 2024 年 1 月 1 日，财政局拨付某公司 3 000 000 元补助款（同日到账），用于购买环保设备 1 台，假定和企业日常经营活动无关，并规定若有结余，留归企业自行支配。2024 年 2 月 28 日，该企业购入设备（假定从 2024 年 3 月 1 日开始使用，不考虑安装费用），购置设备的实际成本为 2 400 000 元，使用寿命为 5 年，应如何编制会计分录？

解析：

（1）2024 年 1 月 1 日收到财政拨款，确认政府补助：

借：银行存款　　3 000 000

　　贷：递延收益　　3 000 000

（2）2024 年 2 月 28 日购入设备：

借：固定资产　　2 400 000

　　贷：银行存款　　2 400 000

（3）从 2024 年 3 月 1 日开始使用，每月提取折旧：

每月应计提折旧 2 400 000 ÷（5 × 12）=40 000（元）

每月应分配递延收益 3 000 000 ÷（5 × 12）=50 000（元）

借：管理费用　　40 000

　　贷：累计折旧　　40 000

借：递延收益　　50 000

　　贷：营业外收入　　50 000

四、所得税费用

企业的所得税费用包括当期所得税和递延所得税两个部分。其中，当期所得税是指当期应交所得税，递延所得税包括递延所得税资产和递延所得税负债。递延所得税资产是指以未来期间很可能取得用来抵扣可抵扣暂时性差异的应纳税所得额为限确认的一项资产。递延所得税负债是指根据应纳税暂时性差异计算的未来期间应付所得税的金额。本书所讲主要指当期所得税。

应交所得税是指企业按照税法规定计算确定的针对当期发生的交易和事项，应交给税务部门的所得税金额，即当期应交所得税。这里还要明确应纳税所得额这个概念。应纳税所得额指按照税法规定计算出的企业所得，是计算应交所得税基础，需要在企业税前会计利润（即利润总额）的基础上调整确定的，计算公式为：

应纳税所得额 = 税前会计利润 + 纳税调整增加额 – 纳税调整减少额

纳税调整增加额主要包括税法规定允许扣除项目中，企业已计入当期费用但超过税法规定扣除标准的金额（如超过税法规定标准的职工福利费、工会经费、职工教育经费、业务招待费、公益性捐赠支出、广告费和业务宣传费等），以及企业已计入当期损失但税法规定不允许扣除项目的金额（如税收滞纳金、罚金、罚款）。这些内容按照会计准则计算企业税前会计利润给减去了，但税法规定，计算应交所得税不应该减去，所以还要加回来，为纳税调整增加额。

纳税调整减少额主要包括按税法规定允许弥补的亏损和准予免税的项目，如前五年内未弥补亏损和国债利息收入等。这些内容按照会计准则计算企业税前会计利润给加上去了，但税法规定，计算应交所得税不应该加上去，所以还要减去，为纳税调整减少额。

企业当期应交所得税的计算公式为：

应交所得税 = 应纳税所得额 × 所得税税率

（一）纳税调整增加额中注意事项

纳税调整增加的事项中，需要注意的是，纳税调整增加的并不一定是全部金额，有些事项需要调整增加一部分，有些事项需要全部调整增加。

1. 纳税调整增加额中部分需要调整增加的事项：

（1）工资、薪金支出。

企业发生的合理的工资、薪金支出，准予据实扣除。

（2）职工福利费、职工工会经费和职工教育经费。

①企业发生的职工福利费支出，不超过工资薪金总额 14% 的部分，准予扣除。

企业给职工发放的“年货”、“过节费”、节假日物资及组织职工旅游支出不属于职工福利费的列支范围。

列入企业员工工资薪金制度、固定与工资薪金一起发放的福利性补贴，符合工资薪金规定的，可作为企业发生的工资薪金支出，按规定在税前扣除，不能同时符合上述条件的福利性补贴，应作为规定的职工福利费，按规定计算限额税前扣除。

②企业拨缴的职工工会经费支出，不超过工资薪金总额 2% 的部分，准予扣除。

③职工教育经费—暂时性差异，不超过工资薪金总额 8% 的部分，准予当年扣除，超过部分，结转到下一年扣除。

例题 9–11 “应付职工薪酬”账户各明细栏目反映，支付给职工的工资总额合计 2 000 000 元（人均月工资 2 500 元）；发生职工福利费合计 400 000 元；发生职工教育经费 190 000 元：拨缴工会经费 24 000 元已取得相关工会拨缴款收据，同时又另行列支工会活动费 40 000 元。说明计算应纳税所得时各项内容纳税调整增加额是多少？

解析：

工资总额 2 000 000 元，可以税前扣除。

职工福利费：

实际发生 400 000 元，按照会计准则计算利润时已经全部减去，按照税法规定扣除限额 2 000 000 × 14%=280 000（元），超标多减了 120 000 元，因此纳税调增 120 000 元。

职工教育经费：

实际发生 190 000 元，按照会计准则计算利润时已经全部减去，按照税法规定扣除限额 2 000 000 × 8%=160 000（元），超标多减了 30 000 元，纳税调增 30 000 元。

工会经费：

实际拨缴工会经费并取得收据的是 24 000 元，按照会计准则计算利润时已经全部减去，扣除限额为 2 000 000 × 2%=40 000（元），没有超标，所以税前扣除为 24 000 元，无须进行纳税调整。

另行列支工会活动费 40 000 元，按照会计准则计算利润时已经全部减去，不属于工会经费的拨付范围，减去了需要加回来，因此需要纳税调整增加。

（3）企业为职工缴纳的保险费。

①基本保险：企业为职工缴纳的“五险一金”，准予扣除。

②补充养老保险和补充医疗保险：在国务院财政、税务主管部门规定的范围和标准内，准予扣除。分别在不超过职工工资总额 5% 标准内的部分扣除。

③特殊工种职工人身安全保险：除企业依照国家有关规定为特殊工种职工支付的人身安全保险费和国务院财政、税务主管部门规定可以扣除的其他商业保险费外，企业为投资者或者职工支付的商业保险费，不得扣除。

④企业差旅费中的人身意外保险：企业职工因公出差乘坐交通工具发生的人身意外保险费支出，准予企业在计算应纳税所得额时扣除。

（4）业务招待费。

①业务招待费是否真实、合理、合法。

②按孰小原则扣除——按发生额的 60% 与当年销售（营业）收入的 5‰中较小的一方扣除。

③销售（营业）收入的确定，见图 9–22。

销售（营业）收入的确定

一般规定	主营业务收入＋其他业务收入＋视同销售收入；但不包括营业外收入
房地产开发企业	主营业务收入＋其他业务收入＋视同销售收入＋销售未完工产品的收入－销售未完工产品转完工产品确认的销售收入
对从事股权投资业务的企业（包括集团公司总部、创业投资企业等）	其从被投资企业所分配的股息、红利以及股权转让收入，可以按规定的比例计算业务招待费扣除限额

图 9–22

④企业在筹建期间，发生的与筹办活动有关的业务招待费支出，可按实际发生额的 60% 计入企业筹办费，并按有关规定在税前扣除。

例题 9-12 某企业 2023 年的销售收入为 5 000 万元，实际支出的业务招待费为 40 万元，请问在计算应纳税所得额时允许扣除的业务招待费是多少？纳税调整增加额是多少？

解析：

（1）实际发生 400 000 元，按照会计准则计算利润时已经全部减去。

（2）按照税法规定：业务招待费发生额的 60% 为 40 万元 ×60%=24 万元

销售（营业）收入的 5‰为 5000 万元 ×5‰ =25 万元

以上面两者最小者为税法规定扣除限额，即扣除限额为 24 万元，超标多减了 16 万元，因此应纳税调增 16 万元。

（5）广告费和业务宣传费。

①一般企业：不超过当年销售（营业）收入 15% 的部分，准予扣除；超过部分，准予在以后纳税年度结转扣除。

②化妆品制造、医药制造和饮料制造（不含酒类制造）：不超过当年销售（营业）收入 30% 的部分，准予扣除；超过部分，准予在以后纳税年度结转扣除。

③烟草企业的烟草广告费和业务宣传费支出，一律不得在税前扣除。

④企业在筹建期间，发生的广告费和业务宣传费，可按实际发生额计入企业筹办费，并按有关规定在税前扣除。

⑤计算扣除的基数：主营业务收入 + 其他业务收入 + 视同销售收入；但不包括营业外收入。

（6）公益性捐赠。

①公益性捐赠的界定——企业通过公益性社会团体或者县级以上人民政府及其部门，用于《中华人民共和国公益事业捐赠法》规定的公益事业的捐赠。不符合规定的捐赠支出不能在税前扣除。

②纳税人向受赠人的直接捐赠不能在税前扣除。

③超过标准的捐赠支出不能在税前扣除：年度利润总额 12%。

④企业将自产货物用于捐赠，应分解为按公允价值视同销售和捐赠两项业务进行所得税处理。

例题 9-13 “捐赠支出”20 万元，其中 10 万元系通过公益性社会团体向红十字事业的捐赠，5 万元系通过民政部门捐赠给“减灾委员会”，5 万元系直接给某贫困小学的捐赠。

解析：

（1）通过公益性社会团体向红十字事业的捐赠 10 万元、通过民政部门向“减灾委员会”捐赠的 5 万元在利润总额 12% 以内可以在税前扣除。

（2）对直接捐赠给贫困学校的 5 万元属于直接向受赠人的捐赠，全额调增应纳税所得额。

（7）借款费用。

企业在生产、经营活动中发生的利息费用，按照下列规定扣除，见图 9–23。

利息费用扣除规定

据实扣除	非金融企业向金融企业借款的利息支出、金融企业的各项存款利息支出和同业拆借利息支出、企业经批准发行债券的利息支出
限额扣除	非金融企业向非金融企业借款的利息支出，不超过金融企业同期同类贷款利率计算的数额的部分可以据实扣除

图 9–23

另外需要说明的是，金融机构对企业的加息、罚息允许在企业所得税前扣除。

2. 纳税调整增加额中全部需要调整增加的事项

（1）向投资者支付的股息、红利等权益性投资收益款项；

（2）企业所得税税款；

（3）税收滞纳金；

（4）罚金、罚款和被没收财物的损失；

（5）超标的捐赠支出；

（6）赞助支出，指与生产经营活动无关的各种非广告性质支出。

例题 9–14 罚款、违约金 10 万元（经审核属环保部门处以罚款 5 万元；因未采取火灾防范措施，消防部门处罚款 3 万元；因产品质量，经协商支付购货方赔款 2 万元）。请说明应该纳税调整增加的金额。

解析：

（1）该企业被环保部门所处罚款 5 万元，消防部门所处罚款 3 万元，均属于行政性罚款，不得在税前扣除，应当调增应纳税所得额 8 万元。

（2）违约金支出 2 万元，可以在税前扣除，无须纳税调整。

（二）纳税调整减少额中注意事项

1. 以前年度发生应扣未扣支出的税务处理

对企业发现以前年度实际发生的、按照税收规定应在企业所得税前扣除而未扣除或者少扣除的支出，企业做出专项申报及说明后，准予追补至该项目发生年度计算扣除，但追补确认期限不得超过 5 年。

企业由于上述原因多缴的企业所得税税款，可以在追补确认年度企业所得税应纳税款中抵扣，不足抵扣的，可以向以后年度递延抵扣或申请退税。

2. 免税收入

（1）国债利息收入。

①企业取得的国债利息收入，应以国债发行时约定应付利息的日期，确认利息收入的实现；

②国债转让收益（损失）依法缴纳企业所得税。

（2）符合条件的居民企业之间的股息、红利等权益性投资收益条件：直接投资。

（3）在中国境内设立机构、场所的非居民企业从居民企业取得与该机构、场所有实际联系的股息、红利等权益性投资收益。

上述免税投资收益不包括连续持有居民企业公开发行并上市流通的股票不足 12 个月取得的投资收益（只有持有上市公司股票获得的股息、红利享受免税待遇时才受 12 个月的限制）。

（4）符合条件的非营利组织的收入。

（5）对企业取得的 2009 年及以后年度发行的地方政府债券利息所得，免征企业所得税。

例题 9–15 甲公司 2024 年度按企业会计准则计算的税前会计利润为 19 800 000 元，所得税税率为 25%。甲公司全年实发工资、薪金为 2 000 000 元，职工福利费 300 000 元，工会经费 50 000 元，职工教育经费 210 000 元；经查，甲公司当年营业外支出中有 120 000 元为税收滞纳罚金。当年取得国债利息收入 300 000 元。假定甲公司全年无其他纳税调整因素。计算甲公司当年应缴所得税费用。

解析：税法规定，企业发生的合理的工资、薪金支出准予据实扣除；企业发生的职工福利费支出，不超过工资、薪金总额 14% 的部分准予扣除；企业拨缴的工会经费，不超过工资、薪金总额 2% 的部分准予扣除；除国务院财政、税务主管部门另有规定外，企业发生的职工教育经费支出，不超过工资、薪金总额 2.5% 的部分准予扣除，超过部分准予结转以后纳税年度扣除。

本例中，按税法规定，企业在计算当期应纳税所得额时，可以扣除工资、薪金支出 2 000 000 元，扣除职工福利费支出 280 000（2 000 000 × 14%）元，工会经费支出 40 000（2 000 000 × 2%）元，职工教育经费支出 160 000（2 000 000 × 8%）元。

甲公司有两种纳税调整增加因素，一是已计入当期费用但超过税法规定标准的费用支出；二是已计入当期营业外支出但按税法规定不允许扣除的税收滞纳金，这两种因素均应调整增加应纳税所得额。

除此之外，甲公司还有纳税调整减少因素，即按照会计准则国债利息收入计入投资收益增加了利润总额，但是税法规定国债利息收入免交所得税，即应调整减少应纳税所得额。

甲公司当期所得税的计算如下：

纳税调整增加数 =（300 000–280 000）+（50 000–40 000）+（210 000–160 000）+ 120 000=200 000（元）

纳税调整减少数 =300 000（元）

应纳税所得额 =19 800 000+200 000–300 000=19 700 000（元）

当期应交所得税额 =19 700 000 × 25%=4 925 000（元）

（三）所得税费用的账务处理

核算当月应缴纳的所得税，应编制如下分录：

借：所得税费用
　　贷：应交税费—应交所得税

会计期末，将所得税费用的账户转入“本年利润”，应编制分录如下：

借：本年利润
　　贷：所得税费用

缴纳所得税时，应编制分录如下：

借：应交税费—应交所得税
　　贷：银行存款

五、本年利润的会计处理

企业应设置“本年利润”科目，核算企业本年度实现的净利润（或发生的净亏损）。

会计期末，企业应将损益类科目中的收益类科目的余额分别转入“本年利润”科目的贷方，借记收益类科目，贷记“本年利润”科目；将损益类科目中的成本、费用、损失类科目的余额分别转入“本年利润”科目的借方，借记“本年利润”科目，贷记成本、费用、损失类科目。

年度终了，企业还应将“本年利润”科目的本年累计余额转入“利润分配—未分配利润”科目。如“本年利润”为贷方余额，表示净利润，借记“本年利润”科目，贷记“利润分配—未分配利润”科目；如“本年利润”为借方余额，表示净亏损，作相反的会计分录。结转后“本年利润”科目应无余额。

例题 9-16 金鑫实业有限公司 2024 年 7 月 31 日结转损益类科目，原始凭证见图 9-24。

账户名称	发生额
主营业务收入	460 500.00
其他业务收入	6 000.00
营业外收入	18 000.00
主营业务成本	323 392.32
其他业务成本	4 000.00
营业税金及附加	6 299.90
管理费用	22 982.80
销售费用	18 885.40
财务费用	569.64
营业外支出	11 200.00

图 9-24

解析：本题需要将收入类事项和成本费用类事项分别转入“本年利润”科目。

结转收入类事项：

借：主营业务收入	460 500	
其他业务收入	6 000	
营业外收入	18 000	
贷：本年利润		484 500

结转成本费用类事项：

借：本年利润	387 330.06
贷：主营业务成本	323 392.32
其他业务成本	4 000.00
营业税金及附加	6 299.90
管理费用	22 982.80
销售费用	18 885.40
财务费用	569.64
营业外支出	11 200.00

例题 9–17 紧接上题，计算并结转本月应缴纳的所得税额，假定没有纳税调整事项。见图 9–25。要求将需要填制数据的地方补充完整并进行相关账务处理。

应交税金计算表

单位名称：金鑫实业有限公司　　2023 年 07 月 31 日　　金额单位：元

税种、税目	计税依据		适用税率	应纳所得税额	备注
	项目	金额			
企业所得税	应纳税所得额		25%		

财务主管：苏瑞　　复核：苏瑞　　制表：郑薇

图 9–25

解析：因为金鑫实业有限公司当月无纳税调整事项，所以税前会计利润（利润总额）即为应纳税所得额。

应纳税所得额（利润总额）=“本年利润”账户贷方发生数 –“本年利润”账户贷方发生数 =484 500–387 330.06=97 169.94（元）

应纳所得税额 =97 169.94 × 25%=24 292.49（元）

将以上数据填入图 9–26，完善表格。

应交税金计算表

单位名称：金鑫股份有限责任公司　　2023 年 07 月 31 日　　金额单位：元

税种、税目	计税依据		适用税率	应纳所得税额	备注
	项目	金额			
企业所得税	应纳税所得额	97 169.94	25%	24 292.49	

财务主管：苏瑞　　复核：苏瑞　　制表：郑薇

图 9–26

会计分录如下：

核算当月应缴纳的所得税，应编制如下分录：

借：所得税费用　　24 292.49
　　贷：应交税费—应交所得税　　24 292.49

会计期末，将所得税费用的账户转入“本年利润”，应编制分录如下：

借：本年利润　　24 292.49
　　贷：所得税费用　　24 292.49

特别说明：1~11 月底将损益类科目转入“本年利润“科目，12 月底将 12 月的损益类科目转入“本年利润”科目，此时“本年利润”科目归集的全年的净利润或净亏损。

六、利润分配的核算

（一）利润分配的含义与原则

1. 利润分配的含义

利润分配，是将企业当年实现的净利润和可供分配利润，按照国家财务制度规定的分配形式和分配顺序，在企业和投资者之间进行的分配。

利润分配的过程与结果，是关系所有者的合法权益能否得到保护，企业能否长期、稳定发展的重要问题，为此，企业必须加强利润分配的管理和核算。企业利润分配的主体是投资者和企业，利润分配的对象是企业实现的净利润，利润分配的时间即确认利润分配的时间是利润分配义务发生的时间和企业做出决定向内向外分配利润的时间。

（二）利润分配的程序

1. 弥补上年亏损，计算可供分配的利润

将本年净利润（或亏损）弥补以前年度亏损后，与年初未分配利润（或亏损）合并，计算出可供分配的利润。如果可供分配的利润为负数（即亏损），则不能进行后续分配；如果可供分配利润为正数（即本年累计盈利），则进行后续分配。

可供分配的利润 = 当年实现的净利润 + 年初未分配利润（– 年初未弥补亏损）+ 其他转入

2. 提取法定盈余公积

计提法定盈余公积。按抵减年初累计亏损后的本年净利润计提法定盈余公积。提取盈余公积的基数，不是可供分配的利润，也不一定是本年的税后利润。只有不存在年初累计亏损时，才能按本年税后利润计算应提取数。这种“补亏”是按账面数字进行的，与所得税法的亏损后转无关，在不存在年初累计亏损的前提下，法定盈余公积按照税后净利润的 10% 提取。法定盈余公积已达注册资本的 50% 时可不再提取。提取的法定盈余公积用于弥补以前年度亏损或转增资本金。但转增资本金后留存的法定盈余公积不得低于注册资本的 25%。

3. 提取任意盈余公积

任意盈余公积计提标准由股东大会确定，如确因需要，经股东大会同意后，也可用于分配。

4. 向股东（投资者）支付股利（分配利润）

企业以前年度未分配的利润，可以并入本年度分配。

公司股东会或董事会违反上述利润分配顺序，在抵补亏损和提取法定公积之前向股东分配利润的，必须将违反规定发放的利润退还公司。

（三）账务处理

企业应通过“利润分配”科目，核算企业利润的分配（或亏损的弥补）和历年分配（或弥补）后的未分配利润（或未弥补亏损）。该科目下应分别设置“提取法定盈余公积”“提取任意盈余公积”“应付现金股利或利润”“盈余公积补亏”“未分配利润”等明细科目进行明细核算。

年度终了，企业应将全年实现的净利润或发生的净亏损，自“本年利润”科目转入“利润分配—未分配利润”科目，并将“利润分配”总账下“提取法定盈余公积”“提取任意盈余公积”“应付现金股利或利润”“盈余公积补亏”等明细科目的余额转入“利润分配—未分配利润”科目，结转后，“利润分配—未分配利润”科目如为贷方余额，表示累积未分配的利润数额；如为借方余额，则表示累积未弥补的亏损数额。具体分录如下：

（1）年度终了，企业应将全年实现的净利润或发生的净亏损，自“本年利润”科目转入“利润分配—未分配利润”科目。

如为全年净利润，分录如下：

借：本年利润

　　贷：利润分配—未分配利润

如为全年净亏损：

借：利润分配—未分配利润

　　贷：本年利润

如为全年净亏损，不需要进行利润分配，需等下一年净利润弥补亏损。

（2）进行利润分配。

①弥补亏损。

如为全年净亏损，不需要进行利润分配，需等下一年净利润弥补亏损。

弥补以前年度亏损，企业发生亏损，可以用以后年度实现的利润进行弥补（税前利润或利润总额），弥补期限为 5 年；超过 5 年仍未弥补的可用以后年度的净利润进行弥补，当年的税后净利润要首先弥补掉这部分亏损，才能作为可供分配的净利润，来计提公积金、公益金或者分红。会计上不作账务处理，这种“补亏”是按账面数字进行。

②提取法定盈余公积。

在不存在年初累计亏损的前提下，法定盈余公积按照税后净利润的 10% 提取。法定盈余公积已达注册资本的 50% 时可不再提取。提取的法定盈余公积用于弥补以前年度亏损或转增资本金。但转增资本金后留存的法定盈余公积不得低于注册资本的 25%。分录如下：

提取法定盈余公积：

借：利润分配—提取法定盈余公积
　　贷：盈余公积—法定盈余公积

③提取任意盈余公积。

任意盈余公积计提标准由股东大会确定，如确因需要，经股东大会同意后，也可用于分配。

借：利润分配—提取任意盈余公积
　　贷：盈余公积 —任意盈余公积

④向股东（投资者）支付股利（分配利润）。

企业以前年度未分配的利润，可以并入本年度分配。

借：利润分配—应付普通股股利
　　贷：应付股利

⑤以盈余公积弥补以前年度亏损。

借：盈余公积
　　贷：利润分配—盈余公积转入补亏

⑥外商投资企业从净利润中提取职工奖励及福利基金。

借：利润分配——提取职工奖励及福利基金
　　贷：应付职工薪酬

⑦经批准分派股票股利。

借：利润分配—转作股本的普通股股利
　　贷：股本（股票面值）
　　　　资本公积—股本溢价（实际发放的股票股利金额与股票面值总额的差额）

（3）结转利润分配事项。

借：利润分配—未分配利润
　　贷：利润分配—提取法定盈余公积
　　　　　　　　—提取任意盈余公积
　　　　　　　　—应付股利
　　　　　　　　—转作股本的普通股股利
　　　　　　　　—提取职工奖励及福利基金
借：利润分配—盈余公积转入补亏
　　贷：利润分配—未分配利润

结转后，“利润分配—未分配利润”科目如为贷方余额，表示累积未分配的利润数额；如为借方余额，则表示累积未弥补的亏损数额。

例题 9–18　天马股份有限公司 2024 年 12 月 31 日发生经济业务，原始凭证见图 9–27。

利润分配清算表

2024 年 12 月 31 日　　　　金额单位：元

利 润 清 算 项 目			转入账户：利润分配—未分配利润	
账 户 名 称	借方余额	贷方余额	借方发生额	贷方发生额
本年利润	4 594 190.00	5 275 342.30	681 152.30	
利润分配—提取法定盈余公积	68 115.23			68 115.23
利润分配—提取法定公益金	34 057.62			34 057.62
利润分配—应付股利	131 883.58			131 883.58

财务主管：马锋　　会计：郑敏　　复核：马锋　　制单：郑敏

图 9–27

解析：年度终了，企业应将全年实现的净利润或发生的净亏损，自“本年利润”科目转入“利润分配—未分配利润”科目，并将“利润分配”科目所属其他明细科目的余额，转入“未分配利润”明细科目。分录如下：

首先结转本年利润。本年利润为贷方余额，因此：

借：本年利润　　68 115.23
　　贷：利润分配—未分配利润　　68 115.23

然后进行利润分配：

借：利润分配—提取法定盈余公积　　68 115.23
　　利润分配—提取法定公益金　　34 057.62
　　利润分配—应付股利　　131 883.58

贷：盈余公积—法定盈余公积	68 115.23
—法定公益金	34 057.62
应付股利	131 883.58

同时结转各利润分配事项：

借：利润分配—未分配利润	234 056.43	
贷：利润分配—提取法定盈余公积		68 115.23
利润分配—提取法定公益金		34 057.62
利润分配—应付股利		131 883.58

知识检测

一、单选题

1. 下列错误的会计事项，只影响“营业利润”而不影响“利润总额”的是（　）。

A. 将投资收益错登为“其他业务收入”

B. 将罚款支出错登为“其他业务成本”

C. 将定额内损耗的存货盘亏错登为“销售费用”

D. 将出售原材料的成本错登为“主营业务成本”

2. 甲公司 2024 年度税前会计利润为 9 900 万元，所得税税率为 25%。甲公司全年实发工资、薪金总额为 1 000 万元，发生职工福利费为 150 万元。经查，甲公司当年营业外支出中有 60 万元为税收滞纳罚金。假定甲公司全年无其他纳税调整因素。税法规定，企业发生的合理的工资、薪金支出准予据实扣除；企业发生的职工福利费支出，不超过工资、薪金总额 14% 的部分准予扣除；企业发生的税收滞纳金不允许扣除。则甲公司 2024 年的净利润为（　）万元。

A. 9 970　　B. 2 492.5　　C. 7 407.5　　D. 7 425

3. 下列交易或事项中，不应确认为营业外收入的是（　）。

A. 捐赠利得　　B. 收到与收益有关的政府补助

C. 出售无形资产的净收益　　D. 转让无形资产使用权的收益

4. 企业因债权人撤销而转销无法支付的应付账款时，应将所转销的应付账款计入（　）。

A. 资本公积　　B. 其他应付款　　C. 营业外收入　　D. 其他业务收入

5. 甲企业 2024 年度的利润总额为 4 000 万元，其中包括本年收到的国库券利息收入 80 万元；存款利息收入 40 万元，适用所得税税率为 25%。该企业 2024 年应交所得税为（　）万元。

A. 940　　B. 980　　C. 1 040　　D. 1 060

6. 某企业 2023 年发生亏损 200 万元，2024 年实现税前会计利润 500 万元，其中包括国债利息收入 20 万元；在营业外支出中有税收滞纳金罚款 30 万元；所得税税率为 25%。则该企业 2024 年的所得税费用为（ ）万元。

A. 112.5　　B. 130　　C. 150　　D. 77.5

7. 下列各项中，应计入营业外收入的是（ ）。

A. 银行存款利息收入　　B. 存货盘盈

C. 债务重组利得　　D. 确实无法收回的应收账款

8. 甲企业 2024 年主营业务收入为 500 万元，主营业务成本为 300 万元，其他业务收入为 200 万元，其他业务成本为 100 万元，销售费用为 15 万元，资产减值损失为 45 万元，公允价值变动收益为 60 万元，投资收益为 20 万元，假定不考虑其他因素，则该企业本年营业利润为（ ）万元。

A. 300　　B. 320　　C. 365　　D. 380

二、多选题

1. 下列各项中，影响利润表中“营业利润”项目金额的有（ ）。

A. 无形资产处置净损失　　B. 支付合同违约金

C. 出售原材料损失　　D. 交易性金融资产公允价值变动损失

2. 下列各事项中，会计上和税法上核算不一致，需要进行纳税调整的有（ ）。

A. 行政性罚款支出　　B. 国债利息收入

C. 公司债券的利息收入　　D. 公司债券转让净收益

3. 下列科目中，期末余额应转入本年利润的有（ ）。

A. 财务费用　　B. 主营业务收入

C. 营业外收入　　D. 递延收益

4. 下列对未分配利润的各项表述中，正确的有（ ）。

A. 当年的净利润是企业未指定特定用途的利润

B. 未分配利润是企业历年实现的净利润经过弥补亏损、提取盈余公积和向投资者分配利润后留存在企业的利润

C. “利润分配—未分配利润”科目如为贷方余额，表示累积未分配的利润数额；如为借方余额，则表示累积未弥补的亏损数额

D. 企业对于未分配利润的使用有严格的限制

5. 下列各项中，影响当期利润表中“净利润”项目的有（ ）。

A. 固定资产盘盈　　B. 确认所得税费用

C. 对外捐赠固定资产　　D. 无形资产出售利得

6. 下列各项，在计算应纳税所得额时，不需要作纳税调减的是（ ）。

A. 超标的广告费支出　　B. 超过税法规定标准的职工薪酬

C. 国库券利息收入　　D. 税收滞纳金支出

三、业务题

业务1 天马股份有限公司为增值税一般纳税人，增值税税率为13%，适用的所得税税率为25%，2023年、2024年的有关资料如下：

（1）2023年初未分配利润为贷方余额300万元，2023年利润总额为1 000万元，经纳税调整后应纳税所得额为825万元，税率25%。

（2）2024年2月10日董事会提请股东大会2023年利润分配议案：按2023年税后利润的10%提取法定盈余公积；向投资者宣告分配现金股利90万元。

（3）2024年3月15日股东大会批准董事会提请股东大会2023年利润分配方案：按2023年税后利润的10%提取法定盈余公积，向投资者宣告分配现金股利80万元。

（4）2024年实现利润总额1 200万元，当年支付税收滞纳金20万元，实际发生业务招待费10万元，业务宣传费20万元，当年实现的收入500万元。通过政府相关部门进行公益捐赠150万元，国债利息收入30万元。除此之外无其他纳税调整事项。2024年的利润尚未进行分配。

要求：1. 计算2023年应交所得税，并进行账务处理。

2. 计算2023年的净利润，并转入“利润分配—未分配利润”科目。
3. 对2023年的利润分配事项进行账务处理，计算2023年“利润分配—未分配利润”的年末余额。
4. 计算2024年应交所得税，并进行账务处理。
5. 假定2024年未进行利润分配，确定2024年“利润分配—未分配利润”的年末余额。

业务2 结合前面章节相关练习，对金鑫实业有限公司2024年8月发生损益进行结转。计算金鑫实业有限公司2024年8月当月所得税并结转，求出金鑫实业有限公司2024年8月的净利润（净亏损）。

模块五　财务报表

财务报表是对企业财务状况、经营成果和现金流量的结构性表述。一套完整的财务报表至少应当包括资产负债表、利润表、现金流量表、所有者权益（或股东权益）变动表以及附注。特别需要说明的是，本书涉及报表格式为一般企业财务报表格式（适用于已执行新金融准则、新收入准则和新租赁准则的企业）。

项目十　会计报表的编制

任务一　资产负债表的编制

任务目标

1. 了解资产负债表的概念、结构、编制意义。
2. 掌握资产负债表的编制方法。

重点难点

资产负债表的编制方法。

业务认知

资产负债表是反映企业在某一特定日期（月末、季末或年末）财务状况的财务报表。它是根据“资产 = 负债 + 所有者权益”这一会计等式，按照一定的编制要求编制而成的，资产负债表是企业财务报表体系中的主要报表。从性质上讲，资产负债表是一个静态的财务报表，它是以相对静止的方式反映企业资产、负债和所有者权益的总量及构成。

我国会计准则规定企业采用账户式资产负债表格式。资产项目的分类与排列原则：根据资产的流动性强弱顺序排列，流动性强者在前，流动性弱者在后（所谓资产的流动性，是指资产的变现能力，即能否变现以及能否及时或不受约束地变现）。负债类项目的分类与排列原则：按照偿还期限顺序排列，偿还期短（一年以内）者排在前面，偿还期长（一年以上）者排在后面。所有者权益类项目的分类与排列原则：按照永久性程度（企业可使用情况）的高低顺序排列，永久性程度高者排在前面，永久性程度低者排在后面。

业务核算

资产负债表项目应根据各有关账户的期末余额填列。但是，资产负债表各项目反映的内容与各有关账户反映的内容又不完全相同，有的可以从账户中直接填列，有的更概括，有的更集中。资产负债表项目的具体填列方法如下。

1. 表中各项“年初余额”的填列

资产负债表“年初余额”栏内各项数字，应根据上年末资产负债表“期末余额”栏内所列数字填列。如果本年度资产负债表规定的各个项目的名称和内容同上年度不一致，应对上年末资产负债表各项目的名称和数字按照本年度的规定进行调整，填入表中“年初余额”栏内。

2. 表中各项目“期末余额”的填列

资产负债表“期末余额”栏内各项数字，应根据会计账簿记录填列。其中，大多数项目可以直接根据账户余额填列，少数项目则要根据账户余额进行分析、计算后填列，具体填列方法有以下几种。

（1）直接根据总分类账户余额填列。

资产负债表中大多项目的数字可以根据有关总分类账户的余额直接填列。有些报表项目与会计科目相同，如“交易性金融资产”“应收票据”“累计折旧”“短期借款”“其他应付款”“实收资本”“资本公积”“盈余公积”等。

（2）根据若干个总分类账户的期末余额计算填列。

“货币资金”项目应根据“库存现金”“银行存款”“其他货币资金”总分类账户期末余额合计数填列。

“存货”项目应根据“在途物资”“原材料”“生产成本”“周转材料”“库存商品”等存货类账户期末余额合计扣除“存货跌价准备”账户余额后填列。

“长期股权投资”项目应按照“长期股权投资”账户余额扣除“长期股权投资减值准备”账户余额后填列。

“固定资产”项目应按照“固定资产”账户余额扣除“累计折旧”和“固定资产减值准备”账户余额后填列；“无形资产”项目应按照“无形资产”账户余额扣除“累计摊销”和“无形资产减值准备”账户余额后填列。

由于企业在会计年度内一般采用“表结账不结”的结账方法，因此在会计年度内的各月末的资产负债表中的“未分配利润”项目应根据“本年利润”和“利润分配”账户的贷方余额合计填列，如果这两个账户合并后出现借方余额，则作为亏损，以负数填列。

（3）根据总分类账户所属明细分类账户余额分析、计算后填列。

资产负债表某些项目不能根据总分类账户的期末余额，或若干个总分类账户的期末余额计算填列，需要根据有关账户所属的相关明细账户的期末余额计算填列，如“应收账款”“预付款项”“应付账款”及“预收款项”等项目。

①“应收账款”项目应根据“应收账款”总分类账户所属的各明细账户的期末借方余额和“预收账款”总分类账户所属各明细分类账户的期末借方余额合计数减去“坏账准备”科目中有关应收账款和预收账款计提坏账准备期末余额后的金额填列。即如果“应收账款”总分类账户所属的明细账户出现贷方余额应在“预收款项”项目中反映；如“预收账款”总分类账户所属的明细账户出现借方余额时，应合并填列在本项目内。（这两个账户反映的都是销售货款的结算情况，所以放在一起合并计算）

②“预付账款”项目应根据“预付账款”和“应付账款”总分类账户所属各明细分类账户的期末借方余额合计填列，即如果“应付账款”账户所属的明细账户有借方余额也在本项目内合并反映。（这两个账户反映的都是购货环节的货款结算情况，所以放在一起计算）

③“应付账款”项目应根据“应付账款”和“预付账款”总分类账户所属各明细分类账户的期末贷方余额合计填列。如“应付账款”明细账户有借方余额应在“预付款项”项目内反映。

④“预收账款”项目应根据“预收账款”和“应收账款”总分类账户所属各明细分类账户的期末贷方余额合计填列。如“预收账款”明细账户有借方余额的应在“应收账款”项目内反映。

（4）根据总账账户和明细账户余额分析计算填列。

资产负债表上某些项目不能根据有关总账账户的期末余额直接填列或计算填列，也不可能根据有关账户所属相关明细账户的期末余额计算填列，需要根据总账账户和明细账户余额分析计算填列，如“长期借款”项目，要根据“长期借款”总账账户余额扣除“长期借款”账户所属的明细账户中反映的将在一年内到期的长期借款部分计算填列。

例题 10–1 金鑫实业有限公司 2024 年 6 月 30 日有关账户余额见图 10–1，根据图 10–1 编制一份资产负债表。

解析：按照编制方法，找好四种科目，然后对号入座进行编制。这里关键是把那些特殊的记住，剩下的就是大多数根据科目余额直接填列。几种特殊的填制方法如下。

（1）货币资金 = 库存现金 + 银行存款 + 其他货币资金

（2）存货 = 材料采购（在途材料）+ 原材料 + 库存商品 + 生产成本 + 周转材料 + 委托加工物资 + 发出商品 + 材料成本差异（借方为正）– 存货跌价准备（贷方余额）

（3）未分配利润 = 本年利润（贷方为正）+ 利润分配（贷方为正）

金鑫实业有限公司2024年06月30日有关账户余额

单位：元

账户名称		借方	贷方
总分类账户	明细分类账户		
库存现金		15 000.00	
银行存款		2 600 000.00	
其他货币资金		25 000.00	
应收账款	A公司	6 000.00	
	B公司		2 000.00
预付账款	C公司	1 850.00	
	D公司		350.00
其他应收账款		1 000.00	
坏账准备			3 000.00
原材料		36 000.00	
产成品		11 600.00	
生产成本		2 400.00	
持有至到期投资	债券投资	60 000.00	
固定资产		700 000.00	
累计折旧			250 000.00
无形资产		89 000.00	
应付账款			16 000.00
预收账款	E公司	150.00	
	F公司		8 900.00
短期借款			100 000.00
长期借款			2 000 000.00（其中：一年内到期500 000.00）
实收资本			666 750.00
本年利润			4 240 00.00
利润分配			77 000.00
合计		3 548 000.00	3 548 000.00

图 10-1

（4）应收账款 =（应收账款明细账借方余额 + 预收账款明细账借方余额）– 坏账准备

（5）应付账款 = 应付账款明细账贷方余额 + 预付账款明细账贷方余额

（6）预收账款 = 应收账款明细账贷方余额 + 预收账款明细账贷方余额

（7）预付账款 = 应付账款明细账借方余额 + 预付账款明细账借方余额

（8）“长期应收款”“长期待摊费用”“长期借款”“应付债券”“长期应付款”等长期项目。应扣除将于一年内到期的金额（该部分已从长期性质转化为短期性质，应单列入相关的流动项目中）。

（9）已经计提了减值准备的，应减去减值部分，按净额填列。

存货的期末余额 = 存货余额 – 存货跌价准备余额

持有至到期投资期末余额 = 持有至到期投资余额 – 持有至到期投资减值准备余额

长期股权投资期末余额 = 长期股权投资余额 – 长期股权投资减值准备余额

固定资产期末余额 = 固定资产余额 – 累计折旧余额 – 固定资产减值准备余额

在建工程期末余额 = 在建工程余额 – 在建工程减值准备余额

无形资产期末余额 = 无形资产余额 – 累计摊销余额 – 无形资产减值准备余额

以上是特殊的，剩余的就是根据相关科目余额直接填列的。编制见图 10–2。

资产负债表

编制单位：金鑫实业有限公司　　2024年06月30日　　单位：元

资产	年初数	年末数	负债及所有者权益	年初数	年末数
流动资产			流动负债		
货币资金		15 000+2 600 000+25 000 =2 640 000	短期借款		100 000
交易性金融资产			交易性金额负债		
应收票据			应付票据		
应收账款		6 000+150–3 000=3 150	应付账款		16 000+350=16 350
预付账款		1 850	预收账款		2 000+8 900=10 900
应收利息			应付职工薪酬		
应收股利			应交税费		
其他应收账款		1 000	应付利息		
存货		36 000+11 600+2 400=50 000	应付股利		
持有待售资产			其他应付账款		
一年内到期的非流动资产			**持有待售负债**		
其他流动资产			一年内到期的非流动负债		500 000
流动资产合计		2 696 000	其他流动负债		
非流动资产			流动负债合计		627 250
可供出售金融资产			非流动负债		
持有至到期投资		60 000	长期借款		1 500 000
长期应收账款			应付债券		
长期股权投资			长期应付款		
投资性房地产			专项应付款		
固定资产		700 000–250 000=450 000	预计负债		
在建工程			递延所得税负债		
工程物资			其他非流动负债		
固定资产清理			非流动负债合计		1 500 000
生产性生物资产			负债合计		2 127 250
无形资产		89 000	所有者权益		
开发支出			实收资本（或股利）		666 750
商誉			资本公积		
长期待摊费用			减：库存股		
递延所得税资产			其他综合收益		
其他非流动资产			盈余公积		
非流动资产合计		599 000	未分配利润		424 000+77 000 =501 000
			所有者权益合计		1 167 750
资产总额		3 295 000	负债和所有者权益		3 295 000

图 10–2

知识检测

一、单选题

1. 下列各科目的期末余额，不应在资产负债表“存货”项目列示的是（　　）。

A. 库存商品　　B. 生产成本　　C. 工程物资　　D. 发出商品

2. 年度终了前，资产负债表中的“未分配利润”项目，应根据（　　）填列。

A.“利润分配”科目余额

B.“本年利润”科目余额

C.“本年利润”和“利润分配”科目的余额

D.“应付股利”科目余额

3. 甲企业 2024 年 7 月 30 日“固定资产”科目余额为 5 000 万元，“累计折旧”科目余额为 2 000 万元，“固定资产减值准备”科目余额为 250 万元，“工程物资”科目余额为 500 万元，“固定资产清理”科目余额为 300 万元。该企业 2024 年 7 月 30 日资产负债表中固定资产项目的金额为（　　）万元。

A. 3 000　　B. 225　　C. 2 750　　D. 5 500

4. 下列资产负债表项目中，应根据多个总账科目余额计算填列的是（　　）。

A. 应付账款　　B. 盈余公积

C. 未分配利润　　D. 长期借款

5. 企业期末结转前“本年利润”的借方余额为 7 万元，“利润分配”和“应付股利”账户贷方余额分别为 18 万元和 12 万元，则当期资产负债表中“未分配利润”项目金额应为（　　）万元。

A. 25　　B. 19　　C. 1　　D. 11

6. 下列各项中，属于资产负债表中流动负债项目的是（　　）。

A. 长期借款　　B. 预付款项

C. 应付股利　　D. 应付债券

7. 下列各项中，应在资产负债表中货币资金项目列示的是（　　）。

A. 银行本票存款

B. 银行承兑汇票

C. 商业承兑汇票

D. 以公允价值计量且其变动计入当期损益的金融资产

8. 某企业 2021 年 7 月 1 日从银行借入期限为 4 年的长期借款 600 万元，2024 年 12 月 31 日编制资产负债表时，此项借款应填入的报表项目是（　　）。

A. 短期借款　　B. 长期借款

C. 其他长期负债　　D. 一年内到期的非流动负债

9. 某企业“应收账款”科目月末借方余额 80 000 元，其中：“应收账款—甲公司”

明细科目借方余额 100 000 元，“应收账款—乙公司”明细科目贷方余额 20 000 元；“预收账款”科目月末贷方余额 60 000 元，其中：“预收账款—A 工厂”明细科目贷方余额 100 000 元，“预收账款—B 工厂”明细科目借方余额 40 000 元。“预付账款”科目月末借方余额 30 000 元，其中：“预付账—丙公司款”明细科目借方余额 50 000 元，“预付账款—丁公司”明细科目贷方余额 20 000 元。坏账准备科目余额为 0。该企业月末资产负债表中“应收账款”项目的金额为（　）元。

A. 80 000　B. 180 000　C. 100 000　D. 140 000

10. 下列报表中，（　）能够反映企业一定时点所拥有的资产、需偿还的债务，以及投资者所拥有的净资产的情况。

A. 资产负债表　B. 利润表

C. 现金流量表　D. 所有者权益变动表

11. 企业 2024 年 7 月 31 日生产成本借方余额 50 000 元，材料采购借方余额 30 000 元，材料成本差异贷方余额 500 元，委托代销商品借方余额 40 000 元，周转材料借方余额 10 000 元，存货跌价准备贷方余额 3 000 元，则资产负债表“存货”项目的金额为（　）元。

A. 116 500　B. 117 500　C. 119 500　D. 126 500

12. 某企业年末“应收账款”科目的借方余额为 650 万元，其中，“应收账款”明细账的借方余额为 850 万元，贷方余额为 200 万元，年末计提坏账准备后的“坏账准备”科目的贷方余额为 65 万元。假定年末坏账准备均与应收账款相关，该企业年末资产负债表中“应收账款”项目的金额为（　）万元。

A. 585　B. 600　C. 785　D. 800

13. 下列各项中，应在资产负债表中作为非流动负债列示的是（　）。

A. 应付利息　B. 应付股利　C. 应付债券　D. 其他应付款

14. 资产负债表中资产的排列依据是（　）。

A. 项目重要性　B. 项目流动性　C. 项目时间性　D. 项目收益性

15. 某企业“应付账款”科目月末贷方余额 40 000 元，其中：“应付账款—甲公司”明细科目贷方余额 25 000 元，“应付账款—乙公司”明细科目贷方余额 25 000 元，“应付账款—丙公司”明细科目借方余额 10 000 元；“预付账款”科目月末贷方余额 20 000 元，其中：“预付账款—A 工厂”明细科目贷方余额 40 000 元，“预付账款—B 工厂”明细科目借方余额 20 000 元。该企业月末资产负债表中“预付款项”项目的金额为（　）元。

A. 20 000　B. 30 000　C. –30 000　D. –10 000

二、业务题

天马股份有限公司 2024 年 8 月 31 日有关总分类账户、明细账户期末余额见图 10–3、图 10–4。

天马股份有限公司2024年8月31日总分类账户期末余额表

单位：元

账户名称	期末余额		账户名称	期末余额	
	借方	贷方		借方	贷方
库存现金	3 000.00		短期借款		200 000.00
银行存款	750 000.00		应付票据		120 000.00
其他货币资金	350 000.00		应付账款		350 000.00
交易性金融资产	64 000.00		预收账款		60 000.00
应收票据	85 000.00		其他应付账款		2 000.00
应收账款	700 000.00		应付职工薪酬		18 000.00
坏账准备		3 500.00	应交税费		102 000.00
预付账款	100 000.00		应付股利		22 800.00
其他应收账款	5 000.00		长期借款		1 420 000.00
材料采购	450 000.00		应付债券		500 000.00
原材料	500 000.00		长期应付账款		600 000.00
周转材料	250 000.00		递延所得税负债		4 500.00
库存商品	280 000.00		实收资本		5 000 000.00
发出商品	20 000.00		资本公积		201 200.00
材料成本差异		15 000.00	盈余公积		510 000.00
生产成本	78 000.00		利润分配		286 000.00
存货跌价准备		75 000.00			
长期股权投资	340 000.00				
持有至到期投资	160 000.00				
长期股权投资减值准备		100 000.00			
长期应收账款	50 000.00				
固定资产	5 800 000.00				
累计折旧		1 160 000.00			
工程物资	80 000.00				
在建工程	360 000.00				
无形资产	350 000.00				
累计摊销		100 000.00			
长期待摊费用	75 000.00				
合　计	10 850 000.00	1 453 500.00			9 396 500.00

图 10-3

天马股份有限公司2024年8月31日有关总分类账户所属明细账户期末余额表

单位：元

总分类账户	明细分类账户	期末余额	
		借方	贷方
应收账款	应收甲公司账款	875 000.00	
	应收乙公司账款		175 000.00
应付账款	应付 A 公司账款		400 000.00
	应付 B 公司账款	50 000.00	
预付账款	预付 C 公司账款	120 000.00	
	预付 D 公司账款		20 000.00
预收账款	预收 E 公司账款		40 000.00
	预收 F 公司账款		20 000.00

图 10-4

其他资料：

（1）“持有至到期投资”账户期末借方余额 160 000 元中，有一年内到期的债券投资 50 000 元；

（2）“长期借款”账户期末贷方余额 1 420 000 中，有一年内到期的借款 400 000 元；

（3）“应付债券”账户期末贷方余额 500 000 元中，有一年内到期的应付债券 200 000 元。

要求：根据上述资料，编制天马股份有限公司 8 月资产负债表。

任务二　利润表的编制

任务目标

1. 熟悉利润表的概念、结构。
2. 掌握利润表的编制方法。

重点难点

利润表的编制方法。

业务认知

概念及意义

利润表又称收益表、损益表，它是用以反映企业在一定时期（如年度、季度、月份）内经营成果的报表。利润表是以“收入 – 费用 = 利润”的会计等式为依据编制的。

从性质上讲，利润表是一个动态的财务报表，它是将一个会计期间内的收入、收益与同一会计期间的成本、费用进行配比，求出该会计期间的净利润（亏损）。换言之，报表中反映的财务状况是某一时期企业生产经营的结果，是一个时期数（资产负债表反映的是一个时点数）。

通过利润表可以了解企业某一期间实现净利润或发生亏损的情况；分析企业利润计划的执行情况及利润增减变化的原因；评价企业经济效益的高低；判断企业的盈利能力以及未来一定时期内的盈利趋势。

业务核算

一、利润表项目的填列方法

我国企业的利润表采用多步式格式。主要编制步骤和内容如下所示。

第一步，以营业收入为基础，减去营业成本、营业税金及附加、销售费用、管理费用、财务费用、资产减值损失，加上公允价值变动收益（减去公允价值变动损失）和投资收益（减去投资损失），计算出营业利润；

第二步，以营业利润为基础，加上营业外收入，减去营业外支出，计算出利润总额；

第三步，以利润总额为基础，减去所得税费用，计算出净利润（或净亏损）；

第四步，以净利润（或净亏损）为基础，计算每股收益；

第五步，以净利润（或净亏损）和其他综合收益为基础，计算综合收益总额。

利润表各项目均需填列“本期金额”和“上期金额”两栏。其中“上期金额”栏内各项数字，应根据上年该期利润表的“本期金额”栏内所列数字填列。“本期金额”栏内各期数字，除“基本每股收益”和“稀释每股收益”项目外，应当按照相关科目的发生额分析填列。

“营业收入”项目，根据“主营业务收入”“其他业务收入”科目的发生额分析计算填列；“营业成本”项目，根据“主营业务成本”“其他业务成本”科目的发生额分析计算填列。

二、利润表项目的填列说明

（1）“营业收入”项目，反映企业经营主要业务和其他业务所确认的收入总额。本项目应根据“主营业务收入”和“其他业务收入”科目的发生额分析填列。

（2）“营业成本”项目，反映企业经营主要业务和其他业务所发生的成本总额。本项目应根据“主营业务成本”和“其他业务成本”科目的发生额分析填列。

（3）“税金及附加”项目，反映企业经营业务应负担的消费税、城市维护建设税、资源税、土地增值税和教育费附加等。本项目应根据“税金及附加”科目的发生额分析填列。

（4）“销售费用”项目，反映企业在销售商品过程中发生的包装费、广告费等和为销售本企业商品而专设的销售机构的职工薪酬、业务费等经营费用。本项目应根据“销售费用”科目的发生额分析填列。

（5）“管理费用”项目，反映企业为组织和管理生产经营发生的管理费用。本项目应根据“管理费用”科目的发生额分析填列。

（6）“研发费用”项目，反映企业进行研究与开发过程中发生的费用化支出，以及计入管理费用的自行开发无形资产的摊销。该项目应根据“管理费用”科目下的“研究费用”明细科目的发生额，以及“管理费用”科目下的“无形资产摊销”明细科目的发生额分析填列。

（7）“财务费用”项目，反映企业为筹集生产经营所需资金等发生的筹资费用。本项目应根据“财务费用”科目的发生额分析填列。

（8）“其他收益”项目，反映计入其他收益的政府补助，以及其他与日常活动相关且计入其他收益的项目。该项目应根据“其他收益”科目的发生额分析填列。

（9）“投资收益”项目，反映企业以各种方式对外投资所取得的收益。本项目应根据“投资收益”科目的发生额分析填列。如为投资损失，本项目以“-”号填列。

（10）“公允价值变动收益”项目，反映企业应当计入当期损益的资产或负债公允价值变动收益。本项目应根据“公允价值变动损益”科目的发生额分析填列。如为净损失，本项目以“–”号填列。

（11）“信用减值损失”项目，反映计提的各项金融工具信用减值准备所确认的信用损失。该项目应根据“信用减值损失”科目的发生额分析填列。

（12）“资产减值损失”项目，反映企业各项资产发生的减值损失。本项目应根据“资产减值损失”科目的发生额分析填列。

（13）“资产处置收益”项目，反映企业出售划分为持有待售的非流动资产（金融工具、长期股权投资和投资性房地产除外）或处置组时确认的处置利得或损失，以及处置未划分为持有待售的固定资产、在建工程、生产性生物资产及无形资产而产生的处置利得或损失。债务重组中因处置非流动资产产生的利得或损失和非货币性资产交换产生的利得或损失也包括在本项目内。该项目应根据在损益类科目新设置的“资产处置损益”科目的发生额分析填列。如为处置损失，以“–”号填列。

（14）“营业外收入”项目，反映企业发生的营业利润以外的收益，主要包括与企业日常活动无关的政府补助、盘盈利得、捐赠利得等。该项目应根据“营业外收入”科目的发生额分析填列。

（15）“营业外支出”项目，反映企业发生的营业利润以外的支出，主要包括公益性捐赠支出、非常损失、盘亏损失、非流动资产毁损报废损失等。该项目应根据“营业外支出”科目的发生额分析填列。

（16）“利润总额”项目，反映企业实现的利润。如为亏损，本项目以“–”号填列。

（17）“所得税费用”项目，反映企业应从当期利润总额中扣除的所得税费用。本项目应根据“所得税费用”科目的发生额分析填列。

（18）“净利润”项目，反映企业实现的净利润。如为亏损，本项目以“–”号填列。

（19）新增“（一）持续经营净利润”和“（二）终止经营净利润”项目，分别反映净利润中与持续经营相关的净利润和与终止经营相关的净利润。如为净亏损，以“–”号填列。

（20）“其他综合收益的税后净额”项目，反映企业根据企业会计准则规定未在损益中确认的各项利得和损失扣除所得税影响后的净额。

（21）“综合收益总额”项目，反映企业净利润与其他综合收益的合计金额。

（22）“每股收益”项目，包括基本每股收益和稀释每股收益两项指标，反映普通股或潜在普通股已公开交易的企业，以及正处在公开发行普通股或潜在普通股过程中的企业的每股收益信息。

例题 10–2 金鑫实业有限公司 2024 年 6 月有关账户发生额如下，见图 10–5，根据资料编制损益表（只填列本月数）。

金鑫实业有限公司2024年6月有关账户发生额

单位：元

账户名称	借方	贷方
主营业务收入		18 000.00
主营业务成本	6 500.00	
销售费用	1 200.00	
税金及附加	3 000.00	
其他业务收入		2 800.00
其他业务成本	800.00	
管理费用	1 200.00	
财务费用	800.00	
投资收益		1 200.00
营业外收入		1 000.00
营业外支出	1 500.00	
所得税费用	2 000.00	

图 10–5

解析：见图 10–6。

填制时注意以下几点：

根据损益类账户发生额分析填列。

营业收入 = 主营业务收入 + 其他业务收入

营业成本 = 主营业务成本 + 其他业务成本

利润表

编制单位：金鑫实业有限公司　　2024 年 06 月　　单位：元

项目	本月数	本年累计数
一、营业收入	18 000.00+2 800.00=20 800.00	
减：营业成本	6 500.00+800.00=7 300.00	
税金及附加	3 000.00	
销售费用	1 200.00	
管理费用	1 200.00	
研发费用		
财务费用	800.00	
加：其他收益		
投资收益（损失以“－”号填列）	1 200.00	
其中：对联营企业和合营企业的投资收益		
公允价值变动收益（损失以“-”号填列）		
信用减值损失（损失以“-”号填列）		
资产减值损失（损失以“-”号填列）		
资产处置收益（损失以“－”号填列）		
二、营业利润（损失以“－”号填列）	8 500.00	
加：营业外收入	1 000.00	
减：营业外支出	1 500.00	
三、利润总额（损失以“－”号填列）	8 000.00	
减：所得税费用	2 000.00	
四、净利润（损失以“－”号填列）	6 000.00	
（一）持续经营净利润	6 000.00	
（二）终止经营净利润		
五、其他综合收益的税后净额		
六、综合收益总额		
七、每股收益		
（一）基本每股收益		
（二）稀释每股收益		

图 10–6

知识检测

业务题 练习利润表的编制

天马股份有限公司 2024 年 7 月有关损益类账户结转至本年利润前全年发生额，见图 10–7。

天马股份有限公司2024年7月有关损益类账户
结转至本年利润前全年发生额

单位：元

账户名称	借方发生额	贷方发生额
主营业务收入	500.00	5 000 000.00
主营业务成本	2 970 000.00	500.00
税金及附加	750 000.00	500.00
其他业务收入	500.00	900 000.00
其他业务成本	400 000.00	500.00
公允价值变动损益	500.00	122 000.00
销售费用	550 000.00	500.00
管理费用	450 000.00	500.00
财务费用	100 000.00	500.00
资产减值损失	260 000.00	500.00
投资收益		1 400 000.00
资产处置收益		30 000.00
营业外支出	74 000.00	
所得税费用	475 000.00	

图 10–7

要求：根据以上资料编制该公司的利润表，假定无纳税调整事项。